陈亚东 著

检察官如何思考

从办案实践到司法理念

清华大学出版社
北 京

本书封面贴有清华大学出版社防伪标签，无标签者不得销售。

版权所有，侵权必究。举报：010-62782989，beiqinquan@tup.tsinghua.edu.cn。

图书在版编目（CIP）数据

检察官如何思考：从办案实践到司法理念 / 陈亚东著 . —北京：清华大学出版社，2023.3
（2024.3重印）
ISBN 978-7-302-62983-2

Ⅰ．①检… Ⅱ．①陈… Ⅲ．①检察机关－工作－中国－文集 Ⅳ．① D926.304-53

中国国家版本馆 CIP 数据核字 (2023) 第 039714 号

责任编辑：刘　晶
封面设计：徐　超
版式设计：方加青
责任校对：王凤芝
责任印制：刘海龙

出版发行：清华大学出版社
网　　址：https://www.tup.com.cn, https://www.wqxuetang.com
地　　址：北京清华大学学研大厦 A 座　　邮　编：100084
社 总 机：010-83470000　　邮　购：010-62786544
投稿与读者服务：010-62776969, c-service@tup.tsinghua.edu.cn
质 量 反 馈：010-62772015, zhiliang@tup.tsinghua.edu.cn

印 装 者：北京同文印刷有限责任公司
经　　销：全国新华书店
开　　本：170mm×240mm　　印　张：17.5　　字　数：293 千字
版　　次：2023 年 4 月第 1 版　　印　次：2024 年 3 月第 2 次印刷
定　　价：69.80 元

产品编号：098206-01

序

2022年岁末，先睹《检察官如何思考：从办案实践到司法理念》书稿。读罢欣然感佩，为其序。

《检察官如何思考：从办案实践到司法理念》一书，是作者在踏实敬业的检察官工作实践中写成的，这是一本在实践中思考的书，是对实践进行深度思考的书。所有现在和将来有志于中国检察事业的人，如果希望入行、入道前就知道中国检察官是怎样做的，或者应该怎样做，可以在这本书中寻得参考。经办的业务多样，实践经验也多样。每个角度、每个故事、每种经验都无比实在，是真切扎根于实践，淬炼而成的"经验之谈"。当然，对更广泛的读者来说，这本书将给您提供一幅又一幅关于检察官的职业形象的真切画卷，一幅幅展现检察官行为举止和内心世界的生动画卷。

本书是作者对自个儿及检察官整体，作出的扪心自问、深度反思。这本书在灵魂层次拷问、追问检察官：在检察业务当中，悟出"天理、国法、人情"了吗？实践"天理、法理、情理"了吗？对历史简牍中的"天理、国法、人情"是否不再感到"玄而又玄"，而是蕴之于心、发乎于情、用之于案、得心应手的智慧？每个检察官，若都有检察为民、视民如亲的真心，都有公允平正、哀矜悲悯的情怀，都有慎刑谨罚、宽严相济及客观理性的职业素养；都有能够既站在（涉嫌）犯罪人及其亲属朋友的角度想问题，又能够感同身受、立足于被害人及其亲朋好友的立场，都能够在每个案件中切实地体认"公平正义"的具体性、真实性和重要性，那么，"天理、国法、人情"就了然于心、触手可及，自然奔涌于自我们的内心世界和具体的个案之间；就不会发生悖于常情、谬于天理的办案行为和办案效果。如是，每个检察官都将成为"人民心中最好的检察官"。

由此可知，所谓"天理、国法、人情"，对司法人员来说，就是"三心交融"：一是自己的良知良心；二是站在特定他人（当事人）的角度思考问题、办理案件的同情同理心；三是关注同行和百姓如何评价我们的办案质量的矜谨心。

悟知真法理，通晓真情理，这是一回事情；敢于和善于把自己的知识、信念运用于检察实践，是另一回事情。人是可以智慧而平庸的。有智慧而又敢担当、善担当的人，其实很有限。有足够的知识智慧，有卓尔不凡的能力，有实干苦干的作风，还有担当精神，敢于和善于担当，这将最终成就每一位追求卓越的检察官，将成就中国的检察官们，将成就中国检察的未来大业。

2023 年立春之日

自　序

用良心判断，用制度保护

办案是个良心活儿。

在法学院读书的时候，老师就说过：我们班很多同学将来会去公、检、法或律所工作，做官有大小、挣钱有多少，办案有压力、官司有输赢，希望你们任何时候都别忘了良心。

经过办案一线多年的摸爬滚打，对此肺腑之言深感认同。

朱熹说："良心者，本然之善心。即所谓仁义之心也。"检察官办案，需要内心对案件以及当事人的是非、善恶、曲直作出评判，才能正确认定事实、准确适用法律、科学定罪量刑以及实现最佳办案效果。

当然，评判的依据必须立足客观事实，但能否对客观事实给予准确的法律定性，却是见仁见智的。基于一个人将另一个人打成重伤的基础事实，认定为打架斗殴还是见义勇为，故意伤害还是正当防卫，对当事人而言，意味着截然不同的命运。

法律知识储备丰富，逻辑思维也很严密，对诉讼程序比较熟悉，一般而言就可能"办得了"案，但这只是办案的基础。若本心不够善良、不怀仁义，哪怕业务技能再强，也不一定"办得好"案。

因为办案从来都不仅仅是"技术活儿"。

办案的过程，总的来说，是一个价值判断的过程。怎样判断、如何取舍，保护谁、打击谁，弘扬什么、否定什么，需要在体察国情世情、探究法律精神的基础上，用良心去判断。

中国自古就注重"刑罚世轻世重"，根据国家和社会形势的变化灵活调整刑事政策及法律适用。《周礼·秋官·大司寇》即有记载："刑新国用轻典，刑平国用中典，刑乱国用重典。"当今中国，经济社会高度发展，百姓生活全面小康，中国共产党带领全国人民正朝着第二个百年目标努力奋斗。对照漫长的历史，今天的中国正逢盛世。国家安定有序，社会和谐稳定，刑事案件中轻微犯罪居多，重大、恶性犯罪较少。

鉴于此，笔者认为，目前司法办案或可持一些"盛世用轻刑，极恶用重典"的理念。

一方面，对于占多数的轻微犯罪，若行为人真诚悔悟、认罪认罚，司法机关就要积极兑现从宽政策，依法从宽处理。另一方面，对危害国家安全、严重暴恐犯罪以及其他情节极为恶劣、后果极为严重的少数刑事案件，也要依法严惩。

这话说起来简单，但落实到每一个具体案件中，并非易事。面对形形色色的案件、当事人的诉求、社会舆论的压力，如何坚持法律原则，把握好宽严界限，既需要用法律进行衡量，也需要用良心进行判断。

那么，良心判断如何体现？

首先，看办案者把自己放在什么位置：是诉讼流水线上的司法工匠，还是"如我在诉"的负重者？只有办案人员设身处地为各方当事人着想，充分换位思考，才有负重感、才能感同身受。

例如，只有假设自己迫于生计或身患重疾，才能体会为何有人会迫不得已实施偷盗财物、盗窃药品等违法犯罪行为。又如，只有假设自己遭受了犯罪行为的严重侵害，才能明白为什么不能在未尽全力的情况下轻言"疑罪从无"。再如，只有假设自己是一起简单刑事案件（交通肇事、危险驾驶、故意轻伤害等）的犯罪嫌疑人，在认罪认罚、赔偿谅解等条件都具备的情况下案件仍然久拖不决，不能外出打工、不能自由出行、家人也牵肠挂肚，才能体会提高司法机关的办案效率是多么重要。

这不是说检察官要摒弃严格依法、客观公正的立场，而是说不要把自己当作事不关己的第三方。要把自己放到案件中去，站在当事人各方的立场，才能感受到司法机关的判断对当事人而言意味着什么。

其次，看办案者秉持什么理念。基层一线办案任务很重，上级要求很高，办理同样性质的一起普通刑事案件，对比10年前，需要填的案卡、制发的文书、接待的当事人、开展的公开听证以及促进认罪认罚需要付出的人力、物力都不可同日而语。加之近两年，因为疫情的影响，入所讯问、出差取证、羁押案件开庭等等多有不便，大家都想着怎样提高效率、尽快结案。面对潮去潮来、堆积如山的案卷，有"速战速决"的心态是正常的，但过于求快，就会导致

"萝卜快了不洗泥"，容易作出看似合法但不近情理的结论。

"合法"是司法决定的基本要求，但做到这一点可能只算达到"及格线"。从古至今，老百姓评判司法决定不是只看其是否有悖律条，还要看其是否符合天理、人情。这是多元司法价值观的体现，也是中国从古至今法律文化的传承。

只有秉持法理情相融合的理念，努力让司法决定合法、合情又合理，才能赢得当事人的认可，让老百姓感受到公正。

再次，看办案者能否担当。在很多案件中，讲良心是要面对风险、付出代价的。有的案件，于理于法皆应从严惩处，却可能遇到干扰，要求"尽量考虑"，"原则范围内给予照顾"。有的案件，平心而论应当从宽，却可能被要求"从严从快"。还有的案件，前期被逮捕，后期认罪态度转好、积极退赃、赔礼道歉、获得谅解，符合不起诉条件，但"捕后不诉"，又会面临业绩考核上的负面评价。这个时候，实事求是、勇于担当就显得格外重要，也格外珍贵。

为了促进司法人员廉洁规范办案、保障依法独立行使司法权，我们国家几年前就出台了"三个规定"①，很大程度上帮办案人员解了围、松了绑，"司法环境"较之以往有很大改观，但若说完全杜绝了干扰，也是不客观的。

此外，还有一些案件，办案人员若为当事人利益作过于细致的、法律没有直接规定的考虑，有时即便是合情合理的，但基于特殊背景、特殊环境，也会产生很多顾虑。

例如有这样一起申请取保候审案：一家两兄弟因"涉恶"犯罪被逮捕羁押，主要事实是参与一系列聚众斗殴、寻衅滋事等犯罪活动，未涉及命案或其他重大案件，依法不可能判处 10 年以上重刑。羁押期间，二人的父亲因病去世，律师为二人申请取保候审以便为父送终。经审查，对罪行相对较轻的弟弟可以取保，一来其认罪认罚，真诚悔罪，预期量刑不重，脱逃的可能性不大；二来养老送终，尽人子之孝，也符合情理。

但经沟通，问题来了：怎么不懂政策、不看形势呢，怎么能对黑恶分子取保候审呢？万一人跑了，追责问责怎么办呢？承办人可以表示不怕追责，

---

① 为防止领导干部干预司法活动、插手具体案件处理，防止机关内部人员干预办案，规范司法人员与当事人、律师、特殊关系人、中介组织的接触交往行为，确保司法机关廉洁公正司法，2015 年，中央办公厅、国务院办公厅印发《领导干部干预司法活动、插手具体案件处理的记录、通报和责任追究规定》，中央政法委印发《司法机关内部人员过问案件的记录和责任追究规定》，"两高三部"联合印发《关于进一步规范司法人员与当事人、律师、特殊关系人、中介组织接触交往行为的若干规定》，这三个规范性文件简称"三个规定"。

但看看以往的案例，追责的范围岂止于承办人呢？

不仅仅普通办案机关有这样的担心，负责追责问责的机关也同样存在类似的顾虑。

再例如，办理上级交办的职务犯罪案件、涉"保护伞"案件以及涉信访维稳等社会舆论高度关注的案件，也可能遇到被调查人在留置期间近亲属病危、去世以及其他突发情况。办案人员也可能认为，让罪行不严重的被调查人暂时回家是合情合理的，但同样的问题也摆在面前：这些案件各方高度关注，万一出点"闪失"，谁担得起这个责任？

所以，很多时候，办案人员的担当不仅仅是对"承办人"而言的，还与案件办理相关的指挥者、决策者、交办者、督办者、追责者有关，在这个过程中需要上下互动。理想的状态是："下面"能准确发现问题、提出建议；"上面"能把握政策、大胆决策。

翻看资料，发现古人也曾遇到过这样的难题，他们是怎么解决的呢？

《新唐书·刑法志》记载："太宗亲录囚徒，闵死罪者三百九十人，纵之还家，期以明年秋即刑。及期，囚皆诣朝堂，无后者。"唐太宗李世民在复核刑部呈报的死囚名单后，决定到天牢视察。死囚们表示希望回家过年，这样就"死而不怨"。太宗约定次年秋后归来问斩，尽管很多大臣反对，但仍然释放 390 名死囚；次年，囚徒全部如期归来。

我们暂且不论太宗"纵囚"之举是否于法有据，单就其担当精神而言，是非常难得的，因为即便贵为皇帝也要考虑万一"人跑了"怎么办，如何向天下臣民交代的问题。

另外，中国古代自北魏就有"留存养亲"的司法制度。据《魏书·刑罚志》记载，除触犯"十恶"等重大犯罪外，普通罪犯若系家中唯一男丁，可待其为直系尊亲（父母、祖父母等）养老送终后再执行刑罚。存留养亲制度为后代法律所沿袭，在明清朝审与秋审中对死刑监候案犯，"存留养亲"便是暂不执行死刑的法定事由。①

虽然我们现在没有完全继承该司法制度，但根据《刑事诉讼法》之规定，对于"系生活不能自理的人的唯一扶养人"，即便符合逮捕条件，亦可监视居住。尽管刑罚执行环节可否"留存养亲"，法律未予明确，但参照审查逮捕环节之司法关怀精神，在不影响最终惩治犯罪的前提下，对遭遇突发状况的人员

---

① 张晋潘：《中国法制史十五讲》，155 页，北京，人民出版社，2017。

给予必要的照顾，这不正是政策宽仁、司法关怀的体现吗？这对案件的顺利推进、矛盾化解，也是大有裨益的。

然而，在一些时候、某个阶段，凭良心办案并不一定能获得好评，甚至可能招来猜疑、面临风险甚至遭遇恶意诬告。

纪检的调查、上级的核查、当事人的信访，这都是办案人员要面临的现实问题。毫无疑问，这会给办案人员增添很多额外的工作：但凡有调查、核查，必然需要写很多"说明""报告"或者接受问话。

而这些调查、核查措施本身，会形成一种紧张的空气。一说起谁谁谁被叫去问话了，领导会关心、家人会担心、同事会好奇，这会给被调查人带来很多困扰，甚至带来很大的心理压力。

除了氛围和心理上的压抑，很多工作也会受实质性影响，如果正值评先评优、晋职晋级、岗位调整、工作调动，往往会被"放下"。哪怕最终的结果是"没事"，但该耽搁的不该耽搁的，都被耽搁了。从这个角度上看，调查本身就有一种"准处罚"的作用。

办案时间越长，办案量越大，特别是办理涉众类、非法信访类、人身伤害类案件越多，遭遇这些窘境的可能性就越大。多次经历后，可能有两个结果。一是正面效应显现。让组织和同事更加坚信办案人员的素质，让办案人员也更信任组织、更加坚定自己的立场。二是负面效应显现。周围的人可能质疑：既然"没事"，为什么不断有反映？有的同志被调查了几次、被"放下"几次，同一条起跑线上的人都跑到前面去了。如此境况是否公平，如此结局是否值得？

如果负面效应太突出，办案人员也会心有余悸：良心弥足珍贵，人生耽搁不起！

所以，良心虽不似"玻璃心"那么脆弱，但也不可能像钻石那样坚硬。

那么，如何保护司法者的良心？

仅靠说教是没用的，大道理都懂；只靠激励作用是有限的，一个负面案例的影响力足以破坏很多正面激励。

关键还是得靠制度，并且制度还要得到有力的执行。

第一，应首先给予办案人员信任，而不是怀疑。近年来，随着党风政风的持续向好，司法风气、办案纪律都得到明显改观，加之政法队伍教育整顿的正面影响还将持久发挥，纯粹的"人情案、关系案、金钱案"将是极少的。

此外，随着"少捕慎诉慎押"理念的落实，认罪认罚从宽制度的推进，很多轻微刑事案件将会作出不捕、不诉决定或提出轻缓的量刑建议。如果纵向比较，类似的案件，可能比前些年处理得轻得多；如果横向比较，认罪认罚和不认罪认罚的，在处理上也有很大差别。若质疑声起、举报信来，办案人员将面临怎样的境遇？

笔者认为，信任不能代替监督，在信任的基础上，应依法依纪予以监督。首先，实事求是调查核实。从身边人、身边事的直观感受来看，这方面总体上是做得很好的；从一些社会高度关注的大案、要案来看，也可知调查核实工作总体上是很严谨的，不需赘述。

其次，实事求是惩处和肯定。既要坚持严肃处理违纪违法行为，也要坚持维护正确的办案理念，保护绝大多数人的积极性。切勿因个别人员顶风作案而否定"少捕慎诉慎押"等办案理念，要注意避免因追责不当引起错误导向，例如宁可通过"多捕多诉多羁押"来减少被质疑、被关注、被监督。

追责问责也要坚持主客观相一致原则，不能唯结果论。例如前文提到的对"涉恶"犯罪嫌疑人取保候审、对职务犯罪被调查人放其归家，即便"人跑了"，或者发生了有碍诉讼正常进行的其他情况，也要结合办案人员是否有主观过错，是否存在办人情案、关系案、金钱案等因素来决定是否追责、如何追责。

还要注意发布正反两方面典型案例。目前反面典型案例比较多，但理念正确、决定准确、经受住了各种考验的正面典型案例少了些。大家都知道"既不能这样，又不能那样"，但遇到具体问题时"到底应该怎样"，的确需要正面典型案例来引导。

第二，对办案人员的调查程序要严格，减少随意。这里说的"调查"是广义的，包括调查、核实问题的各种措施，不限于"立案调查"。当然，调查的程序本身是比较严格的，但为什么会让人有"随意"的感觉呢？因为实践中有权调查的部门较多，同一事件被问话的次数太多，就要让人随时得放下手中的工作，积极配合调查。

首先，不轻易启动调查程序。从办案人员的角度讲，要让主动接受监督、自觉接受监督成为习惯，这样能确保自己不犯错或少犯错。从监督者的角度讲，监督也是服务，服务务求精准，否则精力投放不准也是浪费。

我国税务执法理念颇值得参考："无风险不打扰、有违法要追究、全过程强智控"，对司法人员的调查也一样，日常监督要加强，若无风险（例如信访反映中没有明确的线索指向、没有确凿的证据等），也不宜轻易启动调查程序。

其次，进一步规范调查程序。特别是对法官检察官的调查，应规定更加严格的程序，否则，尊重法官检察官、尊崇法治就无从谈起。

例如，对于检察官的调查核实，涉及违纪违法或违反法定职责的，应当按照干部管理权限，由纪检监察机关或检察机关主要负责人批准。一般性调查谈话的，不得影响检察官正常的办案工作。同一事实已经由有权机关作出调查结论的，没有新的证据不得进行重复调查。

第三，对经受住考验的办案人员应予弥补，不能止于澄清。百姓若因冤假错案导致权利遭受了侵害，可以依法获得国家赔偿，这是人权保障的应有之义，也是法治社会的内在要求。那么，办案人员因诬告、错告导致名誉损害、利益（晋级、晋升等）受损呢？在一定范围内予以澄清是必要的，这体现了组织对干部的关心，但损失如何弥补呢？

办案人员一般不会提出这样的要求，一则因为本性善良，二则因为没有弥补的制度。但若不考虑弥补，岂不是让老实人吃亏，让诬告者得逞？有时候诬告者的目的就是让办案人员的成长被耽搁、精力被消耗，即便办案人员最终被证明清白，诬告的目的也确已达到。

所以，确有必要建立弥补制度。要根据不同情形给予相应的弥补，包括但不限于：其一，对于造成名誉损害的，在一定范围及时澄清即可弥补。其二，对于造成竞争机会丧失的，应创造同等条件下的再次竞争机会。其三，对于造成晋职晋级等时间耽搁的，评定时间应当参照同时期其他晋升人员的时间起算；没有可参照的，则按一般晋升审批工作时间推算确定，不能让我们的同志因遭诬告造成"一步慢，步步慢"的遗憾。

综上，检察办案用心用情，公平正义得以彰显，社会和谐得以促进。善良之心获得保护，也能激励更多的善良之心。

陈亚东

2022 年 7 月 1 日

目　录

第一章　检察官的司法理念——法、理、情的融合 ⋯⋯⋯⋯ 1

从"天理、国法、人情"到"天理、法理、情理" ⋯⋯⋯⋯⋯⋯⋯ 3
法理、情理、天理的现代司法呈现 ⋯⋯⋯⋯⋯⋯⋯⋯⋯⋯⋯⋯ 10
法理、情理、天理的运用困境 ⋯⋯⋯⋯⋯⋯⋯⋯⋯⋯⋯⋯⋯⋯ 16
法理、情理、天理的运用规则 ⋯⋯⋯⋯⋯⋯⋯⋯⋯⋯⋯⋯⋯⋯ 22
心之不忍，理之所致 ⋯⋯⋯⋯⋯⋯⋯⋯⋯⋯⋯⋯⋯⋯⋯⋯⋯⋯ 28
检察官如何阐释法理 ⋯⋯⋯⋯⋯⋯⋯⋯⋯⋯⋯⋯⋯⋯⋯⋯⋯⋯ 36
检察官如何寻找情理 ⋯⋯⋯⋯⋯⋯⋯⋯⋯⋯⋯⋯⋯⋯⋯⋯⋯⋯ 42
检察官如何探寻天理 ⋯⋯⋯⋯⋯⋯⋯⋯⋯⋯⋯⋯⋯⋯⋯⋯⋯⋯ 48
司法者的思维：法感觉、法感情、法理性 ⋯⋯⋯⋯⋯⋯⋯⋯⋯ 55
从赵娥到张扣扣：情理扮演了什么角色？ ⋯⋯⋯⋯⋯⋯⋯⋯⋯ 62
情理：电影《十二公民》里判断案件的依据 ⋯⋯⋯⋯⋯⋯⋯⋯ 67
起诉书语言应当传递怎样的司法理念 ⋯⋯⋯⋯⋯⋯⋯⋯⋯⋯⋯ 72

第二章　检察官的初心——司法为民 ⋯⋯⋯⋯⋯⋯⋯⋯⋯⋯ 83

办案办的是人生，也是民生 ⋯⋯⋯⋯⋯⋯⋯⋯⋯⋯⋯⋯⋯⋯⋯ 85
检察官：证据这么充分，你为什么不起诉？ ⋯⋯⋯⋯⋯⋯⋯⋯ 90
检察官：证据这么"薄弱"，你为什么要起诉？ ⋯⋯⋯⋯⋯⋯ 96
检察官：没有司法解释，你该怎么办？ ⋯⋯⋯⋯⋯⋯⋯⋯⋯⋯ 101
检察官：请尽情展示你的侦查思维 ⋯⋯⋯⋯⋯⋯⋯⋯⋯⋯⋯⋯ 106
刑罚不是恐吓的工具
　　——读刘哲检察官《司法观》的共鸣与思考 ⋯⋯⋯⋯⋯⋯ 112

慎将被害人自救行为入罪
　　——从一起强奸索赔案谈起 ··· 117
"退查"是好事还是坏事？ ··· 122
"案-件比"指标的积极价值与风险防控 ································ 126
关于职务犯罪案件几个常见问题的思考 ································ 134
关于认罪认罚从宽制度，大家都在讨论什么？
　　——从"检答网"认罪认罚从宽制度相关咨询谈起 ············ 144
值班律师资源共享的实践与展望 ·· 155
检察提示："依网治网"参与社会治理的新探索 ····················· 163

第三章　检察官的态度——拒绝平庸 ·································· 171

基层"天花板" ·· 173
检察人的工作标准：精益求精 ··· 183
莫把"废系"当"佛系"
　　——读刘哲检察官《法律职业的选择》所感 ···················· 189
写一份审查报告给未来的自己 ··· 193
基层年轻检察官成长"十要诀" ·· 198
检律沟通中的辩证法 ·· 216
公诉人：出庭请带上哲学武器 ··· 223
公诉人出庭一定要说普通话吗？ ·· 230
公诉出庭的几点感受（上） ·· 233
公诉出庭的几点感受（下） ·· 240
我们的队伍向太阳（上）
　　——基层检察队伍建设的思考与探索 ····························· 246
我们的队伍向太阳（下）
　　——基层检察队伍建设的思考与探索 ····························· 255

后记 ··· 265

第一章
检察官的司法理念
——法、理、情的融合

中华民族有着悠久灿烂的文明史。千百年来，我们的祖先创造了辉煌的历史，当今社会，国家安定有序，人民生活丰富多彩。那么，是什么在维系着这一切，社会生活运行的规则是什么？这是很难回答却又非常有趣的问题。

没有法律是万万不能的，但法律也不是万能的。在历史的长河中，有一些默默支撑社会生活运行的规则，这些规则虽然欠缺法律威严的外表，却被统治者和人民广泛接受、自觉遵从，并成为维系国家安定有序、人民安居乐业的重要支撑。

这些规则是什么？答案可能是丰富的。

从司法角度看，古代中国司法活动非常注重"天理、国法、人情"的综合运用，这样的理念在今天看来仍然有强大的生命力，值得传承。

习近平总书记指出："法律并不是冷冰冰的条文，背后有情有义。要坚持以法为据、以理服人、以情感人，既要义正词严讲清'法理'，又要循循善诱讲明'事理'，感同身受讲透'情理'，让当事人胜败皆明、心服口服。"[1]

如何把优秀的理念传承好，并结合新时代特征及法治建设新要求赋予其新的内涵，使之获得新的生机和活力，是我们需要认真思考的。

本章从解读"天理、国法、人情"入手，尝试以新时代司法活动的新要求为视角，探讨"天理、法理、情理"的新内涵，并通过一系列社会高度关注的案件，结合笔者的办案体会，浅析"天理、国法、人情"在当前司法实务中的运行情况和发展趋势。

笔者认为，概言之，古今"天理"体现一切事物运行的基本规律，调整人与自然的关系，是司法活动的最高遵循。古时"国法"发展为今天的"法理"，体现法律运行的基本规律，调整人与法的关系，是司法裁判的基本依据。古时"人情"发展为今天的"情理"，体现民众对法律的认知和感受，调整人与人的关系，是司法活动的重要考量。

司法者能否运用好天理、国法、人情，既是法律素养和业务水平的体现，也是让人民群众感受到公平正义的关键着力点。在新时代司法活动中，可以按照法理、情理、天理的顺序研判相关案件。包括检察官在内的司法者都应在罪刑法定的基本原则上，运用法律作出预判，运用情理和天理进行检验，秉持善良、公正之心，在不同的法条之间挑选甄别，最终得出合法、合情、合理的决定。

---

[1] 习近平总书记2019年1月在中央政法工作会议上的讲话。

从"天理、国法、人情"到"天理、法理、情理"

中国古代县衙府衙大堂屏门之上常常高悬一块牌匾,上书"天理、国法、人情"6个大字,这在山西平遥古城县衙、河南内乡县衙等地尚能看到实景。

自汉代开始"引礼入法"至《唐律》问世,古代中国实现了礼法的深度结合,而《唐律》的精神就在于"一准乎礼",天理、国法、人情紧密结合。根据《唐六典》规定的对官员的"考课之法"(相当于现代的业绩考核),以"四善二十七最"为标准,规定:"决断不滞,与夺合理,为判事之最;推鞫得情,处断平允,为法官之最。"[①]

自南宋以来,就非常注重"天理、国法、人情"在司法实践中的融会贯通与综合运用,这既是对司法官员断案能力的要求,也是古代中国人多元司法价值观的体现。当今,司法活动也要求讲天理、法理、情理有机结合,可见从古到今,中国人的司法价值观得到了很好的传承,当然也有新的发展。

一、多元司法价值观一脉相承

中国人的司法观是一个复杂的、多元的价值观念体系。在古代中国的语境里,谈及律法,自然会涉及"法上之法""法中之法"和"法外之法",而非仅局限于某一个独立的律例或法令[②]。其中,"法上之法"是高于律法的"礼",也可理解为"天理";"法外之法"是人们的伦常之情、常识常情,也就是通常所说的"人情";"法中之法"才是最基础的国家律法。

虽然制定法是人类社会生活的共同规则和重要纽带,是人类文明的重要成果,但是单纯的制定法在古代中国人心目中却居于相对次要的地位。人们

---

① (唐)李林甫等撰,陈仲夫点校:《唐六典》卷2,《尚书吏部·考功郎中》,42页,北京,中华书局,1992。唐朝,每年一小考,四年一大考,标准是"四善二十七最"。"四善"包括:一曰德义有闻,二曰清慎明著,三曰公平可称,四曰恪勤匪懈。"二十七最"内涵很丰富,根据职务不同确定相应标准。

② 范忠信、郑定、詹学农著:《情理法与中国人》,9~10页,北京,北京大学出版社,2011。

通常认为，律法是在德育教化不能及的情况下不得已的产物，是维护伦理纲常最后的防线。

中国人心目中理想的法律是"天理""国法""人情"三位一体，这种三位一体的法律观念在古代中国司法活动中占据着支配地位，深深地植根于人们的思想意识里，长远地影响着社会生活的方方面面。

时至今日，社会主义中国的法律体系日臻完善，全面依法治国深入推进，"科学立法、严格执法、公正司法、全民守法"作为新时期全面依法治国的新"十六字方针"逐渐深入人心。即便如此，社会大众也并不认为法律是分辨是非、评判曲直的唯一标准。多元的价值观在司法活动中一脉相承，甚至可以说是中国司法文明的重要传承。

人民群众对司法裁判是否接受，既要考虑其是否合法，也要看其是否合理、合情。而评判司法公正的标准，不仅仅看司法决定是否符合法律规定，还需要看人民群众是否接受、是否认可。

以人民为中心的现代司法理念与古代朴素的民本主义思想遥相呼应，这有别于简单的专业评价和一元价值观。古今中国司法活动都注重法、理、情相融合，在传承的过程中，结合新时代的新要求，对法、理、情的具体内容去粗取精、传承发展。

二、"天理"内涵的古今异同

从古代司法活动看，"天理"之"理"亦等同"礼"，是最高的行为准则。评价守法者，常常说其"尊法守礼"；批判违法者，往往称其"无法无天""犯上作乱"。"法"与"礼"相依、与"天"相连，"作乱"与"犯上"（犯上即逾礼）同在。

什么是"天理"，这或许是一个有着很大争议的问题。儒家的观点如《荀子·天论》云："天行有常，不为尧存，不为桀亡。应之以治则吉，应之以乱则凶。"《论语·阳货》云："天何言哉？四时行焉，百物生焉，天何言哉？"道家学派认为，法律起源于自然界的客观规则。《老子》云："人法地，地法天，天法道，道法自然。"宋理学家也认为，法律起源于"天理"。朱熹提出："法者，天下之理。""理也者，形而上之道也，生物之本也。"[①]

---

① 《朱文公文集》卷五十八，《答黄道夫》。

归纳一下古人关于天理的理解,总体而言,天理是客观存在的,有其自身运行的规律,而非空洞的、玄而又玄的,人的活动应当顺应遵循规律而为。

由于认识能力所限和治国理念所需,古代司法活动中的"天理"有其特定的时代含义。与当下所讲"天理"相比,古人讲"天理"至少有两点不同,一是神化,二是阶级化。

所谓神化,主要体现在三个方面。

第一,法的效力最早来源于"神"。例如,夏商两代是中国早期法治的形成和发展时期,属于"神权法"时代。"神权法"思想认为,法律起源于"天意"或"神道",因而司法制度有鲜明的天讨、天罚、神判特色。《史记》中记载,夏代政权从建立时起便宣称自己"受命于天",对违背"天命"的人则"恭行天之罚"。《尚书·召诰》有"有殷受天命"的记载。对"天命殛之"的罪人,商王乃行"致天之罚"。

第二,对裁判者有超乎凡人的寄托。比如,民众希望裁判者都是"青天",最高统治者也是最高司法者,甚至是"天"的化身和代表。《魏书》之《刑罚志》就提出:"德刑之设,著自神道。圣人处天地之间,率神祇之意。""是以明法令,立刑赏。"①

第三,对证据采信寄希望于神的指示。"法"字由古文"灋"演变而来。廌,即具有辨别是非善恶能力的神兽。影视作品描写的古代司法审判中,依靠巫师、水神、火神等辨别是非的案例不少,亦反映出民众在不得已的情况下对神示证据的信赖。当然,这确非主流,亦不长久。

需要特别说明的是,古代中国虽然神化了天理、天命,但神秘色彩并不浓厚,政治上、司法上都立足现世、富于理性和智慧。自夏、商、周以来,统治者注重把对天、神的崇拜与对祖先的崇拜结合起来,注重"以德配天""天人合一",认为自己是天之子。《左传》有云:"国将兴,听于民;将亡,听于神。"可见神权思想与民本意识同在,神权很大程度上被世俗化。这与西方和其他古文明的政治法律宗教神化是不同的。西欧教会掌握立法,国家体制也实行政教合一;古印度婆罗门决定立法,宗教控制着政权和司法,比如,即便国王亲自审理案件,也须有德高望重的婆罗门陪审。而古代中国佛教、道教虽然曾经盛极一时,不同程度上影响着统治集团的思想和政策,但主要目的在于维护统治,一旦威胁统治,则会灭佛拆庙,甚至严厉打击。

---

① 张晋潘主编:《中国法制史》(第五版),8页,北京,中国政法大学出版社,2016。

所谓阶级化，主要体现在占统治地位的阶级及其思想对司法活动的主导作用。

我国自汉代以来，儒家学说的核心价值和伦理道德规范构成了天理的主要内容，礼即天理，礼与法相互渗透与结合，形成了"于礼以为出入"的法律传统。礼的存在贯穿于整个中国古代社会，其主要功能在于：一方面经国家、定社稷。周公制礼之后，礼则被作为"国之干也""国之常也"[①]，是调整国家活动和社会关系的思想基础、理论基础和秩序规范。另一方面"别贵贱、序尊卑"。《左传》载："名位不同，礼亦异数。"有礼则有名分、有等级、有序别，伦理纲常是礼的主要内容，违背纲常伦理亦被视为违反天理；僭越礼仪就是犯上作乱，等同于违背天条。

笔者认为，从现代司法的视角看，"天理"二字应当分别阐释，"天"乃自然宇宙，泛指世间万物。"理"乃自然法则与宇宙规律。合起来讲，所谓"天理"，乃天然的道理，是包括法律在内的世间万物变化、运行的客观规律。以此观"天理"，近似于西方的自然法，是宇宙间不以人的意志为转移的客观真理和公道。

"天理"由古至今，有其亘古不变的内容，古今一脉相承并不断发展。例如，"天人合一"的生存理念，"天下归一"的国家理念，人与自然和谐共存的发展理念。

新的时代也赋予了"天理"新的内涵，例如，社会主义核心价值观是全体中国人追求的核心价值内核，也是司法活动需要体现的重要价值导向，特别是富强、民主、文明、和谐，是我国社会主义现代化国家的建设目标，在社会主义核心价值观中居于最高层次，也体现了新时代应当追求的"天理"。

现代司法活动需要司法者考虑案件的事实、证据、情节，裁判需要斟酌定罪、量刑、执行方式，最终要追求政治效果、法律效果和社会效果的统一。如此多的因素在一个案件中运行，有的协调统一，有的相互对立，有的激烈对抗，天理对诸多因素起着统筹调和的作用。司法者有责任顺应天理、追求公正，这是司法者的使命，也可以说是"天命"。

---

① "国之干也"见于《左传·僖公十一年》；"国之常也"见于《国语·晋语四》。

三、"国法"与"法理"的古今异同

从古代司法活动看,"国法"主要指国家律法,包括刑、法、律、令、典、式、格、诏、诰、科、比、例,等等。中国古代法律成长、发展的时间非常漫长,自夏商到明清约4000年历史里,形成了脉络清晰、非常完备的法律制度,也产生了许多优秀的法律。

总的来看,古代中国法律思想、法律制度对后世有着深远的影响,很多优秀的传统得到了继承,同时也有一些不为现代司法文明接纳的制度被历史的浪涛所涤荡:一是专制主义,体现皇权至上;二是礼法合一,"一准乎礼",礼既是道德规范,也是法律法规;三是特权法定,法律明确规定不同群体(也可以说不同阶级)的不同权利义务,将"八议""官当"等特权明示为全社会遵守的共识。

笔者认为,以现代眼光来看,所谓法理,从字面意义上讲,可以理解为法律的理论依据,也可理解为关于法律原则、法律功能、法律制度等内容的基础理论。从司法视角观之,"法理"二字应作独立理解;"法"乃国家法律规范,包括宪法、法律、行政法规、部门规章、条例,等等;"理"乃道理与规律。合起来讲,"法理"是指国家法律法规及其运行的内在规律。

单独讲"法"可能并不难,但把握好"法理"并非易事。

法律法规运行应当遵循什么规律,结论或不唯一,但求大同、存小异,也可得出大致认可的答案。例如,面对法律适用的选择时,宪法至上,上位法优于下位法,特别法优于普通法。同一位阶的各部门法律,相互独立又互相影响。同一部法律之内,各法律条文既对立又统一,如刑法分则各条文独立运行又服从于总则。司法活动应立足国内法、兼顾国际法;司法裁判既要符合法律规定又要符合刑事政策;等等。

司法者把握"法理",就是要遵循和把握这些规律,在浩如烟海的法律法规中找到最恰当的条款,从而对案件作出准确的裁决。

四、"人情"与"情理"的古今异同

人情是人之常情,这一点,古今相通;但"人情"的具体内容则古今有别。

人情的具体内容包含什么,取决于时代背景、主流价值观、司法政策等,不宜用"对"或"错"去评判,而要具体问题具体分析。例如,在古代婚姻关系中,"父母之命、媒妁之言"是合情合理的;在债务纠纷中,"父债子还"是众所公认的。但在当今社会中,这些曾经的"公认之理"已经发生了质的变化。

"人情"的古今之别还有一个重要体现,那就是其在司法活动中的地位,或者说重要性有很大不同。

在古代司法活动中,个别案件之"人情"可能高于"国法"。例如,赵娥为报父仇杀人案。东汉灵帝时期,弱女子赵娥之父赵安被一个名叫李寿的人杀害,赵娥多年身负复仇重任,后偶遇李寿,将其捎死,为父报仇后投案自首。承办案件的官员敬佩赵娥的孝行和勇气,宁愿交印弃官也不忍处罚赵娥(如何看待这样的现象,后文还会专门探讨)[①]。

又如,明太祖朱元璋是有名的厉行法制者,有时也对特定案件屈法原情。有案例如是:洪武八年正月,山阳县民其父有罪当杖,请以身代之。太祖特别谕刑部官:"父子之亲,天性也……今此人以身代父,出于至情,朕为孝子屈法,以劝励天下,其释之。"[②]这样超越国法的"人情",在今天的司法活动中是不提倡的。

现代人讲"情理",字面理解即人情与道理。从司法视角来看,"情理"二字亦应分别理解,"情"乃人之常情,"理"乃人情之规律。合起来讲,"情理"是指司法者在办案过程中考量和运用公众感情的规律。

笔者认为,司法者对"情理"的把握应包括"法感情"与"法理性"两个方面。

所谓"法感情",是指司法者基于法律精神、实现个案公正所应具备的情感表达:既不能刻板执法没有感情,也不能感情用事以情代法。

比如,一个刑事案件判决定罪是否恰当,各被告人相互之间量刑是否平衡,司法者首先应该有一个感性的认识,针对个案具体情况而言,判轻了、重了还是合适?若属共同犯罪,那么主从犯之间以及关联犯罪的行为人之间处罚是否公平?与既往类案判例是否协调?这就要求司法者既不能单单看具体的法律条文而不顾个案特殊情况,也不能超越法律原则去追求所谓个案公正。

所谓"法理性",是指司法者基于法律原则、务实态度所应具备的价值追求:既不能理想化地追求"绝对的正义",也不能放弃理想不追求应有的正义。

---

① 范忠信、郑定、詹学农著:《情理法与中国人》,73~74页,北京,北京大学出版社,2011。
② 张晋潘著:《中国法制史十五讲》,138页,北京,人民出版社,2017。

比如，以良好的职业操守展现立场的理性，在群情激愤面前保持清醒，在利益诱惑面前坚守底线，在各方压力面前恪守原则。又如，以良好的职业水准展现思维的理性，在复杂局面之下认真研究、在"一边倒"的观点面前不盲从、在"疑罪从无"与竭力求真之间找到平衡点，等等。

虽然法律作为调整现代社会秩序的主要规则，无处不在地影响着人们的生产生活，但是单靠法律又无法全面调节丰富的社会生活。《孟子·离娄上》云："徒法不足以自行。"英国军事理论家托·富勒也有名言："人类受制于法律，法律受制于情理。"可见古今中外先贤都认为，法律在运行过程中必然受到社会情理的影响。

特别是在当今司法活动中，很多案件情况复杂、当事人诉求多、人民群众期望高、各方工作要求严、舆论关注度高、考核维稳评查压力大，办案人员常常面临"既要……又要……还要……同时兼顾……"诸如此类的要求。这就更加需要司法者坚守法律基本原则、严守公平正义底线，理性考量各方因素，得出合法理、顺情理的结论。

法理、情理、天理的现代司法呈现

进入新时代，全面推进依法治国是"四个全面"战略布局的重要内容，运用法治思维和法治方式深化改革、推动发展、化解矛盾、维护稳定，是包括检察官在内的所有司法者的重要任务。

司法实践中容易出现的问题是，个别司法者机械适用法律，充当了"法律搬运工"的角色，作出的一些处理裁决不符合社会公平正义观念、得不到人民群众的认可，最终可能产生负面的效果。其根本原因在于机械适用法律的个别法条，没有检验和反思如此适用法律是否正确、恰当，也就难以实现法、理、情的有机统一。

就刑事司法而言，检察官作为诉前活动的主导者，绝不能做简单的"二传手"，而是心中有天理、把握好情理、运用好法理，及时准确地将犯罪者交付审判，还无辜者以清白，对失误者进行挽救，防止罪大恶极者获得法外之利，防止无罪或罪轻者承受不当之刑。为了让司法裁决经得起法律检验、获得社会认可、支撑法治建设，就离不开对法理、情理和天理的准确理解与充分适用。

一、法理的司法呈现

对一个案件的认识，不同的司法者可能有不同的观点，而且都能找出不同的法条来支撑自己的观点。法理的作用，就是根据法律运行的规律调和法条之间的矛盾，帮助司法者找到最恰当的法条。

例如，实践中对于未成年人是否构成毒品再犯的问题，笔者遇到三种分歧意见。

第一种观点：毒品再犯是《刑法》分则第356条的特别规定，较之《刑法》总则第65条第1款（一般累犯）明确规定未成年人不构成累犯，分则该法条没有明确将未成年人排除在毒品再犯之外。说明分则对毒品犯罪有特殊考虑，因此，未成年人应当构成毒品再犯。① 第二种观点：未成年人是否构成毒品再犯要和犯罪记录封存制度衔接起来，前罪或后罪若有一个被判处 5 年以下有期徒刑，则因其罪行被封存而不能认定再犯。因此，未成年人是否构成毒品再犯，取决于犯罪记录是否被封存。第三种观点：即便《刑法》分则没有明确未成年人排除在毒品再犯之外，也应当按照体系解释的方法，认定不构成毒品再犯。

笔者赞同第三种观点。理解和适用法条，要从条文本义出发，但也不能停留于条文之表面文义。

首先，从刑法的相关规定来看，涉及未成年人犯罪的特殊规定有《刑法》第 17 条（未成年人刑事责任年龄）、第 65 条（未成年人不构成一般累犯）、第 100 条（免除犯罪前科报告义务）等，无一不体现出刑法对未成年人从宽处理的精神。

其次，从刑法内在逻辑来看，未成年人不构成一般累犯，意味着未成年人即便实施了故意杀人、强奸、抢劫、绑架等严重危及人身和财产安全的暴力犯罪，也不构成累犯，不予从重处罚。根据"举重以明轻"之规则②，当然没有理由将犯罪手段和情节相对较轻的毒品犯罪认定为再犯而予从重处罚。

最后，从国际司法规则来看，《联合国少年司法最低限度标准规则》第 21 条规定，"对少年罪犯的档案应严格保密，不得让第三方利用……少年罪犯的档案不得在其后的成人诉案中加以利用"。该规定之目的十分明确，重在对未成年人保护，特别是在司法机关打击犯罪和未成年人权益保护发生冲突时，明确取舍规则。我国加入了《联合国少年司法最低限度标准规则》，当然有履行条约的义务。③

---

① 类似观点在司法实践中并不鲜见，重庆市垫江县人民检察院对被告人姚某贩卖毒品案提起公诉时，因该被告人在未成年时期有贩卖毒品被判有期徒刑 6 个月之前科而认定毒品再犯，未得到法院判决支持，后经抗诉仍被驳回，维持原判。参见最高人民法院刑事审判一、二、三、四、五庭主办《刑事审判参考》第 1034 号，"姚某贩卖毒品案——不满 18 周岁的人因毒品犯罪被判处 5 年有期徒刑以下刑罚，其再次实施毒品犯罪，能否认定为毒品再犯"。
② "举重以明轻，举轻以明重"见于《唐律》之"名例律"，原意为法律无明文规定情况下而进行的出罪、入罪类推原则。类推制度虽已被废除，但其精神要义作为法律解释的方法得以传承。
③ 本文重点讨论从法理上应当考量的因素，除此之外，还有国家政策等因素，例如早在 2008 年 12 月，中央政法委《关于深化司法体制和工作机制改革若干问题的意见》，提出了建立未成年人轻罪犯罪记录消灭制度。

二、情理的司法呈现

从办案实践来看,情理无时不体现着现实的作用。司法者一般不会按照规范的"三段论"逻辑推演事实和适用法律,实践中不可能、也没必要这样做。

办案实践规律是:首先,司法者基于公正的立场对基础事实和证据进行初步分析,结合常识和情理形成一定的预判,① 例如,公安民警接到群众(可能是目击证人)或被害人电话报警,称"有人在某地抢走了一部手机"。第一反应是这是一起涉财产刑事案件,下一步侦查方向一般是抢劫、抢夺或寻衅滋事。

其次,在完善证据、查清事实的基础上,寻找可能涉及的法律规范。假如暴力很轻微,则可能考虑抢夺、寻衅滋事等轻罪而非抢劫之类的重罪。

最后,在案件事实和法律规范之间不断往返和甄别,找到最合适的法律对案件作出处理。假如是未成年人之间以大欺小,强拿硬要一部价值不大的手机,可能定寻衅滋事更妥。同时还要考虑其他相关的因素,如果是主观恶性较深、有一定犯罪前科的惯犯、累犯,则会迅速刑拘、移送批捕和审查起诉。如果是未成年人、在校学生等特殊群体或初犯、偶犯,主观恶性不深,真诚认罪悔罪,积极退赃退赔,则可不羁押,之后移送检察机关作不起诉处理。

也就是说,实践中的总体办案过程是先有"预结论"、再用大前提(法律规范)和小前提(案件事实)去印证"预结论",从而得出最终的结论。②

"法律发现实质上表现为一种互动的复杂结构。这种结构包括创造性的、辩证的或者还有动议性的因素,任何情况下都不仅仅只有形式逻辑的因素,法官从来都不是'仅仅依据法律'引出其裁判,而是始终以一种确定的先入之见,即由传统和情景确定的成见来形成其判断。"③ 由此可见,情理对司法的影响是客观的。

针对个案,每个司法者可能都有不同的情理考量,我们难以用一个统一的标尺衡量孰是孰非,但一定不能违背人民群众所能接受的常情常理。

以南京"彭宇案"为例,其一审判决书的情理分析值得反思。④ 从判决书罗列的证据来看,法官没有直接得出被告彭宇撞倒原告徐某的结论。判决书之所以成为众矢之的,在于争议焦点的第一部分"关于原、被告是否相撞"

---

① 对于侦查初期的"预判",往往形成下一步的"侦查方向"。
② 需要说明的是,三段论的倒置并不违反罪刑法定原则。参见张明楷:《刑法学》(第六版),75~76页,北京,法律出版社,2021。
③ [德]阿图尔·考夫曼:《后现代法哲学》,米健译,21~22页,北京,法律出版社,2000。
④ 参见南京市鼓楼区人民法院民事判决书(2007)鼓民一初字第212号。

的问题，法官如是分析："根据日常生活经验分析……如果被告是见义勇为做好事，更符合实际的做法应是抓住撞倒原告的人，而不仅仅是好心相扶；如果被告是做好事，根据社会情理，在原告的家人到达后，其完全可以在言明事实经过并让原告的家人将原告送往医院，然后自行离开，但被告未作此等选择，其行为显然与情理相悖。"

法官在判断案件时考虑了生活情理是难能可贵的，问题在于，法官似乎是从"人性恶"的角度进行思考和推理。如此分析可能说中了社会个别现象，并非完全无理，但在处理本案中，法官不应偏离主流价值观来分析彭宇。因为此时的"彭宇"只是千千万万普通大众的一员，法官如此分析，的确伤害了普通大众的情感。

通过回顾本案判决书的情理分析得出启示：司法者在运用情理分析案件时，可以根据自己的认识作出不同的判断，但不应超出人们最朴素的、最基本的情感和理性，不能超出一般人的认知和理解水平。

笔者不提倡一味顺应民众的喜好分析情理，但应努力引导人们判断是非、区分黑白、明辨善恶，把社会主流价值观融入司法裁判之中，从而引导社会凝聚正能量，鼓励人们从善如流，让老百姓相信在法律面前"善有善报，恶有恶报"。

类似的案例还有于欢故意伤害案，①二审之所以改判，主要是因为着重分析了被害人过错，判决书阐述的理由之一是："杜某（死者）裸露下体侮辱苏某（于欢之母）的行为是引发本案的重要因素"；"辱母行为严重违法、亵渎人伦，应当受到惩罚和谴责"。

将道德人伦与法律价值相结合，这样的分析充分融合了法理与情理，既符合道德取向和社会价值观，又于法有据，在情与法之间找到了平衡。

三、天理的司法呈现

天理虽然看不见、摸不着，但在司法办案的过程中却客观存在，彰显天理的司法裁判也是深得人心的。

例如，在办理危害食品药品安全等刑事案件中，就可以运用天理来论证行为的社会危害性。

笔者曾经历了这样一起生产、销售有毒、有害食品上诉案：上诉人为增

---

① 参见最高人民法院指导案例93号《于欢故意伤害案》，本文重点分析其中对情理的运用和把握。

加其生产、销售的火锅汤料的口感，在火锅底料中加入罂粟壳粉，供前来其火锅店的顾客食用。法院一审以生产、销售有毒有害食品罪判处被告人有期徒刑一年。被告人不服，提出上诉。

主要上诉理由是：火锅中加入少量罂粟可以调味，群众食用后没有不良反应，没有证据证明此举造成了社会危害。没有社会危害即没有入罪的基础，请求二审宣告无罪。①

这样的案件屡见不鲜，网上一搜索，就可见不同时间、不同地区的类案，火锅、烧烤乃至饮料，都是该类案件的高发区、重灾区。

若仅仅从证据角度看，无法通过收集病历资料、鉴定意见等方法来证明食客遭受的具体危害。从情理上判断，虽然群众普遍认为火锅中加入罂粟壳可能给人身体健康带来危害，但有的火锅店将此作为"秘方"使用了较长时间，特别是火锅盛行的一些地方，群众长期食用，并没有发现人体受损的相关病例。

该行为的危害后果究竟如何评价？仅仅从法理角度论证，并参照既往判例进行处理，工作难度并不大。但若想让被告人及其家属口服心服，以及用浅显易懂之理让广大群众理解，进而起到教育和预防作用，似乎又不容易说清楚、道明白。

二审过程中，考虑上诉人只承认事实但不认为是犯罪、上诉人家属对有罪判决不理解、一些群众也不太明白其中的道理的情况，检察官就尝试结合"天理"来论证上诉人行为的社会危害。

法庭讯问环节，检察员和上诉人有这样的问答：

> 检察员：对一审判决认定的基本事实，你有没有意见？
> 上诉人：对基本事实没有意见，但我的行为没有危害。
> 检察员：那就是说，你确实在火锅里加入了罂粟壳粉？
> 上诉人：是的。很多店都加了，不止我一家店。
> 检察员：罂粟壳粉能吃吗？
> 上诉人：单口吃是不能的。
> 检察员：既然不能吃，为什么要加到吃的里面去？
> 上诉人：别的店还不是都加了。
> 检察员：别人干坏事你也学？

---

① 参见某县人民法院《刑事判决书》（2017）川 1622 刑初 19 号。

上诉人：（沉默）
检察员：你开火锅店是给老百姓提供餐饮，"民以食为天"的道理，你懂吧？
上诉人：这个谁都懂。
检察员：把不能吃的东西加到食物里，是不是伤天害理？
上诉人：（沉默）
检察员：待会儿法庭辩论再给你讲讲法律的规定和以往的判例……
上诉人：我没意见了。

涉食品安全类的案件，为何定罪、如何处刑，要考虑普通大众的接受程度。结合本案概言之：生产者、销售者保障人民群众饮食安全，乃天理使然，在食品中加入有毒害非食品原料就是伤天害理的行为。这样的行为造成的社会危害虽然看不见、摸不着，但客观存在，是公知之理，不应苛求也不需要用证据材料来证明。这样的意见虽然鲜有写在裁判文书中，但容易得到法官的内心采纳，也能够赢得群众认可。

四、法理、情理和天理的关系

首先，三者相对独立、各有侧重。法理主要体现法律之间的运行规律，重点考验司法者如何选择和适用法律，调整的是"人与法"的关系。

情理主要体现人类情感的规律，重点考查司法者如何运用社会公众的情感并体现自己的情感判断，调整的是"人与人"的关系。

天理主要体现世间万事万物自然运行的规律，重点考验司法者如何顺应自然规律进行司法裁判，调整的是"人与自然"的关系。

其次，三者相互依存、三位一体。法律来源于人类活动形成的习惯，所以法理与情理是相通的；天理在法律领域表现为自然法，因此，天理与法理是相通的；同时，天理往往与人们的良知、良心相通，因此，天理与情理也是相通的。

从反面的角度来看，不合法理的裁决一般不合情理，不合情理的决定也必然不合天理。在司法活动中，三者并非线性的"上下级"关系，而是相互作用、相互影响、相互转换的有机统一关系。

作为司法者，我们在办案过程中要充分考量法理、情理与天理，确保作出的决定于法有据、于情相合、天人合一，努力实现三者的有机融合。

法理、情理、天理的运用困境

法官、检察官从事司法办案活动若奉行自我封闭、自给自足的法条主义，排斥其他因素的考量，必然会因不符国情、世情而寸步难行，实践中也出现了一些因片面、机械适用法律而不为社会公众所认可的司法决定，值得深刻反思。

2019年10月，最高人民法院第七次全国刑事审判工作会议指出，树立适应新时代新要求的刑事司法理念，准确把握刑事政策，正确适用刑事法律，兼顾天理、国法、人情。2021年1月，最高人民检察院第十五次全国检察工作会议也提出，检察办案，决不能只守住"不违法"的底线，必须将天理、国法、人情融为一体。

有人担心，强调运用法理、情理、天理，会不会影响法官、检察官依法独立行使职权？特别是过多地考虑天理、情理，会不会造成法理被弱化甚至成为错误适用法律的借口？

笔者认为，强调法理、情理、天理的融合，并非是对法官、检察官独立行使权力的弱化，也不是用天理、情理来取代法律的地位。相反，主张司法活动兼顾法理、情理、天理，旨在基于法官、检察官依法独立行使职权的基础上，以事实为根据，以法律为准绳，综合考量全案因素作出最佳处理决定，使我们的司法决定符合法律的精神、契合人民的价值观念，引导社会凝聚正能量。

法理、情理、天理在司法实践中的运用并非尽如人愿，具体来讲，有以下几点值得关注。

一、过于看重法条，容易忽略法理

第一，孤立运用法条，容易失于片面。以刑事办案为例，司法者眼里若只有刑法的具体条款，在办案过程中必然会遇到诸多问题。

一是判断不清罪与非罪，特别是在刑民交叉、经济纠纷与经济犯罪重合等情况下，容易陷入认识的困境，无法作出准确判断。

二是识别不了此罪与彼罪，特别是在侦查（调查）、逮捕、起诉等环节形成"罪名引导"的情况下，后续诉讼环节容易忽略考虑构成其他罪名的可能性。

三是把握不准量刑建议，2018年10月修订的《刑事诉讼法》规定，检察官对认罪认罚案件提出的量刑建议，法官一般将采纳。这部分案件在基层一线办案实践中占到80%以上。检察官眼里若只有刑法分则具体条款，不综合考虑主从犯、犯罪形态、自首立功、退赃退赔、刑事和解等量刑情节，就不能提出全面、准确的量刑建议。

第二，机械适用法条，容易违背法理。司法实践常常遇到这样的情况：在研究案件过程中，承办人审查案件之后，根据事实和法律条文得出一个结论，自己也觉得不甚妥当，但又认为"法律规定如此，我也没有办法"。笔者非常不赞同如此说法，既然司法者基于无偏见的立场认为结论不妥，就应反思是否找到了正确的法律条文作为处理依据。

例如这样一起非法持有毒品案：某女（有正当工作，未参与贩毒）深夜回家，因见其男友（吸毒又贩毒）熟睡，身旁有100克毒品甲基苯丙胺（俗称"冰毒"），便猜测是男友所购，随手扔在了床上。该女为防止毒品遗失而将之暂时捡拾到自己手提包内，欲待男友醒后交还，数小时后便被破门而入的警察查获。

针对某女的行为，有观点认为：该女明知是毒品而非法持有，应当以非法持有毒品罪论处，根据《刑法》第348条之规定，应当处7年以上有期徒刑。持该观点的办案人员同时认为：如此处理刑罚太重，但法律条文有明确规定，又不得不这样处理。

笔者认为，若机械适用《刑法》第348条处理，罪责刑明显不相适应，与《刑法》总则第5条"刑罚的轻重，应当与犯罪分子所犯罪行和承担的刑事责任相适应"之规定相悖。

审视持有型犯罪背后的法理可见，持有型犯罪所谓"持有"，并非一般生活意义上对财物的控制，而是有违法的故意、有违法犯罪的可能、有造成社会危害的风险，刑法为了提前控制犯罪、降低社会危险、严密刑事法网，而针对毒品、枪支、弹药、假币等特定物品设立持有型犯罪。

由此反观该案犯罪嫌疑人的行为，显然其本人不具有违法犯罪的故意，也没有证据证明其有实施毒品相关犯罪的可能，其实质上是辅助其男友持有该毒品，真正的"持有者"应是其男友。因此，我们需要对这种行为重新审视，认定为"辅助持有"更妥，从而得出该女不构成犯罪的结论，而应当对毒品真正的"持有者"即其男友依法惩处。①

二、机械适用法律，不太关注情理

第一，机械理解法律和采信证据，疏于综合判断。有的案件中出现这样的现象，法官或检察官认为："我内心确信可以定罪处罚，但是证据不充分，所以没法定罪。"笔者不赞同这样的说法，司法者内心确信的来源，只能是基于证据的判断，排除合理怀疑，而非主观臆断或者"凭感觉"。

例如，有的案件被告人、被害人或证人三方对基本事实或经过陈述吻合，但对一些情节或者看上去似乎比较重要的细节陈述不尽吻合，有的司法者就认为"证据存在矛盾，不能采信"或"证据不足，事实不能认定"，而不去细究证据之间的矛盾是否影响基本事实认定，或证据之"不足"是否关乎定罪量刑。过于教条地理解证据印证规则，不运用情理和逻辑判断案件的具体情况，必然会得出错误的结论。

例如最高人民检察院第十一批指导案例刊载的齐某强奸、猥亵儿童案（检例第42号），在最高人民法院审理期间，原审被告人及其辩护人坚持事实不清、证据不足的辩护意见。

主要辩护理由："一是认定犯罪的直接证据只有被害人陈述，证据链条不完整。二是被害人陈述前后有矛盾，不一致，且其中一个被害人在第一次陈述中只讲到被猥亵，第二次又讲到被强奸，前后有重大矛盾。"这样的意见看似很有道理，也容易误导司法者认为证据"确有疑点"而作出"不能采信被害人的证言"乃至"不能证明犯罪事实"的认定。

这其实是将"基本证据有矛盾"和"证据不能完全印证"混同，前者是指认定事实的基本要素（时间、地点、行为人等）出现矛盾，不能认定犯罪事实系嫌疑人所为；后者是指能够确认行为人的基本犯罪事实，但针对一些事实细节或作案情节，相关证据没有完全印证，需要结合具体案情，根据被告人、被害人、证人等具体情况进行综合分析，再决定哪些证据可以采信。

结合情理判断，这些证据中的"疑点"并不影响事实的认定，反而增强

---

① 需要注意的是："辅助持有"有别于共同持有犯罪之从犯。若行为人主观上没有明确的持有意愿甚至表示反对，主观上缺乏共同持有的意思联络，只因情况特殊而客观持有，也基本没有实施其他关联犯罪的可能性，则不应以持有犯罪的共犯论处，不能认定从犯。

了证据的可信度。诚如指导案例中的检察员答辩意见：一是被害人陈述的个别细节，如强奸的地点、姿势等，结合被害人年龄及认知能力，不亲身经历，难以编造。二是被告人性侵次数多、时间跨度长，被害人年龄小，前后陈述有些细节上的差异和模糊很正常，恰恰符合被害人的记忆特征。学校老师在场，不敢讲被强奸的事实，符合孩子的心理。被害人同学的证言虽是传来证据，但其是在犯罪发生之后即得知有关情况，因此证明力较强。

第二，盲目打击犯罪，疏于情理考量。我们常将司法者比作正义的守护者，但司法者一旦脱离生活常识，违背社会共识，就容易偏离正义。

例如，天津赵春华非法持有枪支案①：2016年8月至10月，赵春华在天津市河北区某地摆设射击游艺摊位进行营利活动。10月12日晚，公安民警在巡查过程中，当场在赵春华经营的摊位上查获枪形物9支及配件、塑料弹等物。经鉴定，现场查获的9支枪形物中的6支，为能正常发射、以压缩气体为动力的枪支。

法院一审判决被告人赵春华构成非法持有枪支罪，判处有期徒刑3年6个月。赵春华以其不知道持有的是枪支，没有犯罪故意，行为不具有社会危害性且原判量刑过重为由提出上诉。二审对赵春华改判有期徒刑3年，缓刑3年。

笔者认为，二审作出了一个相对折中的判决，一定程度上得到了社会认可。但从情理上看，一位50多岁的摆摊妇女要认识到其摊位上射击气球的玩具枪支属于刑法规定的"枪支"，从而推断其非法持有枪支的犯罪故意，很难认定具有期待可能性。

换个角度想，如果她明知摊位上的玩具枪属于法律禁止的枪支，还敢明目张胆地摆在摊位上，这人得有多嚣张呢？甚至会不会是黑恶势力呢？普通老百姓谁敢如此大胆呢？类似摊点非常普遍，街头、公园随处可见，可能大多数人都缺乏违法性认知；或者退一步讲，一般人都能认识到，能够打破气球的玩具枪，其杀伤力肯定大于一般的儿童玩具枪，但这样的"枪支"仅仅用于摆摊打气球而未用于其他危险用途，再发生类似案件，认为其情节显著轻微、危害不大，作出法定不起诉或无罪判决或更恰当。

又如内蒙古农民王力军非法收购玉米案②：2014年11月至2015年1月

---

① 参见天津市第一中级人民法院刑事判决书（2017）津01刑终41号。
② 参见最高人民法院指导案例第97号《内蒙古农民王力军非法收购玉米案》；内蒙古自治区巴彦淖尔市中级人民法院刑事判决书（2017）内08刑再1号，该案入选"2017年推动法治进程十大案件"。

期间，王力军未办理粮食收购许可证，未经工商行政管理机关核准登记并颁发营业执照，擅自在内蒙古自治区巴彦淖尔市临河区白脑包镇附近村组无证照违法收购玉米，将所收购的玉米卖给巴彦淖尔市粮油公司杭锦后旗蛮会分库，非法经营数额21万余元，非法获利6000元。案发后，王力军主动退缴非法获利并投案自首。

法院一审判决认为，被告人王力军没有办理粮食经营许可证和工商营业执照而进行粮食收购活动，违反《粮食流通管理条例》相关规定，判决王力军犯非法经营罪，判处有期徒刑1年，缓刑2年，并处罚金人民币2万元。

经最高人民法院指令巴彦淖尔中级人民法院再审，法院依法撤销原审判决，改判王力军无罪。

从普通群众的视角来看，王力军收购玉米卖与粮库的行为，就是在粮农与粮库之间起到了桥梁纽带作用；从粮食流通管理的角度来看，如果没有破坏粮食流通的主渠道，没有严重扰乱市场秩序，那么就不具有非法经营罪所要求的社会危害性；从王力军个人的角度来看，作为一个整日与粮食打交道的农民，他能否认识到收购粮食需要办理专门的许可证？有没有主管部门予以提醒？换言之，王力军的行为是否具有期待可能性？如果答案是否定的，那么于理于法，的确不应予以刑事处罚。

当然，从更高层面来看，该案改判还有更深远的意义，诚如最高人民法院将该案作为指导案例发布时指出，该案旨在明确《刑法》第225条非法经营罪第四项的适用问题。裁判要点确认，对于虽然违反行政管理有关规定，但尚未严重扰乱市场秩序的经营行为，不应当认定为非法经营罪。该案再审法院撤销原一审判决，改判王力军无罪，用个案推动以良法善治为核心的法治进程及经济行政管理领域的改革，取得了法律效果和社会效果的统一。

三、面临法情两难，疏于思考天理

第一，办案思维局限，可能与社会发展脱节。随着社会的飞速发展，犯罪形式和手段也在发生变化，司法者常常遇到判断罪与非罪的两难境地。

特别是面对因经济社会发展带来的新问题，不能用静止的、局限的、片面的思维去认识，而应探究社会发展的方向和趋势，用运动的、拓展的、全面的眼光去判断。

"法律绝非一成不变的，相反的，正如天空和海面因风浪而起变化一样，法律也因情况和时运而变化。"① 司法者在理解和适用法律时，要紧密结合变化了的世情和国情。

例如，涉及食品药品安全的犯罪、污染环境的犯罪日益增多，但对于相关假冒伪劣或有毒有害食品药品给人体带来的危害、污染行为对环境造成的具体危害，在鉴定方法、鉴定标准等方面都有所欠缺，若司法者机械适用证据规则，认为危害后果的证据存疑则应作出有利于被告人的认定，对一些明显"伤天害理"的行为"疑罪从无"，是对证据规则的误解，可能造成极大的不公平。

当然，对经济社会发展过程中产生的新现象、新行为，不深入分析其社会危害性，动则施以刑罚，也是不正确把握规律的表现。

第二，办案立场偏差，可能导致执法尺度失控。例如哈尔滨摩托男与的哥斗狠后身亡案（滕广江过失致人死亡案）②：出租车司机滕广江在驾驶出租车过程中，两次超越素不相识的吴某驾驶的摩托车，吴认为滕影响其正常行驶，遂进行追赶，后将摩托车停在滕的出租车左前方。吴下车责问滕，二人发生口角，吴用拳击打滕的肩部。滕下车后二人继续争吵，被各自妻子劝阻。吴又两次约斗，滕未予理会。当吴欲骑车离开时昏倒在地，滕帮助救助，后吴在送往医院途中死亡。经鉴定：吴某符合在争吵、情绪激动、过度疲劳等情况下，冠心病急性发作死亡。

案发后，哈尔滨市南岗区人民检察院对滕广江以过失致人死亡罪批准逮捕，引发舆论热议。哈尔滨市检察院责成区检察院复查，后区检察院撤销原批准逮捕决定，并建议公安机关撤销案件。

司法实践中，一旦发生类似命案，"维稳"（维护社会利益及保护被害方利益）无疑是最直接、最迫切的要求；同时，维护犯罪嫌疑人权利也是现代司法的应有之意，司法者应当兼顾。在考量各方诉求时，既要讲法，更要讲理；当各方利益冲突无法调和时，天理是判断的重要指引。

就本案而言，死者吴某本身有冠心病，事发时过度疲劳，又因被超车而与滕争执，先打击滕的肩部，明显有错在先。滕广江表现得相当克制，发现吴某昏倒后还帮助送医，于情于理，其行为都应得到肯定和支持。

---

① 黑格尔著：《法哲学原理》，7页，北京，商务印书馆，2010。
② 参见《摩托男与的哥斗狠后身亡 检方：的哥无罪 撤销批捕》，央视网，2018年10月20日。

法理、情理、天理的运用规则

古代中国讲"道法自然、天人合一",理(亦为"礼")、法、情往往相互融合,甚至有以理代法、以情去法的现象。笔者不主张全面"复古",主张讲法理但并不认同"比附援引"的入罪类推,主张讲情理但并不认可对"大义灭亲"等严重侵害他人生命财产权益的行为不予处罚,主张讲天理但并不主张以理(礼)代法。在现代司法活动中,法理、情理、天理遵循一定的运行规律,体现各自的价值。

一、在法理的指导下适用法条

第一,法律条文是处理案件的直接依据。司法办案是在查明事实的基础上适用法律的过程,对于大多数案件,在一定范围有处理类案的成熟经验,可直接适用相关法条,参照先例迅速处理。要防止因过分探究案件中的细枝末节而使"简单问题复杂化",既保证办案质量又提高办案效率。

第二,法理调和法条的冲突、填补法条的空白。对于少数案件,由于缺乏成熟的经验,或对于法律适用产生重大分歧,则应探寻法理,慎重处理。

例如,如何认定《刑法》第287条之一非法利用信息网络罪的"情节严重"?《刑法修正案(九)》增设该罪名后,"两高"没有出台相关司法解释前,很多案件能否定罪争议较大。此时,司法者就需要考虑立法目的、刑事政策、法理情理,并比较危害程度相近的犯罪追诉标准,来分析相关案件能否定罪处罚。

又如,《刑法》分则对一些罪名规定了两档以上的刑罚,司法解释或相关规定仅明确了追诉(入罪)标准,对"情节严重""情节特别严重"等法定刑升格的标准没有明确。有的司法者以"法无明文规定"为由一律按入罪刑档量刑,排斥适用较重的刑档,导致个别法定刑升格的条款被"闲置"。类似情况就迫切需要深入分析法理,综合犯罪手段、危害后果、刑事政策等因素准确适用各个刑档。

第三，注意常用的方法。例如，需要注意数罪的处断原则，防止只关注法条造成罪名适用的错误，这类情况多见于法院改变起诉指控罪名或二审改变一审定性；系统内案件质量评查也容易在此类案件中找到错漏。又如，注意法律解释的方法，综合运用文义解释、体系解释、目的解释、历史解释等方法，当各种诉求产生冲突时，作出恰当的抉择。再如，注意法律的内外协调，适用《刑法》分则条文应注意《刑法》总则确定的基本原则和定罪量刑方法，适用刑法时要兼顾行政处罚法及其他部门法的相关规定，寻找最恰当的处理方式。

法律需要理解而非仅仅阅读，不要动辄抨击法律规定不完善、不具体、不明确，而要反省我们是否清楚法律的真正内涵，是否明白法律想保护什么、打击什么，倡导什么、否定什么，深入探究法条背后的法理，从而对法律作出合理的、公正的理解，在纷繁的法律之中作出准确的选择。

二、在情理的反思中选择法律

第一，用法律"生产"司法产品。如果把司法活动比作为社会提供法治产品的生产活动，那么"生产"的标准必然是法律。在依法治国的进程中，法律应当作为调整社会关系的首要准则被遵从和适用，"有法必依、执法必严"在今天仍应当得到提倡和落实，笔者强调情理的重要性，但绝非主张用情理干扰法律甚或取代法律。

第二，用情理"检验"司法产品。若个别司法者机械适用法律，作出与社会公平正义观念相差甚远的裁决，甚至造成不良的社会影响，那这样的司法"产品"显然是不合格的。

从"两高"颁布的指导案例可见，符合社会公平正义的观念是办案的重要追求。有别于司法者的专业判断，"社会公平正义的观念"更多体现为人民群众对正义的朴素认知，而支撑这些朴素认知的，便是常情常理。

司法者依照法律作出初步判断后、"产品"出厂前，应当用情理来检验初步判断是否恰当。特别是遇到新事物、新情况以及和老百姓生活息息相关的新问题时，考虑到法律的滞后性，就需要结合情理检验司法裁判能否被社会接受。例如，重庆忠县张某销售自制"扣碗"被判10倍赔偿案。2021年7月，原告邵某在张某的网店购买粉蒸肉、烧白、豆豉回锅肉合计150份，实付4499.16元。邵某将收货过程全程录像，指出上述货物包装均无产品名称、生产时间、生产经营者名称和地址、保质期等标识，是"三无产品"，并起诉至法院，要求退还货款并 10 倍赔偿 4 万余元。

一审法院认定，被告售卖的扣碗包装均无产品名称、生产时间、生产经营者名称和地址、保质期等标识，违反了《中华人民共和国食品安全法》第 68 条"食品经营者销售散装食品，应当在散装食品的容器、外包装上标明食品的名称、生产日期或者生产批号、保质期以及生产经营者名称、地址、联系方式等内容"的规定，属于不符合食品安全标准的食品，判决支持邵某的诉求。一审判决后，张某上诉，二审依然维持原判。

此案判决后引起较大社会反响，支持和反对的观点讨论得较为激烈。由于本案尚未得出再审判决结果，在此不作评论，法院的判决应当得到尊重。但从目前公布的文书信息来看，可能重在"释法"而少了些"说理"，以至于舆论持续关注，网友以买空该家产品的方式表示支持。而当事商家表示压力很大，无心继续经营，已将网店商品下架。①

此案带来的启示是，在办理社会普遍关注的案件过程中，涉及网店经营传统手工食品等新兴业态时，若能结合实际情况给予适当的情理分析，或许更容易获得群众支持，并引导群众学法遵法守法。

第三，注意确定恰当的"情理标准"。司法者负责承办案件，其情理标准是司法裁判的基本标尺。司法裁判若要承载深厚的情理，就需要司法者有高尚的道德、健全的人格、丰富的阅历，对社会人情有着深刻的理解和理性的认知。

同时，个人的思考毕竟有限，司法群体也可能因专业训练而受限于专业思维，在特别复杂的案件中，我们要考虑司法者的情理判断是否符合社会正义观念，是否能够正面引导社会价值观。在这样的情况下，有必要引入人民监督员、人民陪审员等司法群体以外的、体现着普通民众正义观念和情理标准的力量，或举行一定范围的公开听证，既加强对办案的监督，又为司法裁判提供智慧。

还要注意的是，情理是随着社会发展而不断变化的，换言之，情理具有时代性和社会性。一些以前不合理的行为，现在可能变得合理了，例如以前打击"投机倒把"，现在只要在法律框架内开展经营活动，即便"投机"也被允许。

---

① 参见：《"卖 150 份扣肉被判 10 倍赔偿"引发热议》，载《都市快报》，2022 年 4 月 24 日；《争议越来越大！150 份扣肉被判 10 倍赔偿后，卖家商品被网友买空》，载《半岛晨报》，2022 年 4 月 26 日。

三、在天理的检视中科学司法

第一，司法者的眼里不能只有法律。在面对一些情理法交织的案件时，不能仅仅依照法律个别条款简单处置，而应充分考虑各种因素，特别要考量是否合情、合理，有的甚至要结合天理来分析和把握。

例如，陆勇妨害信用卡管理和销售假药案，简要案情如下。①

2002年，陆勇被查出患有慢粒性白血病，需要长期服用抗癌药品。我国国内对症治疗白血病的正规抗癌药品"格列卫"系列系瑞士进口，每盒需人民币23500元，陆勇曾服用该药品。2004年9月，陆勇通过他人从日本购买由印度生产的同类药品，每盒价格约为人民币4000元，服用效果与瑞士进口的"格列卫"相同。之后，陆勇直接联系到印度抗癌药物的经销商印度赛诺公司，开始直接从印度赛诺公司购买抗癌药物。并通过网络QQ群等方式向病友推荐，由于大量患者加入，药品价格逐渐降低，直至每盒为人民币200余元。

为资金交易方便，2013年8月，陆勇通过某网站以每张500元的价格购买了3张用他人身份信息开设的银行借记卡，后仅使用了1张借记卡。共有21名白血病等癌症患者通过陆勇先后提供并管理的银行账户向印度公司购买了价值约12万元的抗癌药品。陆勇为病友们提供的帮助全是无偿的。其购买的10余种抗癌药品中，有3种系未经我国批准进口的药品。

本案陆勇经历了侦查环节的刑事拘留、检察环节的批准逮捕（后取保候审）、提起公诉，法院环节的中止审理决定逮捕（陆勇经传唤不到案）、检察院撤回起诉等诉讼流程，最后检察院作出绝对不起诉决定。

就其从境外购买仿制抗癌药"格列卫"的行为而言，按照我国当时的法律，这些抗癌药哪怕确有疗效、确系"抗癌真药"，但因未取得中国进口药品的销售许可，均会被认定为"假药"。所以，从当时承办案件的侦查员、检察官角度看，陆勇的行为于情可悯、于法不容，依法作出刑事拘留、批捕和起诉决定并无不妥。但在病友看来，这是对陆勇善举的否定，违法行为的背后有不得已的苦衷，也有救命的"大义"。从后来的听证会来看，多数代表、委员和专家也认为陆勇的行为"情节显著轻微"，这既是听证人员对"法"的选择，也是对"理"的判断。

从本案可知，当法律意义上的"假药"成为事实上的"救命药"的时候，

---

① 参见湖南省沅江市检察院不起诉决定书，沅检公刑不诉〔2015〕1号。

就涉及对人的基本生存权的保护。万物生长、生命第一乃天理使然，我们不能草率地认为该行为违反某个法条就直接处以刑罚，此乃明显违背天理之举。由此反思，深入剖析，亦违背了法理。

第二，用天理协调案件中的矛盾因素。有的案件中可能存在不同的利益和价值冲突，例如，某行为可能破坏了某一种秩序但却保护了另一种秩序，如江苏省江阴市人民法院审理的陈某深夜醉驾送妻赴医院救治案，为了紧急救援而危险驾驶等。① 可能破坏了一些规则但却构建了另一些规则，如前述陆勇销售假药案促进《药品管理法》将未获国家有关部门批准的进口药视为假药的规定删除，并促使抗癌药纳入国家医保范围等。可能伤害了一个生命但却保护了另一个生命，如为了自己活命或救助他人生命而实施无限防卫、紧急避险，最终致人伤亡等。

当这些秩序、规则、生命无法从法律的角度进行比较衡量的情况下，就需要探究在天理之中，哪些值得肯定，哪些应当否定。在此基础上，再去寻找相关的法律作出相应的评价，才能顺乎天理、合乎情理、符合法理。

第三，用"天理"引导社会价值观。有的案件不仅仅是法律层面的问题，还涉及社会价值观的引导，天理的探究和运用就显得更为重要。例如，江苏省昆山市刘海龙被于某反杀致死案、赵宇见义勇为案、涞源反杀案②，都曾引起社会广泛关注，此类案件能否认定正当防卫是主要焦点，法律界专业人士对相关案件的定性也曾发表不同的意见。

司法者应当意识到，此类案件需要通过对正当防卫的法律含义解析，来实现对正义价值的判断和引导。《刑法》第20条对正当防卫有明确规定，但在实践中却极少适用，③ "法"常常向"不法"让步，以至于在发生突发情况时，见义勇为者、捍卫自身权利者畏首畏尾，正义得不到充分、有效的伸张。在这样的情况下，虽然法律界有分歧意见，但检察机关最终认定为正当防卫，显然有助于鼓励民众大胆捍卫权利、积极与邪恶作斗争，这种认定就是顺天理合人心的决定。

---

① 参见：《判了！全国罕见，这起醉驾不入刑！》，载《大众日报》，2020年9月7日。
② 刘海龙被反杀致死案（媒体多称"昆山反杀案"）、赵宇见义勇为案（后文将专门分析）、涞源反杀案（女大学生王某及其父母将持凶器翻墙入室的男子王某反杀致死案）都曾立为刑事案件进行侦查，后经检察机关审查，依法认定正当防卫，行为人不负刑事责任。
③ 刘苏雅："昆山反杀案引正当防卫讨论，法院认定防卫成立仅7%，到底怎么算？"，载《北京晚报》2018年9月4日。有媒体对北京市100份相关裁判文书进行统计，发现法院在相关案件中认定正当防卫及防卫过当的共计仅占7%。

四、一点展望

对于司法者而言，具备一定的法律专业素养，即可公正判断绝大多数案件；少数案件需要结合情理进行价值选择和取舍；还有一些为数不多、社会影响很大的案件，司法者在办案过程中还应当心存公正、遵循天理。

笔者重申，从"法"与"理"的关系来看，法律和法理是司法裁判的依据，情理和天理是司法结论的检验；从"法"与"理"的运用规则来看，法律应当优先适用，法律之间发生冲突由法理来协调，法理与情理冲突由天理来协调。

司法者应当"制天命而用之"，秉承良知、寻找良法，让司法活动更加符合法理、情理和天理，从而实现善治、彰显正义、服务人民。

心之不忍，理之所致

天理、情理、法理虽然客观存在，却不会从天而降，虽然如影随形，却并非触手可及。

检察官在办案活动中，正常情况下不会一上来就拿天理、情理、法理说事，"理"不会作为判断案件的直接依据。如果法律规定很明确，直接依法处理也公平合理，这说明立法之时已经将情与理融入了法律，我们就没有必要把简单问题复杂化，在法律之外考虑天理、情理或法理。实践中，大多数案件是可以直接按照相关法律规定准确、高效处理的。

如果直接依照某个法律条文处理，对当事人不那么公平，平心而论也不太合理，内心深处对看似"合法"的结论不能认同，那就说明此"法"可能并非"良法"，或者立法时的"良法"已不适应当下的国情社情，又或者说明我们对法律条文的选择可能并不完全准确，处理案件或应当适用其他规定。

这样的案件虽然不占多数，但每发生一起都引起高度关注。检察官不忍心就这样"依法"匆匆结案，不忍心对当事人如此草率，不忍心看到案件处理后可能产生的让人难以接受的后果，所以必须找到足够多的"理"来说明案件应该怎样处理更为妥当。

因为不忍心，所以"理"出现了。

一、为什么"心之不忍"？

如果只满足于诉讼流水线上的机械作业，眼里只有干不完的活，接不完的案，心里只会"着急"，不会"不忍"。

如果心里只会"着急"，对待案件就容易采取"快刀斩乱麻"的策略。如果案情简单，"快刀快斩"是值得肯定的；但如果案情比较复杂，或者发案起因、背景比较特殊，案件处理对相关当事人的生产生活可能产生巨大影响，此时的"快刀"还能不加区分的"快斩"吗？

我们来看这样一起"出租车司机协助组织卖淫案"：开展扫黑除恶专项

斗争期间，根据群众举报，某地公安机关发现一个卖淫场所。经初查，当地很多出租车司机能轻车熟路找到该卖淫场所，于是展开抓捕，先后共抓获16名出租车司机。经侦查查明，出租车司机一般是在男性乘客询问"哪里有好耍的地方"时，意会是询问哪里有卖淫场所，便将乘客载至该场所。16名出租车司机分别为该卖淫场所拉客数人至十余人不等，仅向乘客收取正常打车费用，另获得该卖淫场所每人次50元报酬。

侦查机关的移送意见是，出租车司机明知该场所是卖淫场所而为其运送人员，持续时间长、运送人员多，根据《刑法》第358条第4款之规定构成协助组织卖淫罪，应当处5年以下有期徒刑，并处罚金；情节严重的，处5年以上10年以下有期徒刑，并处罚金。

乍一看，侦查机关的意见于法有据，如果组织卖淫人员涉黑恶犯罪，那么出租车司机更是"助纣为虐"，迅速定罪判刑就在手起刀落之间。

但细细一想，若将这16名出租车司机全都给予刑事处罚，又觉得于心不忍。

从基本情理来看：其一，16名出租车司机驾车运送客人到目的地是其本职工作，哪怕目的地是卖淫场所，对于出租车司机而言仍然是正常拉客而已，除非出租车司机是专门受雇于该卖淫场所，或以为该场所拉客、拉卖淫女为主业，否则便谈不上"协助组织卖淫"。有观点认为，有的客人不知道卖淫场所的具体地点，是出租车司机的"带路"助长了卖淫行为。事实上，卖淫场所客观存在，出租车司机熟悉路线是其职业特征表现，如果遇到客人有不正当需求就要求司机拒载，岂不是强人所难？

其二，虽说持续时间长、运送人员多，那是因为我们把关注点放在了案发场所。如果放在出租车司机身上呢，在这所谓的"作案期间"，每一名出租车司机运送的客人何止数百、数千，相较之下，到卖淫场所的客人能占多大比例呢？离开了出租车司机的职业特点看时间或人数，怎么能看得全面、看得准确呢？

其三，出租车司机从卖淫场所处获取的不法利益较少。按照每人次50元计算，每名出租车司机获利约200至500元不等，并没有大量的违法所得，其主要收入来源还是正常载客、正常劳动。

其四，扫黄治乱的"板子"不应打在出租车司机身上。试想，打击这么多出租车司机就达到扫黄治乱的目的了吗，不是应该"擒贼先擒王"吗？如果早点端掉这个卖淫窝点，这样的事情不就不会发生了吗？如果继续放任这个卖淫窝点存在,那把此地的出租车司机全部抓完不就是早晚的事吗?所以,"板子"应该打在卖淫活动的组织者和真正意义上的"协助者"身上。

侦查机关的意见不是"于法有据"吗?问题出在哪里?是《刑法》第358条错了,还是我们对法律条文的选择错了?

在检察办案环节,检察官慎重考虑,仔细研究,认为本案不能直接适用《刑法》第358条,而应当考虑适用《刑法》第13条"但书"的规定,不认为是犯罪(也有观点认为,虽然构成犯罪,但是情节轻微),均作了不批捕、不起诉的决定。

值得肯定的是,检察官的"于心不忍"让这个案件没有"从快从重"处理,使得16名出租车司机免受牢狱之灾,也促使16个普通家庭得以继续正常的生活,避免他们的孩子将来升学、就业受到不良影响。

由此也引出一个重要的问题,检察官为什么会有"不忍之心"?

因为有为民的情怀,会把当事人的权益看得很重,担心如果处理不当,对当事人及其家庭、后代造成难以弥补的损失或影响。

因为检察官对弱者的悲悯,会把普通民众特别是弱势群体的利益看得很重,担心由于他们的声音很微弱、不懂得如何保护自身合法权益,导致他们的利益被忽略或被错误处置。

因为对自我的反思,会把案件处理的合法性、合理性看得很重,担心如果处理不当,经不起法律和历史的检验,自己会心生愧疚。

当然,需要特别说明的是,"心之不忍"并不是仅仅限于应予出罪或宽缓处罚的情形。"不忍"针对的对象是广泛的,既包括犯罪嫌疑人,也包括被害人以及其他相关人员。

对于被害人合法权益的"不忍"忽略,对特别残暴犯罪行为的"不忍"放纵,就会促使检察官充分行使检察权对犯罪行为坚决打击,对被害人的损失尽力弥补。

例如,有的案件中被害人遭受惨痛损失,但现有证据不足,犯罪分子可能逍遥法外,怎么办?检察官能否尽最大努力开展自行补充侦查,或协同侦查(调查)机关深入开展补查,努力收集完善证据?这考验的是办案人员的责任心,往往还需要"不忍之心"来督促。否则,很可能因补查不力导致证据不足而轻言"疑罪从无"。

又如,有的案件中犯罪嫌疑人本应依法严惩,但却可能通过非正常方式向办案机关传达"给予轻缓处理"的要求。检察官能否排除干扰、顶住压力、依法办案，则需要"不忍之心"给予其决心和力量。

所以，"心之不忍"既反映出司法的温情，也体现出司法的刚毅。

二、"理"由"心生"还是"天生"？

法理、情理、天理都是客观存在的，是人民群众普遍认可的，按说是"天生"的。但毋庸置疑的是，如果离开了人心去启动、去激发、去阐释，那么"理"将无处生根，永远沉默。

最高人民检察院2019年工作报告提到的福州赵宇案，昭示了法不能向不法让步。该案处理的过程是曲折的，因为侦查人员、检察官的不同认识以及市、区两级检察官的不同认识，让赵宇经历了刑事拘留、重获自由、相对不起诉、法定不起诉等几个担惊受怕的阶段。每一个阶段的处理都大起大落，又都可谓"有理有据"，但最终的定案之理，可以说达到了检察官的内心法则与民众的内心呼唤相契合。

在此简要重温一下案情：2018年12月26日晚11时许，李某与此前相识的女青年邹某一起饮酒后，一同到达福州市晋安区某公寓邹某的暂住处，二人在室内发生争吵，随后李某被邹某关在门外。李某强行踹门而入，谩骂殴打邹某，引来邻居围观。暂住在楼上的赵宇闻声下楼查看，见李某把邹某摁在墙上并殴打其头部，即上前制止并从背后拉拽李某，致李某倒地。李某起身后欲殴打赵宇，威胁要叫人"弄死你们"，赵宇随即将李某推倒在地，朝李某腹部踩一脚，又拿起凳子欲砸李某，被邹某劝阻住，后赵宇离开现场。经鉴定，李某腹部横结肠破裂，伤情属于重伤二级；邹某面部挫伤，伤情属于轻微伤。①

公安机关以赵宇涉嫌故意伤害罪立案侦查，侦查终结后，以赵宇涉嫌过失致人重伤罪向检察机关移送审查起诉。福建省福州市晋安区人民检察院认定赵宇防卫过当，对赵宇作出相对不起诉（又称"酌定不起诉""微罪不起诉"）决定。福州市检察院经审查认定赵宇属于正当防卫，依法指令晋安区人民检察院对赵宇作出绝对不起诉（又称"法定不起诉"）决定。

"两高"在发布典型案例时指出了该案的典型意义，主要包括两个方面：

---

① 最高人民法院官方微博消息，2020年9月3日，发布《最高人民法院、最高人民检察院、公安部关于依法适用正当防卫制度的指导意见》和7起涉正当防卫典型案例，第六个案例即"赵宇正当防卫案——'明显超过必要限度'的认定"。

一是防卫过当仍属于防卫行为，只是明显超过必要限度并造成重大损害；二是对防卫行为"明显超过必要限度"的判断，应当坚持综合考量原则。"两高"还特别指出，"应当综合不法侵害的性质、手段、强度、危害程度和防卫的时机、手段、强度、损害后果等情节，考虑双方力量对比，立足防卫人防卫时所处情境，结合社会公众的一般认知作出判断……不应当苛求防卫人必须采取与不法侵害基本相当的反击方式和强度，更不能机械地理解为反击行为与不法侵害行为的方式要对等，强度要精准"。

笔者看来，"两高"对典型意义的总结是到位的，而该案最终之所以作出了这样的判断和决定，还在于检察官用心办案，探究法理、情理、天理，最终找到了合理合法的答案。

"理"不会自行出现，得靠人去发现，"心"是"理"的指引，基于不同的指引可能找到不同的"理"。

赵宇案的事实清楚，证据确实充分，没有什么争议。关键就在于站在什么样的立场、考虑怎样的价值取向、适用什么样的法律，对当事人而言，不同的选择其结果是天壤之别。

如果简单看犯罪构成要件，不顾前因，只看赵宇故意将"被害人"李某推倒在地，还踩上一脚，还准备拿凳子砸，造成重伤二级，很明显构成故意伤害罪，刑事拘留完全没错。从中央电视台《法治在线》栏目采访报道的情况来看，侦查人员当时没法判断"被害人"李某的病情走向，手术后也没法讲话，考虑其伤势比较重，就采取了刑事拘留强制措施。看上去很"合法"，也很"合理"。

移送审查逮捕时，可能考虑到赵宇与"被害人"李某无冤无仇，主观上并非有意追求对方重伤后果，也结合赵宇为制止李某殴打邹某而出手的动机，定故意伤害罪（致人重伤）可能不太"合理"，改为过失致人重伤罪移送审查逮捕，量刑降下来了，或许已经算是对赵宇的"从宽处理"，应该比之前的定性更"合理"了。

晋安区检察院最初作出相对不起诉决定，应该说，也是顶住压力、用心思考、慎重研究的。相对不起诉决定书显示，考虑到"赵宇实施故意伤害行为其目的是制止李某对他人正在进行的不法侵害，客观上也达到了阻止不法侵害进一步加剧的良好效果，但综合分析全案事实证据，其行为明显超过必要限度，造成重伤二级的后果"，所以，结合其自首情节和弘扬社会正气、鼓励见义勇为的价值导向，作出相对不起诉处理。

笔者揣测其含义，或可能这样理解：即李某对邹某造成的损害是轻微伤，当时也没有证据显示可能造成更严重的损害后果，而赵宇给"被害人"李某造成的损害达到重伤二级，确属造成了"重大损害"，给予其相对不起诉应该是比侦查机关的意见更"合理"的。结合笔者的办案经历而言，能做到这一步，确实已属不易。

但在最高人民检察院的指导下，福州市检察院指令晋安区检察院对该案重新作出了不起诉决定。与之前的不起诉决定相比，虽然形式上都叫"不起诉"，但实质上却是司法机关对赵宇的评价由"防卫过当"变为了"正当防卫"。用更通俗的话来说，就是由"有过错、犯罪情节轻微"变为了"没过错、不构成犯罪"。对赵宇而言，那就意味着其行为得到了法律的全面肯定，既不负刑事责任，也不负民事责任。

从整个处理过程来看，检察机关最终充分考虑了案件的起因是为了制止不法侵害，对赵宇的防卫行为不过于苛求力度和方式，价值导向体现了对见义勇为的行为充分弘扬。"天理昭昭"，并非唾手可得，而是用心用情探索、锲而不舍追求的结果。

三、"心"生何处？

"文章千古事，得失寸心知"。司法办案又何尝不是如此呢？

如何才能把案子办得更好？上级可以加强检查、内部可以强化评查、各方可以有力监督，但最关键、最有效的，还是检察官内心对案件的敬畏和慎重，对当事人的用心和用情，从这个意义上讲，办案真不只是"技术活儿"，还是"良心活儿"。

此"心"生何处，如何表现，可能每个人都有不同答案，笔者无意也无力从哲学的高度去探究，仅从办案的体会中试谈几点。

一是仁爱心。儒家思想滋养了中华民族的理性、务实精神，"仁者爱人"既是政治主张，也是司法要求。今天再谈仁爱心，既是对传统中华法文化的传承，也是立足当前司法环境的新发展。检察官的"仁爱"表现为独特的人格魅力和大智慧，在面对重大疑难复杂问题时，能够坚持理性，从务实的角度出发，运用政治智慧和法律智慧妥善解决，努力追求政治效果、法律效果和社会效果的统一。

二是善良心。司法权力关乎生杀予夺，涉及人的财产权、自由权乃至生命权，手握司法权可能带来高人一等的优越感，但无论多大的权力，都绝不会给人以力量。真正的力量首先来源于对真理的信仰，其次来源于人内心的善良。

当犯罪嫌疑人遭受刑讯逼供时，可能短时间内对侦查人员言听计从，然而一旦摆脱侦查机关的强力控制，一定会通过信访、申诉等各种方式激烈反抗。只有犯罪嫌疑人感受到了司法者的善意，才会真心悔悟、认真改过、积极从善。有的即便受了委屈，也不至于发生过激事件——当然，这里并不是说要容许犯罪嫌疑人受委屈，而是说办案人员用善意打动犯罪嫌疑人，这比暴力击打效果更好、更持久。强权只会让人屈服，善良才会让人信服。

三是悲悯心。司法者的悲悯之心，是对当事人的苦难感同身受，对普罗大众的苦楚同情怜悯。在悲悯心的指引下，检察官会减少或避免简单办案、机械办案，会更加细致地探究案发之前的动机、原因，案发过程中的具体情节，案发过后对当事人的影响。从而对认罪悔罪、情节较轻的犯罪分子给予宽恕，对受苦受难的被害人尽力设法弥补损失。

四是同理心。面对复杂的案情，能不能主动体会案件当事人的情绪和想法，是否理解当事人的立场和感受，会不会站在当事人的角度思考和处理问题，是考验检察官是否具有同理心的重要方面。

正当防卫条款为何会"沉睡"那么久，一个很重要的原因是，我们常常对防卫人要求得过于苛刻，比如防卫时机要恰当，不能太早、不能太晚、不能假想防卫、不能事后防卫；防卫力度要恰当，不能太大、不能太过、不能造成重大损害；防卫结果要相当，一般情况下，造成的损害不能大于保护的利益，造成侵害人的损伤程度不能重于被害人遭受损害的程度；等等。如果连司法者都这样理解正当防卫的话，谁还能做得到恰如其分的正当防卫？司法者自己能做到吗？非常难吧。自己都做不到，为什么还要这样要求防卫人呢？

五是冷静心，有的时候，案件初发即舆情爆发，检察官面对纷繁复杂的社会舆论、各举一旗的理论学说，不能"怒发冲冠"、人云亦云，而要独立思考、冷静判断、平常处之、科学对待，尤其不能被具有误导性的舆论和不切实际、乖违情理的学说所左右。真相需要证据来支撑，真理无需华丽的外衣，在如潮的舆论和玄幻的理论面前，须有定心、定力和主见，不然，缺乏冷静地施与仁爱与善良、悲悯与同情则可能与初衷背道而驰。

六是公正心。如果前面"五心"可以不分行业、不分人群而"通用"的话，那么公正心就是司法者的特质。对检察官而言，要主动预防自己的偏执僵化执拗心、偏私偏袒偏见心。在真相不明之前，不能以其昏昏使人昭昭，在各方利益诉求面前不能老想着和稀泥，不能柿子找软的捏，不能把"忍一时风平浪静，退一步海阔天空"作为处断原则，①是非、黑白、曲直，一定要说清楚、断明白。因为有公正的评判为基础，所以才会有适当的妥协、有自愿的让步、有化干戈为玉帛，顺序不能颠倒。

公平正义是司法活动的最高价值追求，维护和实现公平正义是检察官的神圣职责。如果公正之心能在每一名检察官身体里立足生根，那么，让人民群众在每一起司法案件中感受到公平正义就不难实现。

---

① 在是非曲直的判断上不能讲"忍一时、退一步"，但这并不是对调解纠纷、息事和解工作中劝导当事各方"忍一时、退一步"的否定；相反，在调解、和解中这样做有其合理性。

检察官如何阐释法理

"天下惟道理最大",这是宋代便形成的社会认识。最高人民法院李广宇法官在《判词经典:从上古到南宋》一书中指出:我们今天时常纠结于裁判文书要不要说理,而在宋朝,说理早已是家常便饭……而说理之要,首在法理。

检察办案,除了要讲事实、证据和法律,还要讲法理、情理和天理。"理"的含义是丰富的,在古代中国,作为一个特定的名词讲,"理"还曾专指司法官员。

例如,《国语·晋语八》载:"昔隰叔子违周难于晋国,生子舆为理,以正于朝,朝无奸官。"① 又如,《汉书·艺文志》载:"法家者流,盖出于理官。"② 溯古追源,可见"理"是司法者的化身,那么"释法说理"作为检察官的立身之本也就"顺理成章"了。

既然检察官为"理"而生,有说理之责,那么,检察办案就应当以事实为根据,以法律为准绳,讲清楚事实和法律及其背后的"法理",方显司法之本、办案之要。

一、阐释法理的目的是什么?

司法文书(例如起诉书、不起诉决定书、判决书、抗诉书等)显示的结论可以让当事人知道司法裁决"是什么",阐释法理最直接的目的则是让人民群众理解司法裁决"为什么"。

人民群众对于司法活动的需求,不仅仅是获得公正的结果,还要获知为什么是这样一个结果而不是其他结果。不仅仅需要一个结论,更希望看到得出这个结论的理由。

---

① 笔者理解:从前(春秋时期),隰叔子躲避周难到了晋国,生下子舆当了法官,整肃朝政,朝廷没有奸佞的官员。
② 笔者理解:法家这个流派,大概出自于古代的法官。

特别是对案件当事人而言，很多时候，"是什么"很容易知晓，但"为什么"却很难明白，若一直弄不明白，心中不痛快，口不服心更不服，心中疑惑或愤懑不吐不快，各种质疑便开始滋生；反应激烈一点的话，进京信访、赴省喊冤等不稳定因素便产生了。

偶尔有一些质疑的声音是正常的，因为即使司法者公平公正处理，但当事人的诉求并非都是合理合法的，一旦得不到满足，反对的声音就出现了。

如果某一区域或某位司法官员作出的裁决被信访、被舆论质疑的频率过高，即使案件经得起检验，但"众口铄金"效应就会显现，办案人员就会感到"压力山大"。如果司法文书过于简单，对事实、证据、法律适用等相关异议、质疑、问题避而不谈，甚至连后续环节（复议、复核或二审、再审）的司法人员也看不明白"为什么"，那么司法权威便会受到质疑，司法公信也难以保障了。

所以，"为什么"的重要性往往不亚于"是什么"。

检察机关向当事人或社会阐释"为什么"，可以加强人民群众对检察办案的监督，充分保障当事人和其他诉讼参与人合法权利，让人民群众在每一个司法案件中都清晰地感受到公平正义"是什么样"、为什么"是这样"，从而为法治社会建设助一臂之力。这是阐释法理所希望达到的更深层次目的。

二、阐释法理的意义是什么？

有一个客观现象，那就是一线办案法官或检察官很多时候不注重说理。笔者认为，原因是多方面的：既有案多人少造成的精力不济，也有知识经验储备不够造成的能力不足，还有言多必失造成的心理担忧，等等。从办案效果来看，直接作出决定，结论绝大多数是对的；过多阐述理由，反而容易产生错漏。

从短期来看，就无争议的案件而言，少说理、不说理，或无伤大雅；但从长期来看，特别是争议较大、关注度较高的案件而言，没有深入细致的说理，结论就缺乏支撑，也难言公信力。

阐释法理的基本意义在于通过司法公开促进司法公正。仅仅把起诉、不起诉、判决的结果公之于众，并不等于实现司法公开；把相关文书进行公布，将司法机关认定的事实、主要证据、法律适用，特别是分歧意见辨析、司法判断理由等等展示出来，才是司法公开的核心要义。

有学者认为："当下的司法领域，主要矛盾是人民群众日益增长的对公平正义的需求与司法机关司法能力供给不平衡、不充分之间的矛盾。""释法说理成为执法者和老百姓之间沟通的纽带,成为沟通和谐与不满之间的桥梁。"①

从这个角度上讲,阐释法理的重要意义还在于让普通群众与司法机关建立起沟通桥梁,让人民群众对司法公正的期盼得到司法机关的回应,让支撑司法结论的司法理念、司法判断乃至司法良知得以直观展现。

当然,有的时候即便进行了充分的法理阐释(亦即释法说理),也可能由于当事人个人的私心私利没有得到满足,从而仍有不满意、不接受的现象,但这不影响人民群众对司法裁决的认可。换句话说,只要经得起后续环节的审查,经得起法律和历史的检验,其权威性和公信力便能够得到保证。因为释法说理虽然针对的是具体个案、对象是案件中的具体当事人,但所释之法乃广治之法,所说之理是公认之理。群众的眼睛是雪亮的,这一点我们要坚信。

对于检察官而言,阐释法理有着独特又重要的意义,是检察官理论功底、办案技能、群众工作能力等基本功的体现。

第一,阐释法理是提高法律监督能力的基本功。以刑事检察为例,按法律规定进行"流水线"作业,准确把握证据、认定事实,正确适用法律,作出是否批准逮捕、起诉、抗诉和提出监督意见的决定,这是"办好案"的基本要求。在此之上,阐释清楚捕、诉、抗与否的理由,让办案结果得到各方的认可和接受,体现政治效果、法律效果和社会效果,才是"办成功"的直接体现。

第二,阐释法理是化解矛盾、促进和谐的基本功。很多案件的背后,往往有着复杂的矛盾或积怨,特别是因感情纠葛、邻里关系、经济纠纷等引发的案件,其背后的矛盾如何化解,往往比如何作出司法裁决更难、更重要。而化解这些矛盾,往往需要深入细致的释法说理,用法律智慧和司法手段解剖分歧、解决问题。

第三,阐释法理是提升检察公信的基本功。如前所述,检察官将所办案件背后的法律阐释清楚,当事人知晓了"是什么",明白了"为什么",对检察机关的决定从内心认可和接受,检察公信自然也就能得到提升。

三、阐释法理应当从何着手?

早在 2015 年 7 月、2017 年 6 月,最高人民检察院先后发布了关于实行

---

① 余双彪:《法、理、情——法政哲思》,9~11 页,北京,中国检察出版社,2019。

检察官以案释法制度的"试行规定"和"正式规定",就检察官以案释法的主要依据、检察官如何办案释法、检察机关如何向公众以案释法、如何进行组织等重要内容作出了具体规定。明确了检察官以案释法包括检察官办案释法和检察机关向社会公众以案释法;规定了以案释法应当遵循合法规范、及时有效、协同配合、保守秘密等原则。

大致可以这样认为,"以案释法"与"阐释法理"是形式与内容的关系,是"干什么"与"怎么干"的关系。意即,我们应当按照最高检针对"以案释法"工作确立的原则、规范和程序来阐释案件的法理。

阐释法理,应以"法"为基础,以"理"为支撑。换言之,就是要结合事实、证据、法律规定阐明"为什么"作出这样的司法裁决。或者出现法律规定不明确、法律规定存在多种理解、当事人意见存在重大分歧等情况的时候,结合"法"与"理"阐释清楚为什么作出这样的处理。具体而言,要注意以下两个方面。

第一,阐释"法",要细致准确。我们需要准确归纳查明的事实,并用规范的语言表达出来;需要准确适用法律,并阐明选择相关法律的理由。在刑事案件中,犯罪嫌疑人或其辩护人、被害人或其诉讼代理人的意见与检察官的处理意见不一致时,在列举案件处理结论所依据的法学理论、法律法规的基础上,还要准确说明采纳相关人员意见与否的理由。

例如,曾引起社会普遍关注的"江苏反杀案"(最高人民检察院第十二批指导案例称"于海明正当防卫案",案情如后),对于死者刘某先前用砍刀刀面击打于海明的行为是否属于《刑法》第20条第3款(又称"无限防卫"条款)规定的"行凶"?检察机关在全面梳理案发经过、准确认定案件事实的基础上,对此进行了详细论证,列举了不同意见,并阐明了检察机关的意见和理由:

对行凶的认定,应当遵循《刑法》第20条第3款的规定,以"严重危及人身安全的暴力犯罪"作为判断的标准。刘某开始阶段的推搡、踢打行为不属于"行凶",但从持砍刀击打后,其行为性质已经升级为暴力犯罪,所持凶器可轻易致人死伤,损害后果难以预料,于海明的人身安全处于现实的、急迫的和严重的危险之下。刘某具体持杀人的故意还是伤害的故意不确定,正是许多行凶行为的特征,而不是认定的障碍。因此,刘某的行为符合"行凶"的认定标准,应当认定为"行凶"。

在认定刘某的行为属于"行凶"的基础上,进一步论证了该"行凶"属于"正在进行"的不法侵害,从而得出于海明的行为属于正当防卫的结论。这样的分析全面、客观,针对不同意见进行了剖析,给出了认定的依据和理由,是值得学习的。

于海明正当防卫案
(最高人民检察院第十二批指导性案例 检例第47号)

基本案情:于海明,男,1977年3月18日出生,某酒店业务经理。2018年8月27日21时30分许,于海明骑自行车在江苏省昆山市震川路正常行驶,刘某醉酒驾驶小轿车(经检测,血液酒精含量87mg/100ml),向右强行闯入非机动车道,与于海明险些碰擦。刘某的一名同车人员下车与于海明争执,经同行人员劝解返回时,刘某突然下车,上前推搡、踢打于海明。虽经劝解,刘某仍持续追打,并从轿车内取出一把砍刀(系管制刀具),连续用刀面击打于海明颈部、腰部、腿部。刘某在击打过程中将砍刀甩脱,于海明抢到砍刀,刘某上前争夺,在争夺中于海明捅刺刘某的腹部、臀部,砍击其右胸、左肩、左肘。刘某受伤后跑向轿车,于海明继续追砍2刀均未砍中,其中1刀砍中轿车。刘某跑离轿车,于海明返回轿车,将车内刘某的手机取出放入自己口袋。民警到达现场后,于海明将手机和砍刀交给处警民警(于海明称,拿走刘某的手机是为了防止对方打电话召集人员报复)。刘某逃离后,倒在附近绿化带内,后经送医抢救无效,因腹部大静脉等破裂致失血性休克于当日死亡。于海明经人身检查,见左颈部条形挫伤1处、左胸季肋部条形挫伤1处。

第二,阐释"理",要精炼合情。在查明事实的基础上,充分阐述案件事实与法律规范之间的内在联系,简明扼要,严谨精准,是比较理想的说理形式。案件事实千差万别,当事人的想法和诉求也各有不同,"说理"就不能千篇一律,需要结合具体案情、具体诉求有针对性地开展。

除了说清法律依据和理由,还要用老百姓听得懂、理解得了的语言和方式,结合个案具体情况,针对当事人的疑惑作出合乎常理常情的解答。

例如,最高人民检察院第十二批指导案例中的"朱凤山故意伤害(防卫过当)案"(案情如后)针对如何认定"防卫过当"作了深入的法理阐释。

在分析被害人的行为属于"正在进行的不法侵害","朱凤山的行为具有防卫的正当性"的基础上,重点剖析了防卫强度是否合适、防卫结果与保护权利是否相当,是否超过必要限度以及如何处罚等法理问题。并指出:

综合来看,朱凤山的防卫行为,在防卫措施的强度上不具有必要性,在防卫结果与所保护的权利对比上也相差悬殊,应当认定为明显超过必要限度造成重大损害,属于防卫过当,依法应当负刑事责任,但是应当减轻或者免除处罚。

通过透彻的法理阐释,让公众清楚明了二审为什么认定"防卫过当"以及为什么予以改判,是令人信服的。

朱凤山故意伤害(防卫过当)案
(最高人民检察院第十二批指导性案例 检例第46号)

基本案情:朱凤山,男,1961年5月6日出生,农民。朱凤山之女朱某与齐某系夫妻,朱某于2016年1月提起离婚诉讼并与齐某分居,朱某带女儿与朱凤山夫妇同住。齐某不同意离婚,为此经常到朱凤山家吵闹。4月4日,齐某在吵闹过程中,将朱凤山家门窗玻璃和朱某的汽车玻璃砸坏。朱凤山为防止齐某再进入院子,将院子一侧的小门锁上并焊上铁窗。5月8日22时许,齐某酒后驾车到朱凤山家,欲从小门进入院子,未得逞后在大门外叫骂。朱某不在家中,仅朱凤山夫妇带外孙女在家。朱凤山将情况告知齐某,齐某不肯作罢。朱凤山又分别给邻居和齐某的哥哥打电话,请他们将齐某劝离。在邻居的劝说下,齐某驾车离开。23时许,齐某驾车返回,站在汽车引擎盖上摇晃、攀爬院子大门,欲强行进入,朱凤山持铁叉阻拦后报警。齐某爬上院墙,在墙上用瓦片掷砸朱凤山。朱凤山躲到一边,并从屋内拿出宰羊刀防备。随后齐某跳入院内徒手与朱凤山撕扯,朱凤山刺中齐某胸部一刀。朱凤山见齐某受伤把大门打开,民警随后到达。齐某因主动脉、右心房及肺脏被刺破致急性大失血死亡。朱凤山在案发过程中报警,案发后在现场等待民警抓捕,属于自动投案。

检察官如何寻找情理

古时司法官在判案中十分注重执法原情，法情允协。例如，宋朝时期，法律明确要求"官司须具情与法"。为何如此看重"情"？一个至关重要的原因是，占统治地位的儒家思想非常善于把儒家人伦之"人情"吸纳入"国法"之中，所以优秀的司法裁判往往是"国法"与"人情"的结晶。

以人为本的司法立场，以人民为中心的司法理念，也决定了现代司法活动的价值取向必然是"国法"与"人情"的统一。抛开"人情"之中亲疏有别、徇私枉法等不正常因素，将"人情"作为人之常理常情、伦理秩序看待，则"人情"与"情理"含义相近。

在司法活动中，检察官需要对"情理"的发源进行探究，对"情理"在民众心目中的地位有正确的认知，进而努力寻找每一个案件需要彰显的"情理"，才能促进案件处理既依法依规，又深得人心。

一、"人情"是"自发的法律规则"

中国古代有过多次朝代更迭，但社会活动总体井然有序，文明得以传承发展。何以做到这一点？从不同角度看，答案可能是多种多样的。至少有一点不会被否认，那就是我们有共同的秩序观念、有独特的精神生活形态、有"敬天、法祖、重人伦"的活动规则以及"天理、国法、人情"三位一体的司法理念。

特别是源于生活又用以引导生活的"人情"，成为国人心目中"自发的法律规则"，并与国家法律相辅相成，实现社会有序治理。

这种"自发的法律规则"是如何形成的呢？追溯历史，夏朝有"尚孝"的原始思想，商朝有"敬鬼"（敬奉祖先的灵魂）的思想传承，西周有"以德配天""敬天保民""礼治"的观念和实践。诸子百家的思想百花齐放，通过百家争鸣接受民众的评判和选择，最终儒家代表孔、孟等圣人和先贤的观点和主张得到广泛认可，其思想得以占据正统，并流传2000多年。

这些思想主要包括：孔子提出"仁义、礼治"为核心的儒家学说，董仲舒传承发展儒学并提出"天人合一"为核心的统治思想,直到宋以后出现以"存理灭欲"为核心的程朱理学(又称"新儒学")。这些思想和学说不断丰富和完善,影响着司法者对社会生活规律的认知,成为司法案件中"人情"因素的重要来源。

二、古代社会"人情"可能高于法律

有一个从古至今延续流传的共识叫作"法不外乎人情",大概意思就是说,法律不能超脱人情之外,法律与人情应当是统一的、一致的。因为徇私情、枉法度的所谓"人情"于理于法都应否定,故不作过多讨论,在此重点探讨传播于世、普遍认可且应当被司法活动充分考量的"人情"。

回顾古代法学家的思想和观点,法家先驱管子主张"令顺民心",《管子·形势解》有载:"人主之所以令行禁止者,必令于民之所好,而禁于民之所恶。"意思就是国家出台的法令要合乎人之常情,要得到老百姓发自内心的拥护,就得顺应老百姓的期盼和需求。另有法家人物慎到在《慎子·佚文》中提出:"法,非从天下,非从地生。发于人间,合乎人心而已。"这就更加直白地指出,法律的产生与天地无关,不必讲太多大道理,它就是世俗人情的产物。

商鞅是法家的著名代表,是变法活动中典型的"强硬派",在《商君书·算地》和《商君书·壹言》也反映出其顺民意而立法、变法的观点,其有云:"圣人之为国也,观世俗立法则治";"法不察民情而立之,则不成"。这里的"世俗""民情"实际上是指普罗大众所思所想,是一般人所能达到的道德水准和认识能力。如果以少数智者、贤者才能达到的境界作为立法和司法活动标准,就是"不合人情"。

有了这样的思想基础,也就有了很多"人情高于法律"的法律规则,经过儒家的论证,构建了伦理法。去除其中的纲常秩序之糟粕,仍有很多优秀的制度值得传承,例如,比较典型的就是"亲亲相隐"的法律制度。孔子主张:"父为子隐,子为父隐",这既是道德观,也是司法观。对亲属间的互相包庇、隐匿犯罪行为予以宽容,显然对保护国家法律秩序和打击犯罪的司法活动很不利,但却得到民众的普遍认同。

"亲亲相隐"自汉朝以来成为正式制度,直到今天仍然具有强大的生命力。

《刑事诉讼法》第193条第一款规定，不得强制近亲属出庭作证，①就是对"亲亲相隐"原则的继承和发展。

又如，"留存养亲"制度，就是罪犯的直系亲属因年老或重病而缺乏独立的生存能力，家中又无成年男子侍奉，在一定条件下可以暂不执行罪犯的刑罚，命其回家赡养老人。北魏创立这一制度，为后代法律所沿袭。虽然此举不利于判决的执行，看似有损司法的威信，但却在相当长的历史时期得到社会的认可。只是后世法律为协调伦理义务与法律义务的矛盾，规定"十恶"等重大犯罪不在容隐和存留养亲之限，体现出司法重视伦常但又不得违背国家根本利益。

需要注意的是，"留存养亲"制度在今天得到一定的传承，主要体现在审查逮捕环节而非刑罚执行环节。例如《刑事诉讼法》第74条规定，对于"系生活不能自理的人的唯一扶养人"，虽符合逮捕条件，亦可监视居住。

由此可见，无形的"人情"在古人心目中的地位并不低于成文的法律。而今天常常讲"法大于情""于情可悯、于法不容"的时候，需要回顾历史，辩证看待法与情的关系，尤其不能忽略情理的地位和作用。

三、找到检察官心中的"情理"

时至今日，我们仍然倡导并更加强调在司法办案中要体现"法理、情理、天理"，并作出符合新时代司法规律和司法要求的解读。

其中，符合"情理"就是符合普通大众的朴素认知，符合人民群众对正义的期盼。"情理"存在于人的内心，1000个人可能有1000个内心世界，所以"情理"显得特别复杂又难以捉摸。因此，检察官（以及法官）如何寻找"情理"，并非一件很简单的事，否则，也不会出现一些看似"合法"，但社会大众情感上却难以接受的裁决。

面对纷繁复杂的案件，如何找到最合情合理的解决方案？笔者认为，至少有三个要素可以作为指引，那就是：良知、宽容和换位思考。

第一，良知是善良人对事物的基本认知。面对一个案件，不同的人会有不同的看法，"横看成岭侧成峰，远近高低各不同"，看问题的立场和角度

---

① 《刑事诉讼法》第193条第一款规定：经人民法院通知，证人没有正当理由不出庭作证的，人民法院可以强制其到庭，但是被告人的配偶、父母、子女除外。

往往会左右我们的观点。

特别是如果长期从事某一方面的工作，思维和眼光会被职业特点、习惯潜移默化，这既有利于形成"专业判断"，又容易形成"职业局限"，比如一些侦查员、检察人员看待案件的第一反应是看能否"入罪"。民事纠纷中一方确有不实言行，经济纠纷中一方确有欺诈行为，这就很容易出现是否构成犯罪的争论，甚至存在将个别民事经济纠纷案件有刻意往刑事上"靠"的倾向。或者相反，一些司法人员看不穿、不承认民事、经济纠纷掩饰之下的犯罪行径，刻意以民事（或行政）处置替代、湮没刑事案件，无视、放纵甚而助长犯罪。如果检察官的主观是恶意的、内心是阴暗的、立场是偏执的、胸怀是狭隘的，那么，不管他具备多么丰富的专业知识，也很难作出合乎情理的判断。

良知会让人主观善意、内心光明、立场客观、胸怀广阔，司法的良知能帮助检察官找到公认的情理。例如，正当防卫能否适用，除了事实和法律上的判断，还需要司法良知作支撑。一个有良知的检察官，在弱势群体利益受损时会出手保护，在各种因素干扰下会坚守底线，在"不杀不足以平民愤"的舆论热潮面前会保持冷静、避免舆论审判，在各种诉求面前会作出恰当的取舍，在信访、维稳等各种压力面前会作出正确的坚持。

第二，宽容是检察官非常宝贵的品质。司法权之所以有威力，往往不在于惩罚了多少人，而在于宽容了多少人。古往今来，刑罚严苛、监狱满员的朝代往往伴随着社会动荡，刑罚宽缓、民众自由的时期常常呈现出天下太平的景象。

特别是对于刑事司法而言，刑罚是以牙还牙的报应观念之产物，它如同一把尖刀，一刀下去，分量有多重，司法者往往感受不深，只有受刑人才体会得到。谦抑原则是刑法的基本原则，而司法实践对"谦抑"的提倡不多，对"打击"的要求不少，特别是在一些专项行动中，对打击犯罪的力度尤为关注。

长期以来，"打击数"对侦查机关而言是非常重要的指标，"不诉率"也是检察机关一直高度关注的业务指标，"无罪判决"对法院而言也是慎之又慎。"坦白从宽"的法律精神在过去很多年里落实得并不充分，"坦白从宽，牢底坐穿；抗拒从严，回家过年"成了实践中一部分人的切身体会。

刑罚是有戾气的，施刑过多过重，积累的社会对立、矛盾仇恨往往也越多，副作用是显而易见的。检察官需要用宽容去控制刑罚的戾气。

当然，宽容不是纵容，而是将刑罚施行于最恰当的时机、施之以最准确的力度。特别是对于失误者、老幼者、生活困难者等群体而言，有宽容才有公平，如果对这些特殊群体或特殊情形不加考虑，与普通行为人或一般情形不加区别，一律同等严惩，看似"同案同判""一碗水端平"，实质上却有失公允，反而有损司法权威。

随着依法治国的推进，"少捕慎诉慎押"司法理念的确立，认罪认罚从宽制度深入推行，刑罚也被运用得越来越好。刑事司法工作要求兼顾法理、情理、天理，司法者在对案件作出判断和裁决时，绝不能背离人之常情、世之常理。需要注意的是，这样的意识不能仅在最高司法机关倡导时才有，而应在日常生活中、一线司法实践中时时体现、处处运用。"认罪认罚从宽"的制度精神一定不能停留于法条，而要体现到每一个司法案例中。不仅凸显在特殊时期的"加压驱动"中，还应彰显在天长日久的办案习惯中。

第三，换位思考是作出正确抉择的重要方法。利益冲突的双方，各自站在自己的立场针锋相对、互不相让，听一听各方诉求，都很有道理。检察官如何判断，除了兼听则明，还要换位思考。

只要具备基本的职业素养，检察官都能做到"兼听"，但是有的决定即使是"兼听"之后作出的，也仍然让群众难以接受。原因就在于，检察官仅仅是站在自己的立场上作出判断，没有换位思考，这样的决定是否公平、是否符合广大公众的认知。

例如，疫情防控期间盗窃药品案。某地新冠肺炎疫情一级响应期间，因社区封闭管理，某男子为给其患有高血压、糖尿病的老父亲找药而多次逃避封闭管理，潜入药店盗取相关药品，总价值3000余元（封闭管理期间，药店不对个人销售药品，只接受社区统一采购）。

虽然该行为确属违反防疫规定，也涉嫌盗窃罪，但换位思考，这何尝不是"不得已而为之"呢？尽管我们组织了大量机关干部、社区干部和志愿者为居民提供生活保障，但人多面广，确有考虑不周的时候，不自己"想点办法"能活下来吗？所以，本案行为人确有违法犯罪行为，但情节轻微，即便立案侦办，也可不批捕、不起诉。在这种情况下，我们需要做的是，认真考虑一下，对有特殊病患的家庭如何加强生活服务和药品保障，让他们从容度过时艰。

由此可见，"换位思考"对于检察官而言，不仅仅是将自己换做案件的某一方当事人，还要换做社会民众、普通公民，用更加广阔的视野来观察案件，准确考量案情的各种因素，得出最合法、最合情、最恰当的结论。

又如，为留所服刑上诉案。这样的案件在基层较为常见，被告人一审被判较轻的刑罚，本人也认罪认罚，对判决没有意见，但考虑服刑监狱路途遥远，或者临近过年过节，为了方便家人探视等原因希望留所服刑。由于法律规定余刑3个月才能留所服刑，所以被告人通过上诉"以时间换空间"。

有的司法人员认为"此风不可长"，应当通过抗诉等方式给予严惩。但换个角度看，上诉权是被告人的诉讼权利，无法阻止也不应阻止，如果被告人认罪认罚，留所服刑又有利于亲属探望、家人团聚（哪怕在看守所隔窗而聚）和罪犯改造，为何又不能考虑适时规劝其撤回上诉并加强短刑犯的管理呢？

情理看似很抽象，落到实处，也很具体；恰如刑法，貌似很冰冷，运用得法，也充满温度。因此，我们寻找情理并非难事，只要在每一个司法案件中，用我们的良知判断善恶是非，用宽容拿捏刑罚尺度，用换位思考作出最终判断，我们的司法裁决就能充分体现情理，也能经得起法律和历史的检验，赢得人民群众的支持。

检察官如何探寻天理

如前所述，古代中国司法官员判断案件讲求"天理、国法、人情"三位一体，新时代司法活动也对"法理、情理、天理"进行了新的阐释，这些无疑成为了检察官办案需要考量的重要因素。其中，对"天理"的探寻一直是比较复杂问题。

一、"天理"是客观存在的

"天理"究竟是个啥，长什么样？或者说，是属于主观的想象还是客观的存在？这是我们首先想到的问题。对"天理"的内涵有个大致的理解，才能探讨如何寻找"天理"。

"天理"之"理"在古代中国等同于"礼"，是社会生活的最高行为准则。什么是"天理"，这或许是一个有着很大争议的问题。

前文提及，孔子认为："天何言哉，四时行焉，百物生焉。""天"沉默不语，却以宇宙四季运行和世间万物生息来告诉我们何为"天"。孔子还云："唯天为大"，意即"天理"是世间最高、最大、最重要之理。此"天"即"自然"，天理即自然运行之理。荀子认为："天行有常，不为尧存，不为桀亡。应之以治则吉，应之以乱则凶。"此"天"即"天道"，有其内在规律和准则，不以人的意志为转移，顺应天道则兴盛，背道而驰则灭亡。

在古代先贤们眼里，天（也经常表述为"天理""天命""天道"等）是客观存在的，是可认知的、有规律可循的，而非空洞的、玄而又玄的。

古代司法活动非常注重顺天而为，要求顺天行罚、顺天理讼。所谓顺天行罚就是指司法活动要合于天象，顺乎时令，阴阳对应。《礼记·月令》就有根据仲春、孟夏、仲秋等不同时节而分别去桎梏止狱讼、具桎梏禁止奸、严百刑行斩杀的规定。《后汉书·五行志》载："天有阴阳，阴阳有四时，四时有政令。春夏则予惠布施宽仁，秋冬则刚猛盛威行刑。赏罚生杀各应其时，则阴阳和、四时调、风雨时、五谷生。"

所谓顺天理讼，主要针对民事案件而言，意思是农忙时节不受理民事案件，以免有误农时。唐代的务限法，就是顺天理讼的司法理念之产物。宋朝《宋刑统·婚户律》、元朝《通制条格》、清朝《大清律例·刑律·诉讼》等涉及户婚、田宅、债负等案件，大多规定自农历十月至次年三月受理，并及时审结，不得耽误农耕。[1]

中国古代思想家理解和论述的"天"是理性思维的结果，讲究"天人合一"，并重在发挥人的主观能动性。唐代刘禹锡论证天人之分时说："天之道在生殖，其用在强弱；人之道在法制，其用在是非……壮而武健，老而耗旄，气雄相君，力雄相长，天之能也……义制强讦，礼分长幼，佑贤尚功，人之能也。"[2]

哲学家冯友兰将古代中国哲学中的"天"概括为五个方面的意义：一是物质之天，与地相对即为天；二是主宰之天，是高于人类的皇天上帝；三是命运之天，是冥冥之中注定的人生结局；四是自然之天，是自然运行的天；五是义理之天，是万事万物的根本原理。

学者范忠信教授总结"天"有四重含义：一为自然之天，是自然现象和自然过程之意；二为神灵主宰之天，天是有意志和人格的造物主；三为道理之天，天是宇宙万物的绝对真理；四为天国之天，天是一个王国和境界。他还认为，"法体现着天理，它来自天理或天道"，这是世界各民族共同的一般法观念，只不过对"天理"的表述不同而已。[3]

无论是古代先贤，还是近现代学者，都认为"天"或"天理"的内容是丰富的。以存异求同的态度看，各种学说、观点也有相对一致的部分，即"天"或"天理"是客观的、自然的，反映了宇宙万物的根本原理。

天理看不见、摸不着，但何为伤天害理的恶行，何为敬天保民的仁政，群众心如明镜。从民众的角度看，天理也客观存在于人们的内心之中。

二、探寻天理的基础

天理虽然客观存在，但并非触手可及，也是需要经过深入思考、努力探索才能寻得。探寻天理者，专业技能不可或缺，秉性素质才是根本。司法者

---

[1] 张晋潘：《中国法制史十五讲》，143页，北京，人民出版社，2017。
[2] （唐）刘禹锡：《刘禹锡文集》卷12，《天论》，四部丛刊初编。
[3] 范忠信、郑定、詹学农：《情理法与中国人》，12页，北京，北京大学出版社，2011。

需要什么样的秉性和素质？或难以一言以概全，但一定有必不可少的要素，那就是：顶天立地、敬畏自然、悲悯苍生。

顶天立地者，上能够感应天命，下能够脚踏实地。有浩然正气抵御歪风邪气，有内心光明祛除阴暗丑恶，这是一个真正的司法者应当具备的基本素质。一位顶天立地的司法官，在司法办案活动中，能秉持公正之心，坚守良知与初心，抵御各种诱惑与侵蚀，依理依法作出公正的决定。仰不愧于天，俯不怍于人，在面对各种困难和阻碍的时候，能够秉持公心，努力实现正义。

敬畏自然者，相信自然是人类赖以生存的源泉，也相信自然天道是人类活动应当遵循的规律。爱护自然，遵从规律，以示"敬"。做人光明磊落，行事天地可鉴，不敢逆天叛道，不敢徇私枉法，以示"畏"。在敬畏的基础上，还要尽力爱护和补偿自然。

近年来，检察机关通过刑事检察和公益诉讼检察工作办理了一系列非法捕捞水产品、非法猎杀野生动物，破坏植被、林木、矿产资源以及污染环境等案件，不仅指控犯罪分子、请求法院依法判处刑罚，还通过提起刑事附带民事公益诉讼等方式建议法院判令犯罪分子采取放生鱼苗、志愿护鸟、补栽补种、赔偿损失等方式对被破坏的野生动植物资源乃至生态环境进行修复，这是对自然的敬畏和补偿，是很有必要的。从这个意义上讲，刑事检察可以有更广阔的履职空间，公益诉讼也有必要加大力度积极作为。

悲悯苍生者，兼具菩萨的心肠和战士的勇气。能够对一切苦难感同身受，也能对一切弱小奋力施救。在司法活动中，悲悯苍生的检察官，既会秉公执法，也懂得保护弱势群体。

比如在办理涉及侵害人身权利、财产权利的刑事案件中，除了依法惩治犯罪外，还会积极努力为性侵案件的被害人提供心理疏导，为身体伤害案件的被害人寻求经济补偿，为财产受损的被害人争取追赃挽损，为失管失学的未成年人找到合适的监护人和学习场所。既要解决案件本身的问题，关键还得协调相关部门解决好"案外"系列问题。

如果仅具有司法专业知识而没有悲悯苍生的情怀，对案件的了解很可能就止于诉讼卷宗，对"案结事了"的要求可能就限于诉讼程序。从这个意义上讲，各项检察业务工作都需要这样的情怀，特别是对未成年人检察工作而言，很多具体的工作都体现在诉讼程序之外。对所有未成年人的犯罪预防与保护、对涉案未成年人的教育与感化、对被害未成年人的帮助与保护，更需要检察官的侠骨柔情和智慧勇气，没有这样的情怀，就不可能用心、用情开展工作，也根本无法做好这些工作。

值得多提一笔的是，近年来，检察机关在涉未成年人刑事案件方面费了很大的功夫。从最高检的工作报告中，可以看到落实未成年人保护法、促进"甩手家长"依法带娃，发出"一号检察建议"，会同教育部、公安部等建立的强制报告、入职查询制度上升为法律规定，部署3.9万名检察官在7.7万所中小学担任法治副校长、深入开展法治进校园等工作，重庆"莎姐"、武汉"秦雨"、泸州"纳爱"、慈溪"花季关护"、南阳"冬云"等一些优秀检察官团队已成为响亮的品牌。

从检察工作一线来看，最切身的感受是，检察官对待未成年犯罪嫌疑人的态度、办案思维和工作方法与成年人案件的截然不同。

例如，讯问犯罪嫌疑人的过程中少不了交心谈心，既教育其认罪悔罪，又鼓励其树立生活的信心，对未来保持希望。笔者身边的检察官们讨论案件时常常称呼犯罪嫌疑人为"某某娃儿"或"某某妹儿"。承办人汇报案件时大多会介绍社会调查情况，包括是否受到家庭有效监护、学习经历、生活情况、在学习和居住地的一贯表现，等等。在此基础上，再考虑如何定罪、是否起诉；若决定附条件不起诉，还要结合个案具体情况考虑如何进行矫治、怎样跟进考察；有的还要做好亲职教育，促使家长努力成为一个合格的家长。

对未成年被害人，也会有针对性考虑如何给予有效的帮助。特别是未成年人被害案件中，性侵案件占比较大是当前司法实务中的突出问题，与成年人相比，如何医治心理创伤、树立生活信心，是否需要择校学习、减少外界压力等等，都是办案过程中需要考虑的具体工作。在父母无力监护教育的情况下，还要会同民政、教育等主管部门落实监护与教育责任，协调解决经费。

这些工作大部分都在"案外"，很多没法进入办案系统，难以体现"工作量"。但检察官已经形成一种共识，没有人认为不该做，只有认为做得不够。因为这些案件的办理，功夫下在当前，效果显于未来。这些"案外工作"，是民之所需、理之使然、确有必要。

有人可能会问，检察官就干点办案的工作，而且只是诉讼中的一个环节，哪就把自己拔到"悲悯苍生"的高度了？

有道是"不救一人，何以救苍生"？如果不通过办案针对每一个个体"治病救人"，怎么谈得上悲悯苍生呢？反过来说，悲悯苍生，不正是通过办理一件件具体的个案、挽救每一个鲜活的个体来体现的吗？

三、探寻天理的方法

"天理"到底在哪里,怎么探寻?这又是一个很难回答的问题。春秋时期哲学家尹文子在《尹文子·因循》中指出:"天道因则大,化则细。因也者,因人之情也。人莫不自为也,化而使之为我,则莫(不)可得而用也。"① 意思就是说,"天道"实际上存于"人情"之中,在此之外没有什么绝对独立存在的"天理"或"天道"。统治者在颁行法令时应该考虑和顺应人的各种天性,包括自私自利的天性,利用这一点为我所用,从而实现"天理"与"人情"的统一。

也有学者认为,古代中国司法活动中所讲的"天理",其核心内容就是伦理纲常。② 从这个角度上说,寻找天理,还是应当立足于司法者个人较高的素养,心怀正义,通达情理,才能找到正确的方法,从而觅得"天理"之真谛。

笔者认为,探寻天理的方法见仁见智,但以下三个方面或可作为尝试。

第一,坚持"替天行道"的立场。作为"四时行焉"、"万物生焉"的天理无处不在,但又不见其形,在司法活动中则需要通过司法者来理解和表达。没有宽阔的胸襟、深邃的思考和心中的正义,对天理就不会有透彻的理解,也就没有令人信服的司法决定。

检察官需要有"替天行道"的立场,以事实为根据,以法律为准绳,在检察办案中体现天理,在释法说理中运用天理,让天理与国法有机结合,让人民群众通过司法活动感受到天理昭昭,体察到法律的力量。

例如,全国检察机关全力参与扫黑除恶专项斗争,有黑必扫、有恶必除、有乱必治,推动侦破陈年命案2669起,一大批多年想破而未能侦破的积案命案能沉冤昭雪;云南孙小果、湖南杜少平(新晃操场埋尸案主犯)逍遥法外多年,最终被处以极刑;吉林张永福案、辽宁宋琦案、青海"日月山埋尸案"等一系列重大案件背后的黑恶分子被绳之以法,"关系网"被打掉、"保护伞"被破除。这些案件的成功办理得益于各方共同努力,也有检察官的辛勤付出,最终让老百姓真真切切地感受到天网恢恢、正义必达。

---

① 此语又见《慎子·因循》,解释为:如果因循天道,那么就能够不断发展壮大,如果希望进行变化反而会变得弱小。所谓因循,就是要因循人情。人没有不为自己的私利考虑的,如果想改变这一基本人情,而让人们都舍弃自身利益为君主一人着想,其实就违背了自然规律,不会得到民众归顺,也无法为我所用。
② 范忠信、郑定、詹学农:《情理法与中国人》,15页,北京,北京大学出版社,2011。

又如，当案件中行为人主观恶性不深、社会危害不大，可以不捕不诉时，坚持治病救人的立场，能少贴一个"罪犯"的"标签"就尽量少贴一个。既坚持"是黑恶犯罪一个不放过"，也坚持"不是黑恶犯罪一个不凑数"，不人为拔高或降格处理。因为错扫、错除、错治，其危害不亚于漏扫、漏除、漏治。

还如，当案件可能出现冤错时，能实事求是直面压力和阻碍，讲清事实、摆出证据，坚守法律底线，还当事人以清白。

第二，坚持惩恶扬善的价值取向。司法活动要惩罚什么、保护什么、宣扬什么、祛除什么，这是司法活动的价值取向问题，检察官要心如明镜，才能精准打击、精准保护。

例如，为了营造安定祥和的社会氛围，促进村组、社区少讼、无讼，可以提倡"忍一时，风平浪静；退一步，海阔天空"，尽量通过基层调解来化解矛盾纠纷。需要注意的是，这只是针对亲友、邻里、村（居）民之间及时化解生产生活矛盾，通过开展调解，村（居）民相互体谅包容、促进和谐而言的，这并不意味着任何事情都靠体谅和包容解决。相反，在大是大非面前，只有做到了明辨黑白曲直、明断善恶是非，才会有真正意义上的和谐安宁。

又如，之所以要打击"医闹""校闹"等各种"胡闹"行为，就是因为"闹者有理""一闹就赔"一度屡屡得逞，让一些优秀的医者、教育者流汗又流泪。这不仅是对仁心之医者、教育者的伤害，也严重带歪了社会风气、破坏了社会秩序，在治病救人过程中遇到治疗风险、教书育人需要惩教顽劣之时，都不得不考虑"家属/家长闹起来怎么办"？检察官要勇于依法为善良之人、为善之举撑腰打气，让他们放下包袱，集中精力投入工作，这样才能聚集正能量，维护良好社会风气，从而彰显天理。

当然，这些问题很复杂，绝非检察官凭一己之力就能解决的。绝大多数"胡闹"行为都涉及事实核查、责任划分、善后处置、秩序稳控等各环节工作，甚至还有上级对信访稳定的关注、考核，等等，需要上下同心、左右发力，共同解决。检察官虽然仅参与部分环节，但在发挥作用上不能自我降低，而应坚持立场、坚守正道，为依法妥善解决问题尽心尽责。

第三，坚持顺天应时的理念。天理是永恒的，也是与时俱进的，要注意因时因地理解与运用。

例如，在饥荒时期，人民群众生命难以为继的情况下，"物竞天择"的规律会允许对野生动物的适当捕杀。在物质极大丰富的年代，保护野生动物、维护生态环境，促进人与自然和谐共存则极为重要。

又如，在市场秩序十分混乱、违法犯罪十分突出、人民群众深受其害的特定时期或特殊行业、领域，司法办案可能侧重于强力整顿市场秩序，重拳打击经济违法犯罪。而在经济发展十分困难的特定时期或从业人员十分密集的行业、领域，"以法律为准绳"的办案标准虽不会改变，但执法的方式则应作出适当的调整，要兼顾经济社会发展和群众就业等民生问题。若需对相关人员、企业财产采取强制措施，要考虑保障诉讼顺利进行与维护企业正常运转等诸多因素，找到恰当的方法，不能一封了之、一抓了之、一关了之。

综上，天理无处不在又沉默不语，却在无形中检验着司法办案的质量和效果。检察官的思想、观念、知识储备等都要坚持与时俱进，检察官群体更是要恪守法治，坚持真理，维护正义，从而彰显天理、服务人民。

司法者的思维：法感觉、法感情、法理性

经验丰富的司法者是兼具法感觉、法感情和法理性的，这些都不是与生俱来或凭空而降的，而是随着司法实践的深入，自觉或不自觉地滋生、成形、成熟的。在办案过程中，司法者的思维里也会下意识地运用到法感觉、法感情和法理性，这是司法规律使然，也是司法经验和司法能力的体现。

一、法感觉、法感情、法理性的基本内涵

第一，什么是"法感觉"？所谓"法感觉"，简言之，是司法者内心对司法案件的预感和直觉。司法者对一起案件的判断，一般不会首先找具体的法律条文。越是经验丰富的法官、检察官，越会"凭感觉"预判案件大概的结果，然后再结合事实与法律法规，反复对比、取舍，再得出最终的结论。这种"感觉"不是"感性"与"直觉"的简单相加，而是建立在丰富司法经验上的感悟，是司法者特有的一种条件反射和法律直觉。

"法感觉"的主要特点包括但不限于：其一，"法感觉"是司法者基于自身的职业素养和长期的法律熏陶，内化为司法实务经验后形成的司法感悟、法律直觉，而非单纯的"感觉"或"直觉"。其二，"法感觉"是普通人普遍具有的"感性"与司法者特有的"理性"相结合的产物，建立在法律常识和逻辑推理基础之上，而非完全的感性。其三，"法感觉"不是全体司法者千篇一律的，对于个体司法者而言，也不是完全固定、终身不变的，而是受司法者法律信仰、思想性格、司法经验、知识结构、生活经历等因素影响。一般情况下，接受过系统学习和专门训练、实践经验丰富、廉洁自律、重视个人声誉的司法者往往能够形成良好的"法感觉"。

第二，什么是法感情？所谓"法感情"，是司法者对司法案件的情感选择与情感表达。在涉及法、理、情交融的案件中，司法者既不能机械司法、罔顾常情常理不讲感情，也不能感情用事、以情代法，而会基于法律精神，为了实现个案公正，在众声喧哗中作出恰当的情感选择或情感表达。

之所以需要情感选择，是因为民众的情感是不同的，舆论的声音是各异的，司法者应当去粗取精，去伪存真，作出取舍；之所以需要情感表达，是因为司法者不仅需要取舍，还应当进行引导，在"乱花渐欲迷人眼"之际作出合理合法乃至更高层次的表达，让民众感受到法治的精神和力量。往往生活阅历越丰富、生活领悟越深刻的司法者，越能作出正确的情感选择，进行准确的情感表达。

当然，民众也有自己的"法感情"，德国学者耶林在其《为权利而斗争》一书中指出，公民的"法感情"，其实就是权利意识或对权利的看法。由此可见，司法者的"法感情"体现着对待当事人权利义务的态度，与公民的"法感情"既有区别，又有契合。

"法感情"主要特点包括但不限于：其一，"法感情"是司法者基于法律经验和法律信仰，对待决案件所持有的情感态度，而非普通人从个人权利角度出发的情感诉求。其二，"法感情"是司法者基于各方当事人的具体情况及社情民意等考量，为实现个案公正作出的理性的情感选择，是综合考量各方因素的取舍，而非纯私人的、感性的表达。其三，司法者的"法感情"与民众的"感情"是互动的而非隔绝的，特别是在民众的"感情"各持己见之时，司法者的"法感情"有拨开云雾、导向引领的作用。

第三，什么是法理性？所谓"法理性"，是司法者为追求公正对司法案件的理性思考与审慎判断。如果要说一个成熟的司法者与普通人、初入职司法者的根本区别在哪，或许就在于成熟的司法者独具"法理性"。

在"法理性"的引导下，司法者会保持理性的立场，既不会理想化地追求"绝对的正义"，也不会放弃理想不追求应有的正义。会坚持理性的思维，通过深入的思考和审慎的判断，既精准把握法律的逻辑推理与形式正义，又努力探索法条背后的价值观念与实质正义，在喧嚣嘈杂的声音中释明法理、疏导情绪、衡平价值，在纷繁复杂、浩如烟海的法律中选择最为合适的条文，作出最为恰当的决定。

"法理性"主要特点包括但不限于：其一，"法理性"是司法者基于法律素养和司法经验培养出来的特有理性，表现为对司法案件中纷繁复杂的意见能够进行客观否定、精准怀疑和审慎研判。其二，"法理性"以追求公平正义为落脚点，无论从哪个角度出发、考量哪些因素、作出何种推理，最终都要用是否公正来检验。其三，"法理性"不是封闭的，它需要通过司法案件展现出来，接受社会的评价，获得社会的认可，从而引导社会大众更加理性。

二、法感觉、法感情、法理性的基本运行规律

笔者以刑事司法实践中一起常见的近亲属共同犯罪为例,谈一谈司法者一般如何运用法感觉、法感情和法理性。

一对在广东省务工的农民工夫妻,家里有两位老人和3个正上学的小孩,因务工收入较低,家庭负担较重,丈夫甲乘返乡之机经常帮同村的贩毒分子丙跨省运输毒品甲基苯丙胺(俗称"冰毒")。甲每年返乡约三四次,从丙处获取运毒资金约2000元/次,每次除去车费剩余1000余元。其妻乙明知丈夫为丙运输毒品,多次劝说无效,在甲将毒品藏入随身携带的棉被等行李时,提供了装裹毒品、塞入行李等帮助行为。后查明,丙累计贩卖、运输毒品8000克,甲为其运输5次共4000克,乙参与帮助装裹毒品3次共2000千克。

问题:对甲乙当如何处理。

第一,对案件的预判靠的是"法感觉"。诚如美国法学家杰罗姆·弗兰克所言,"法官作出决定实际上靠的是感觉而不是判断,靠的是灵感而不是推理"。① 哈奇森法官在《直觉的判断:司法中预感的作用》一文中也指出,"法官实际上是通过感觉而不是通过判断来判决的,是通过预感而不是通过推理来判决的"。② 当然,这些观点可能有夸大"感觉"作用之嫌,但也揭示了一个客观现象,那就是非理性因素对司法裁判确实起着明显的影响。

相信我们的法官、检察官面对此案,第一时间不必翻找法条,"凭感觉"就能判断甲乙夫妻是运输毒品共犯,在没有法定减轻处罚情节的情况下,对甲的量刑预判,应当考虑有期徒刑15年、无期徒刑乃至死刑;对乙则不宜适用重刑。这样的"法感觉"以职业素养和实务经验为基础,"凭直觉"就可以得出上述判断。

虽然这样的预判可能因人而异,但一般是大同小异,主要之"异"可能就在具体量刑上,特别是对丈夫甲是否适用死刑、是否判处死刑立即执行,对妻子乙是否判处实刑,等等。这样的判断不是最终的结论,而是一种方向性、大概率的预判,还需要结合案件具体情况、根据相关法律规定来决定最终的处罚。

第二,对案件的检验需要"法感情"。在"法感觉"的指引下,假如承办案件的检察官和法官意见一致,都认为甲乙二人均构成运输毒品罪。鉴于甲乙都认罪悔罪,认定甲为主犯、乙为从犯,二人没有自首、立功等其他法

---

① Jerome Frank,*Law and the modern mind*. New York: Tudor Publishing Co., 1936:103.
② 张保生:《法律推理的理论、方法》,289页,北京,中国政法大学出版社,2000。

定减轻处罚情节，结合《刑法》第347条、第27条等相关规定，初步考虑作如下量刑指控和判决：甲并非以运输毒品为职业，违法犯罪有家庭生活压力的原因，所以不适用死刑，考虑判处无期徒刑；对乙减轻"一档"，在法定刑幅度的"起点"判处7年有期徒刑。

可能承办案件的法官、检察官都认为，这样的司法决定是合法的，但是否合情合理呢？不同的司法者可能会有不同的感受。

其一，有的可能认为本案运输毒品的数量太大，"死罪可免，活罪难逃"。对甲、乙如此处罚合情合理，特别是对乙，已经在法定刑的起点也就是"最低线"考虑了，没有再从轻的空间。其二，也有的可能认为，对甲、乙处罚都太重。二人毕竟是以务工为主要生活来源，而非靠运输毒品生活，特别是乙，对运输毒品所起的帮助作用很小，不应该判处如此重刑；在此基础上，对乙如何从轻，也有可能产生分歧，或者认为乙的行为"情节轻微"，可以适用缓刑，或者认为乙的行为"情节显著轻微"，不认为是犯罪。其三，也可能根据甲乙二人家庭情况进行重点考虑。如果二人均被判入狱，两个老人3个孩子怎么办？一个家庭是否毁于一旦？

如果换做民众，那意见可能更多，甚至可能出现两个极端：比如，有的可能认为毒品犯罪危害性太大，对二人都应当从严从重；又有的可能觉得二人作用太小、获利太少、家庭包袱太重，不必惩处，"擒贼先擒王"，打击毒品所有者丙才是关键。

每个人看问题的角度不同，必然会出现不同的情感表达。司法者需要结合司法经验和法律素养，在纷繁复杂的情感之中作出甄别和选择，以检验最初的判断是否合情合理。在综合各方情感表达中，找到共同点，比如，不能因毒品犯罪社会危害严重、本案涉及毒品数量巨大而对甲乙一律从严从重，更不能动辄"杀之而后快"；要考虑本案中毒品数量与乙的作用之间的关系，不宜简单以数量量刑；要考虑甲乙犯罪的原因、家庭的情况，不能简单以"判决合法"为由而将其家庭负担和孩子成长等隐患留给社会。

第三，对案件的最终裁判需要"法理性"。根据"法感觉"的预判，结合"法感情"的指引，司法者最终会聚焦于如何实现公正，运用"法理性"作出案件裁判。如前所述，运用"法感觉"虽然对本案的判断大体接近，但却是模糊的；运用"法感情"虽然可以排除一些极端的意见，但最终的取舍也是比较困难的。如此，准确运用"法理性"的作用就显得格外重要。

理性思考甲的行为，运输毒品次数多、数量大，虽罪不至死，也不能过于从轻，结合《刑法》第 347 条第 2 款之规定，若无自首、立功等重要减轻处罚情节，宜在有期徒刑 15 年或者无期徒刑二者之间进行考虑。具体如何决定，还需要结合当时、当地毒品犯罪的严重程度，当地类似判例等因素综合考量。

至于乙的行为，其主观上明知甲运输毒品，客观上也确有规劝行为，但在规劝无效的情况下，为藏匿毒品的丈夫提供了装包等帮助行为，而装包藏匿本身是运输的一个环节或者一种掩饰手段。鉴于其主观意愿上对运输毒品并不积极，客观行为上参与程度也很低（仅仅是在藏匿环节帮助装裹和藏入行李），若完全按照涉毒数量进行量刑，则显得过于机械，所以首先可以排除适用《刑法》第 347 条第 2 款，不必考虑适用重刑。

具体如何处理，可能有两种思路：其一，基于"夫唱妇随"的观念和"上有老下有小"的家庭生活压力，从道德和情感上看似乎不宜过分苛责乙，但于法于理却不能给予其无底线的宽宥。因而在对《刑法》第 13 条"但书"即"情节显著轻微"、不认为是犯罪和第 72 条即"情节轻微"、适用缓刑进行选择时，选择后者更为妥当，认定其有罪、判处 3 年以下有期徒刑并宣告缓刑。其二，可能有观点认为，乙的行为是为甲运输毒品制造条件、进行准备，根据《刑法》第 22 条、第 25 条之规定，属于犯罪预备阶段的共犯，未参与后续实行行为，可以比照实行犯（甲）从轻、减轻处罚或者免除处罚，本案可以考虑免除处罚。基于理性的思考，不论哪一种思路，结论都是对乙应当定罪、可以不判处实刑。如此处理，或更能体现司法理性，彰显司法温度，兼顾社会效果和法律效果。

司法实践中，配偶、父母子女、祖父母孙子女等近亲属共同犯罪的案件还有很多，往往都涉及法、理、情的考量，各种价值观的冲突和取舍，都离不开法感觉、法感情、法理性的综合运用，往往也只有在准确运用法感觉、法感情和法理性的基础上，才能得出合法合情合理、令人信服的结论。

三、法感觉、法感情、法理性的提倡与提升

第一，提倡"三法"旨在解决"机械司法"。姑且将法感觉、法感情、法理性简称为"三法"，在司法实践中运用得当，则可减少乃至避免"机械司法"。

"机械司法"之所以遭诟病，其根源就在于司法者对法律条文的理解和执行失之片面、肤浅、狭隘，缺乏理性的考量。有时候司法者即便基于无偏私的立场，"感觉"到作出的司法决定可能看似合法但不合理，也不愿意深

入探究案件中的情与理,而简单以"不违法即可"作了结。这背后既有思维的惰性、能力的欠缺,也有考核的压力、追责的忧虑。

的确,从近年的各项评查、复查、整顿等工作来看,不捕、不诉、轻缓判决案件是上级和社会关注的重点,司法者可能需要应对多方关注,耗费大量精力;而评查、复查者"查不出问题也是问题"的悖论也有一定市场。于是,"用放大镜找瑕疵","让被评查者主动找问题、认领问题"等现象客观存在。这种管理、考核、追责机制的"机械"也对司法办案产生了直接影响。"严惩重处""从重从快"反而有效避开追责的关注进而可以落得清静,甚至赢得"讲政治""配合有力""打击坚决"等好评。

事实上,打击过重危害更大。因为不捕、不诉如果错了,还可以重新逮捕、起诉,而捕错了、诉错了,人身自由被剥夺的事实就无法逆转了。如果不从机制上、导向上给司法者松绑、鼓劲,要想改变"机械司法"的惯性,难度是比较大的。

但是,我们也不能坐等机制的完善,"机械司法"的现象产生于司法实践,司法者是诉讼活动的直接参与者,是司法案件的决策者,我们需要更多地从自身找原因,不能全部归责于机制。就司法者面临的各种考核、各级问责而言,完全出于公心、没有谋取私利,仅因认识分歧、细微瑕疵或轻微失误而被否定、被问责的,毕竟是小概率事件。所以,仅仅以担心问责、回避压力而产生的"机械司法",说到底,是一种不自信、不作为。还有一部分是没有做到"打铁还须自身硬",案件本身经不起评查、复查,"机械司法"或可减少各方关注而成了规避之法。因此,改变"机械司法",从根本上看,既要解决司法理念、廉洁奉公的问题,还要解决思维惰性的问题。

第二,"三法"运行的原则。可以看出,"三法"的存在是客观的,是随着司法者职业素养的提升、司法经验的积累自然而然产生的,我们不必回避,也不用担心,而应正确认识,并使之有效运行,发挥其积极的作用,这是很有必要的。

"三法"在司法活动中的运行是有规律可循的,提倡"三法",并非主张感觉优先、感情为主、理性为辅,本质上是主张在司法办案中坚持法、理、情相融合,是提倡在司法经验与司法理性的基础上做到司法审慎、彰显司法担当、体现司法温度,"三法"是实现这些目的的重要方法。

初步考虑"三法"应当坚持的原则有:一是立足法治。司法中的感觉、感情、理性都以"法"为基础,司法者必须忠于宪法和法律,不能脱离法治这个大前提空谈感觉、感情或理性。二是追求公正。司法者的"法感觉"应受到公平正义的指引,"法感情"是为追求公平正义而表达,"法理性"是为实现公平正义而坚持,"三法"运行是否正常,也要以是否实现公正来证明。三是"三位一体"。从一般思维习惯或司法规律而言,表现为法感觉为先,法感情为后,法理性托底,但这样的顺序并不代表着三者主次的排列。法感觉、法感情、法理性在司法案件中的运行应当是"三位一体"的,相互影响、相互促进,共同致力于实现公平正义。

第三,提升"三法"的建议。法感觉、法感情、法理性的产生没有外界施予压力,主要是司法者由心而生;也没有统一的教学模式,主要靠司法者个人修养;甚至没有客观的高低标准,主要靠专业判断和民众感受相结合,进行综合评判。"三法"本身不是评判案件的标准,但却影响甚至决定着司法者能否对案件作出正确的价值判断和准确的法律选择,因此,"三法"的提升不仅仅是司法者思维能力的提升,更是司法办案质效的提升。

提升"三法"要注意几个方面:一要坚持正确的指导思想。"三法"是司法者的"内修课",外界无法干预,需要司法者自觉践行习近平法治思想,坚定人民立场,为民司法,将社会主义核心价值观内化于心,确保沿着正确的方向去探索和努力。

二要加强司法经验积累。优秀的司法者都是用案子"喂"出来的,脱离了司法实践,"三法"无从谈起。司法者应立足司法办案实践,不断积累经验,使自己的"三法"有序形成、良性发展并走向成熟。

三要注重办案反思。随着时间的推移,司法者如果只是在办案量上做"加法",那么增加的可能只是"司法资历",而非司法经验。经验的获取需要反思,成功的做法、失败的教训,都会成为宝贵的经验。

四要紧跟新时代。不同的时代,国家建设与发展的任务、要求不同,民众的思想、价值观也不同,群众对公平正义的期待和要求会与日俱增。例如,一些破坏市场经济秩序、妨害社会管理秩序的行为,过去具有较大社会危害性,随着经济社会的发展,现在已经被政策允许、被民众接受;或者,过去常见的犯罪手段现在已经很少出现,取而代之的是很多新的作案手法,严重危害人民群众合法权益。这就要求司法者紧跟新时代,主动回应社会关切,能不定罪的就不定罪,宜从宽的就依法从宽,该严惩的必须严惩不贷。通过每一个具体的司法案件,引导民众形成正确的价值观,引领社会形成良好风尚。

从赵娥到张扣扣：情理扮演了什么角色？

2019年7月17日，张扣扣被执行死刑。①"以血还血"的同态复仇说到底又是一场新悲剧，但从公正的角度来看，这一结果又是当今司法之必然。张扣扣的行为是否情有可原，是否有必要对其适用极刑，随着张扣扣被执行死刑，舆论讨论热度已过，一切尘埃落定。但情理对本案的影响，以及今后可能面临的类似案件中如何把握情理的尺度，却值得每一个司法者继续思考。

一、两个相似又不同的案例

赵娥为报父仇杀人案。

据《后汉书·卷八十四·列女传第七十四》载：赵娥，女，东汉酒泉郡禄福县人。赵娥之父赵君安被禄福县豪强李寿杀害，赵娥有三个弟弟，都立志为父报仇雪恨，但三个弟弟都相继死于瘟疫。赵娥虽为弱女子，但素有报仇之心，身藏利刃，昼夜哀叹，准备担起报仇大任。

灵帝光和二年（公元179年）二月上旬的一天早晨，赵娥与李寿相遇，她便牵住李寿的马，叱责李寿。李寿惊愕，回马欲走，赵娥奋力挥刀砍去，马受伤而惊，将李寿摔在道旁沟里。因赵娥用力过猛，刀入树干而折断，赵娥随即用手卡住李寿的喉咙，最终李寿气闭而亡。

赵娥报仇后到衙门投案。当时禄福长尹嘉，不忍心给赵娥判罪，便解了印绶，欲辞去官职，驰法纵之。赵娥却表示认罪伏法，绝不贪生怕死以枉官法。赵娥入狱后，民众为之求情。凉州刺史周洪、酒泉太守刘班等人共同上表朝廷，禀奏赵娥的烈义行为，刻石立碑显其赵家门户。后朝廷大赦，赵娥获释。

张扣扣"为报母仇"杀人案。

汉中市中级人民法院、陕西省高级人民法院官微分别通报的一审判决和

---

① 本文写于张扣扣被执行死刑当日。

二审裁定如下。

1996年8月27日，因邻里纠纷，王自新三子王正军（时年17周岁）故意伤害张扣扣之母汪秀萍并致其死亡。同年12月5日，王正军被原南郑县人民法院以故意伤害罪判处有期徒刑7年。此后，两家未发生新的冲突，但张扣扣对其母亲被伤害致死心怀怨恨，加之工作、生活长期不如意，心理逐渐失衡。

2018年春节前，张扣扣发现王正军回家过年，产生报复杀人之念，遂准备了单刃刀、汽油燃烧瓶、玩具手枪、帽子、口罩等作案工具，并暗中观察王正军及其家人的行踪。同年2月15日12时许，张扣扣发现王正军及其兄王校军与亲戚上山祭祖，便戴上帽子、口罩等进行伪装，携带单刃刀、玩具手枪尾随王正军、王校军至汉中市南郑区新集镇原三门村村委会门口守候。待王正军、王校军返回时，张扣扣持刀朝王正军颈部、胸腹部等处割、刺数刀，又朝王校军胸腹部捅刺数刀，之后返回对王正军再次捅刺数刀，致二人死亡。张扣扣随后到王自新家中，持刀朝王自新胸腹部、颈部等处捅刺数刀，致其死亡。

张扣扣回家取来菜刀、汽油燃烧瓶，又将王校军的小轿车左后车窗玻璃砍碎，并用汽油燃烧瓶将车点燃，致该车严重受损，毁损价值32142元。张扣扣随即逃离现场。

2月17日，张扣扣到公安机关投案。2019年1月8日，汉中市中级人民法院一审以张扣扣犯故意杀人罪、故意毁坏财物罪数罪并罚，决定执行死刑，剥夺政治权利终身。同年4月11日，陕西省高级人民法院二审裁定驳回上诉，维持原判。

这两个案例在古今中国司法活动中都有广泛的社会影响。仔细分析，二者既有相似之处，也有明显区别。

从事实层面来看：二者的相似之处在于，都是父母被他人杀害，子女蓄意为父母报仇而手刃仇人。二者的不同之处在于，报仇原因和造成的结果各异。赵娥意志坚定，目标明确，最终以弱抗强、手刃仇敌李寿一人。而张扣扣却因生活、工作不如意，心理失衡产生报仇之念，最终杀死"仇敌"及其父兄共三人，已属滥杀无辜。

从法律层面来看：二者的相似之处在于，对于有预谋的杀人，中国古今法律都有处以极刑的规定。二者的不同在于，社会民众对案件的情感反应以及司法者对社会情理的把握。赵娥赢得了司法者（包括与司法者一体的执政者）、社会民众的同情，最终获得了赦免并释放。而张扣扣赢得的民众同情和遭受的社会谴责同存，舆论褒贬不一，最终由法律作出公正的评判，对其处以极刑。

二、情理在司法活动中扮演何种角色？

笔者所讲的"情理"之"情"主要指反映人民群众普遍认同的民意、民风、民俗，可统称为"常理常情"，而非"私利私情"。如前所述，对于为报杀父、杀母之仇而手刃仇敌的行为，法理与情理深度交织，司法者既要考量法律的规定，又要顾及民众的感受。

在不同的社会环境中，司法者对情理的考量程度是不一样的，对裁判结果的影响也有所不同。

第一，在人治社会里扮演"主角"居多。古代中国虽然有律法，但讲究"刑不上大夫"，法律是统治者管理民众的工具，而非全社会的行为准则，因此，从某种角度上看，古代中国总体上是人治社会。

司法活动中如何运用和取舍法律，统治者（包括司法者）拥有相当大的"自由裁量权"。在道德与法律高度融合的古代中国社会中，以儒家经典体现的传统道德与人伦为主要内容的"人情"，往往成为司法裁判的直接标准。在这样的法律文化中，"春秋决狱"得以奉行。当"人情"成为司法活动中的主角时，就能合理解释为什么一个人即便触犯死罪、依律当斩，也可能因其行为合乎"人情"而得到宽恕乃至赦免。

第二，在法治社会里扮演"配角"居多。"徒法不足以自行"，即便在法治社会里，司法者也不可能"唯法独尊"。

法治社会里，法律是社会群体共同遵守的行为准则，所以不提倡以民众的喜好进行司法取舍；同时，司法活动追求的是让人民群众通过司法案件感受到公平正义就在身边，所以也不能不顾民众对司法裁判的感受。

以张扣扣案为例，裁判者既要考虑被告人残杀三人的基本事实，又要考量张扣扣为母报仇的作案动机（或在评价诸多动机中，应当要考量"为母报仇"这一点）。

判决书显示：张扣扣蓄谋报复杀人，选择除夕之日，当众行凶，先后切割、捅刺被害人王正军、王校军和王自新的颈部、胸腹部、背部等要害部位共计数十刀，连杀三人，还烧毁王校军家用车辆，其犯罪动机卑劣，杀人犯意坚决，犯罪手段特别残忍,情节特别恶劣,后果极其严重,人身危险性和社会危害性极大,应依法惩处并数罪并罚。本案虽然事出有因,张扣扣系初犯且有自首情节,但是依法不足以对其从轻处罚。

可见判决书对本案的事实和情理进行了全面分析,点明了"事出有因",但综合全案作出了司法者的取舍——依法严惩为主,情理考量居次。

第三,在特殊情况下可能丧失角色。如果离开了良法善治,我们的司法活动就可能背离追求公正的轨道,甚至走向反面。

例如过分强调"从严",就会忽略未成年人等特殊主体,初犯、偶犯,被害人过错以及一些主观恶性不深、手段并不残忍、危害后果不严重、于理于法"情有可原"的情节,在一律"从严"的要求中,极有可能罚过于罪。

又如过分强调"从快",就可能忽略对犯罪动机的深入核查、对证据矛盾的仔细甄别、对量刑情节的全面把握,甚至出现罪与非罪的误判。从案发到执行死刑仅 60 余日的"呼格案"、从刑拘到二审判决仅 5 个多月的"聂树斌案"等重大冤错案件之所以发生,"从快"的"催促"是不可忽视的因素。

三、情理在司法活动中的角色定位

第一,情理切莫被忽略。我国宪法规定,人民法院依照法律规定独立行使审判权,人民检察院依照法律规定独立行使检察权,都不受行政机关、社会团体和个人的干涉。这是司法机关独立行使权力的宪法依据。有的司法者据此认为,独立行使权力就应当排除一切干扰,尤其要排斥社会舆论对司法的影响,仅在法律规范的领域内进行司法活动、作出司法裁判。

笔者认为,如此理解容易走向司法自我封闭,纯粹的法律主义也非"司法独立"的应有之意。我们的立法权力来源于人民,司法的目的是服务人民。法律是人民意愿的表达,离开对人民意愿的关注,就难以正确理解和执行法律。

对繁多的法条如何取舍、对枯燥的文字如何理解,司法者常常需要做"选择题",如果忽略了基本的情理,很多时候就无法作出正确的选择。山东于欢故意伤害案、天津赵春华非法持有枪支案、内蒙古王力军非法收购玉米案等案件一审裁判之所以不被社会接受,其中的重要原因就在于法官忽略了对情理的考量,最终导致在法律适用上作出了错误的选择。

第二，情理不能演"主角"。笔者虽然提倡情理对司法活动的重要性，但并不主张情理在司法活动中越俎代庖，更不赞成道德、情感等因素凌驾于法律之上，更不能一味按照个人的情感去解释法律。司法活动在任何时候都应当坚持"以事实为根据，以法律为准绳"的基本原则。意即，在全面推进依法治国的时代背景下，宪法和法律是一切社会主体的最高行为准则。

所谓"以事实为根据"，是指司法活动应当按照法律程序来查明事实，而不能被社会舆论混淆视听；舆论往往被不明真相的社会群体甚至个别心怀私情私利的人员所误导，因此，如果舆论反映的"事实"与司法机关查明的事实有出入，司法机关应当及时澄清。

所谓"以法律为准绳"，是指司法活动应当按照宪法和法律来作出裁判，而不能被舆论所绑架；如果司法结论不被部分群众所接受，司法机关也应及时与群众对话，依法公开相关信息，开展释法说理。

第三，法律、情理应"联袂出演"。全面推进依法治国，要求任何组织和个人都必须尊重宪法和法律权威，都必须在宪法和法律的范围内活动。宪法和法律无疑是司法活动的"主角"。同时，推进依法治国也要坚持从中国实际出发，坚持法治建设为了人民、依靠人民、造福人民、保护人民，司法活动就应当充分考虑民意、关心民情，力争司法裁判得到民众认可。

由此可见，司法活动不能自我封闭，让法律唱"独角戏"，而应给予情理恰当的角色，使其做好配合。司法活动应当严格依照法律进行，司法"产品"应当以法律作为基本的"生产标准"。在此基础上，需要以情理来检验司法产品是否合格。既合法又合理，方为一件合格的产品。

情理：电影《十二公民》里判断案件的依据

辨别黑白曲直，判断是非善恶，法律专业人士会主要运用法律、法理进行分析，而一般人都会自觉不自觉地运用情理。情理分析常常能得出正确的结论，因为法理与情理往往是相通的。

评判案件的一个重要标准就看是否合情合理，因为合情合理的行为一般也是合法的（这话不能反过来说"不合情不合理的行为就不合法"，因为法律是行为底线，有的行为不合情理，但不一定违法）。如此而言，情理分析的方法，或许法律专业人士也不会排斥。

从笔者有限的观影体验来看，将运用情理分析进行案件判断演绎得最直观、最生动的电影当属 2015 年徐昂导演的《十二公民》。这部电影与其说是在讲法律，不如说是在讲情理。

笔者越看越觉得电影非常深刻地反映了普通民众的情理标准和运用规律。

一、电影故事梗概

暑期，一所政法大学内，未通过英美法课程期末考试的学生进行补考。他们模拟的是英美法系国家的法庭，同学们分别担任法官、律师、检察官等角色，审理的是国内电视新闻不久前播出的一桩社会广泛关注的"20 岁河南籍富二代弑父案"。12 位学生家长组成"陪审团"。他们来自社会的不同阶层，有出租车司机、医生、房地产商、保安、助教、保险推销员等。他们在听取学生模拟的法庭审理后，将对本案作出最终判决。按照规则，不论是否定罪，12 人必须达成一致意见，才能结束审判。第一轮投票，11 人认定"富二代"有罪。这意味着，年轻的犯罪嫌疑人离"判死刑"只有一步之遥。但随着陪审团讨论的进行，疑点逐渐出现，所有的线索都被逐一分析。经过 7 轮投票，有罪和无罪的认定比从 11 比 1、10 比 2、8 比 4，形势慢慢转向，最终 12 名陪审团成员一致认为，"富二代"无罪。而新闻里的案件真凶，也在一个月后落网。

二、影响情理的四大因素

我们知道,"陪审团"组成人员大多不太懂法,虽然他们嘴里说着"合理怀疑"等法律专业术语,但更多的是结合自己认知的情理在思考和判断待决案件。那么在分析案件过程中,他们的情理标准是什么呢,或者说,主要受到哪些因素影响呢?笔者认为,至少有四个方面。

(一)从众心理

正常情况下,一个理性的人不会被众人的观点所左右,我们也不应当把"从众心理"作为影响情理判断的第一因素,但电影告诉我们,从众心理恰恰是影响我们理性判断的"首要杀手"。

在第一轮投票时,除了 8 号陪审员(何冰扮演的检察官),其余 11 人都投了有罪票,而且 10 号(张永强扮演的"老北京")和 7 号陪审员(钱波扮演的小卖部老板)立即指责 8 号说,"这就是中国""中国人不抱团"——他俩不但不反思自己的从众心理,还把"人云亦云"美其名曰"团结"。12 号陪审员(刘辉扮演的保险推销员)可以说最无主见,哪一方意见多自己就投哪一方,反复修改自己的意见,问其理由,几乎都是"不知道"。

如果说 12 号陪审员是因为知识和素养比较欠缺所以不得不从众,那么,知识和素养较高的人应该就不从众了吧?其实不然,例如 2 号陪审员(王刚扮演的数学教授)是一位有较高素养的知识分子,可是他不愿惹事,所以大家投有罪他就附和,大家投无罪他仍然附和。又如 6 号陪审员(李光复扮演的急诊科医生),也是有知识有教养的人,一开始却仍然随大众投了有罪票;后来受到 8 号陪审员的引导,结合其职业经历,基于"对生命的尊重"改投了无罪。

而第一轮投票后,在 8 号陪审员和另 11 名陪审员观点对立、谁也说服不了谁的情况下,8 号提出一个建议:自己弃权,但剩下的人要进行不记名投票。随后的投票过程中,8 号很紧张,他担心大家会一致投有罪票,孰知不记名投票的方式让从众心理得到一定缓解,立即出现了新的无罪票,使得讨论得以继续深入下去。由此可见,从众心理是多么普遍,多么"深入人心"。

(二)自身经历

自身经历应该是影响个人思考与分析的根本原因。例如 3 号陪审员(韩童生扮演的出租车司机），他儿子离家出走，老婆与之离婚，所以脾气不好，一看到"儿子弑父"这样字眼的新闻就想起自己的"逆子"，无法原谅，所以坚定地投了有罪票，而且一直以其个人感受干扰、引导其他陪审员，认为投无罪票的人都是在"替逆子捧臭脚"。最终在揭露了自己与儿子的争执经历、正视了自己的错误后，决定对儿子宽容，在这样的情感转变之下才改投无罪。

又如5号陪审员（高东平扮演的服刑出狱人员），他曾经被错判入狱，即便现在昭雪也无法正常生活，在众人眼里是"蹲过大牢的人"，对司法冤错有着切肤之痛。所以在争论过程中，结合自己的经历喊出了"（司法机关）万分之一的错误，对当事人就是百分之百的灾难"后，改变主意投了无罪。

再如9号陪审员（米铁增扮演的空巢老人），他曾经被打为"右派"，尝尽人间冷暖，在自己被批斗时，获得一位"批斗人员"的悄悄照顾，帮他把挂在胸前沉重的铁质牌子提了一提，安慰他"没事了，忍忍就过去了"，打消了他求死的念头，所以他决定在关键时刻为这个年轻的犯罪嫌疑人"站出来，说一句"。

作为老人，9号陪审员还十分理解关键证人的心态，陪审员们讨论"新闻中的老人为什么要说谎"时，他肯定地告诉大家，因为这个老人衣服破了、腿瘸了，平时被人冷落了，他太需要被重视、被倾听，一旦给了他对着摄像机说话和上电视、上报纸的机会，他可能就会为了引起大家的重视而说出一些吸引人眼球却违背事实的话。这是9号陪审员对关键证人的心理分析，也是对自身经历的最好注解，所以他在第二轮就改投了无罪。

（三）理性分析

这一点最重要但恰恰却是人们最不容易具备的。12名陪审员中，除了作为检察官的8号陪审员一直保持了理性分析外，其他人的理性分析都相对较少。

相较之下，1号陪审员（雷佳扮演的法学院助教）还有一定体现，他受过较高程度的法学教育，专业素养好。他一开始作出有罪认定是基于自己的理性，相信证据是确实充分的；但后来他看到8号和11号（班赞扮演的大学保安）等陪审员模拟新闻里那位老年证人起床、走到门口、打开锁的整个过程和2号陪审员（数学教授）精确计算出列车经过案发现场的时间和环境，他发现关键证人的证词可能有错，之前坚持的理性证据被现场的模拟分析推翻了，于是改变了主意改投无罪。

4号陪审员（赵春羊扮演的房地产商）也与之类似，一开始他对证据不持怀疑所以投了有罪票，但他同时表示"要摆事实讲道理"、"有兴趣认真研究一下案情"，后来他渐渐发现证据有问题，特别是结合自己眼睛近视、晚上睡觉不戴眼镜看不清东西，就推知案件中另一关键证人即同样眼睛近视的女证人在案发时不可能远距离看清现场情况，由此判断女证人的证言很可疑，所以他在倒数第二轮就改投了无罪票。

由此看来，我们虽然希望理性分析成为主流，但事实上能做到这一点十分不易。

（四）新闻舆论

新闻舆论对人们认识一起案件甚至认识一类人群都起着非常重要的作用，这从讨论一开始就表现出来了。

例如3号陪审员（出租车司机）和6号陪审员（急诊科医生），一开始发表意见就说，"电视上、网络上都说富二代杀人了"，所以就轻信了新闻报道，投了有罪票。

又如10号陪审员（"老北京"），有着"老北京"的自豪感，其实是一个素质不高的市井小民，歧视外地人。特别是新闻里介绍犯罪嫌疑人是"河南籍"，其生父是一个坐过牢的河南人，养父是一个河南籍暴发户，就更加坚信"有其父必有其子"，坚定地投了有罪票，为此还和河南籍保安即11号陪审员发生了不少争执。

再如7号陪审员（小卖部老板），处于社会底层，深知生活不易，觉得自己是劳苦人民，像4号陪审员（房地产商）那样的人都是"资本家"，并对之充满敌意，恰好本案犯罪嫌疑人是"富二代"，其基于仇富心理投了有罪票。

新闻舆论对人们认识问题的引导不仅体现在电影里，在生活中也很明显，如果立场正确，叙事客观，则会正面引导；但若新闻材料失实，舆论失之理性，其误导的作用也很明显。所以，新闻舆论是一把双刃剑，其刺破黑暗、揭露真相与先声夺人、毁及无辜的能力都非常强。

当然，若全面分析，不止上述四个方面的因素，在此仅选取最突出之处，推而观之民众在运用情理分析案件时大致的思维模式。《十二公民》选取的12位陪审员很有代表性，不同性格、不同知识结构、不同人生阅历的人基本上都可以在里面找到自己的影子。若硬要找点缺憾的话，笔者觉得，如此激烈的争论场合竟没有一位女性参与，似乎少了些味道，也忽略了女性情理的展现。不过，瑕不掩瑜，人的情理总体是相通的，没有必要一定用性别来区别。

三、电影给我们的启示

陪审员讨论结束，结局圆满，但过程实在是非常艰难。这起看似简单的案子，很多陪审员都以为仅需一轮投票就可以一致通过，所以一开始并没有讨论，听完模拟庭审就直接投票。不料后来却非常激烈、非常紧张地讨论了一个多小时，中途5号陪审员（刑满出狱人员）还建议延长时间，什么原因呢？

笔者认为，要分前后两个阶段来看：前半段的讨论（大约半个小时）是逐步发现问题、剖析疑点的过程，每个人的心里都没有答案，所以很有必要讨论。而后半段的讨论（近一个小时），其实很多人心里已经有答案了，但碍于此前投了有罪票，要自己纠正自己的错误，实在是很难，比如3号陪审员（出租车司机），干脆躺在长椅上，声称，"今晚就住这儿了"，"就这么耗着"。只有少数人能有4号陪审员（房地产商）的认识和心态，真诚表示"向真理低头是幸福的事"，一旦被说服了，就大大方方地承认错误修正观点。

自我纠正尽管很难，但经过深入细致的分析、争论乃至几近"动粗"，每个人内心深处的情感都得到充分释放，每个人都道出了自己生活和家庭的辛酸，大家都相互体谅了彼此的不易，在得到尊重和体谅的情况下，一步一步走出了困境，消除了分歧，达成了统一。

如此看来，我们判断案件除了用好法理，还可以充分运用情理。不论是普通民众，还是办案人员，情理标准总体是相通的，只要我们不被自己的弱点所干扰，消除偏见，避免固执，保持冷静清醒的头脑，进行独立的思考和判断，黑白曲直、是非善恶在情理面前一定能够得到公平的衡量和判断。

真心期望，我们的情理在判断案件过程中切实发挥积极的、正面的作用。

起诉书语言应当传递怎样的司法理念[①]

起诉书[②]是人民检察院认为被告人的行为已经构成犯罪，依法应当追究其刑事责任，代表国家向人民法院提起公诉、将被告人交付法庭审判时所制作的法定文书。

虽然最高人民检察院在不同时期都发布了起诉书的规范样本[③]，检察官套用固定的格式，把法律事实的时间、地点、人物、结果等基本要素交代清楚即可。但是作为最重要的诉讼文书，起诉书具有启动审判程序（程序启动）、确定法院调查和审理范围（限定范围）、保障被告人知情及获得辩护（提供讯息）等重要功能，其所使用的语言和观点代表的是国家立场，不同历史时期起诉书的语言特点折射出当时的刑事司法理念。

以某县检察院1980年以来的起诉书为例，起诉书主要部分的关键性语言不断改进，从风格各异到趋于统一，从重阐述犯罪事实、轻反映办案程序到事实与程序并重，从重打击、轻保护到注重保护被告人和其他诉讼参与人权利等，反映出刑事司法理念逐渐走向理性与文明的嬗变过程。

一、起诉书语言发展的四个时段

以某县人民检察院1980年[④]以来起诉书语言变化情况为参考，可以看出

[①] 本文系与时任四川省高级人民法院助理审判员、西南民族大学法学博士王杰合著。四川省邻水县人民检察院检察官魏巍对本文提供了收集研究资料等帮助。原文以《起诉书语言背后的刑事司法理念嬗变》为题发表于《海南师范大学学报（社会科学版）》2013年第10期，本书收录时有增改。

[②] 本文所称"起诉书"仅指针对自然人犯罪的起诉书。

[③] 1998年，最高人民检察院颁布了《人民检察院刑事诉讼法律文书格式》（样式八十即关于起诉书的制作样式规定），以适应修改了的《刑事诉讼法》；2002年，启用起诉书新格式，包括普通程序案件、单位犯罪案件、简易程序案件、附带民事诉讼案件等4种，并录入2008年《国家公诉人办案规范手册》；2012年及以后，结合刑诉法的修改，高检院对包括起诉书在内的各类法律文书及时进行了修改或新增，目前广泛使用的是2020年1月发布的《人民检察院刑事诉讼法律文书格式样本（2020版）》。

[④] 各级检察机关陆续建立于1954年《宪法》颁布后，"文革"期间停止办公，1978年后陆续恢复重建，部分地方检察机关恢复办公时间相对滞后，故从1980年之后才有可查阅的资料。

刑事司法理念不断走向理性、文明。根据《刑事诉讼法》的制定和实施过程，结合国家法治发展进程，以约10年为一个阶段，可以将起诉书语言发展变化大体上划分为1990年及以前、1991—2001年、2002—2012年、2013年至今四个时间段，经对比可见明显的变化。

总的来看，第一阶段（1990年及以前），各地检察机关起诉书语言风格差异较大，地域语言习惯、特点十分鲜明。同时，亦有政治色彩语言、革命色彩语言较多，偏重描述犯罪事实、忽略记载办案程序等共性。

第二阶段（1991—2001年），随着法治的推进，刑事司法理论和实务观念都发生了显著变化，起诉书语言从风格各异走向初步统一，法言法语逐步取代政治色彩、革命色彩语言，开始注重反映办案程序和对被告人采取强制措施等情况。尤其是1996年《刑事诉讼法》修改中关于"无罪推定"等司法理念的确立，以及1998年最高人民检察院起诉书试行样本的颁布，促使起诉书语言步入规范化。

第三阶段（2002—2012年），随着2002年最高人民检察院颁布起诉书正式样本，起诉书语言更趋理性、客观，通过详细反映办案程序和羁押情况以保障犯罪嫌疑人、被告人及其他诉讼参与人合法权利，更加注重保护证人、被害人等个人信息及隐私。

第四阶段（2013年至今），《刑事诉讼法》再次经历了修改，特别是认罪认罚从宽制度从试点到写入《刑事诉讼法》，最高人民检察院及时下发了新的起诉书样本，对被告人身份信息表述更为详细，更加注意听取被害人等各方诉讼参与人意见，特别新增了被告人是否认罪认罚、具结书签署情况、提出相应量刑建议和审理程序建议等重要内容，这些修改契合了新时代检察机关的司法理念，也促使起诉书语言日益改进和完善。

二、起诉书正文语言发展的特点

具体来看，起诉书正文几个主要部分的关键性语言在不同时期呈现出不同特点，鲜明地反映了不同时期的司法理念。

（一）对涉案人员身份表述由简到精，逐渐注重保护诉讼参与人权利

第一，对被告人的身份信息表述日趋精确。1990年以前，制作起诉书多依靠检察官之间的"传、帮、带"，同一区域同一层级不同检察院的起诉书

语言风格各异。总体上看，这一时期的起诉书对被告人的基本身份信息主要载明了姓名（包括绰号）、性别、年龄、民族、文化程度、家庭成分（限部分起诉书）、住址、职业及前科等。如："被告人：周××，男，29岁，汉族，小学文化，家庭贫农，个人农民，系××省××县××公社十大队二生产队人。无前科。"①其中有多项信息较为模糊，如起诉书载明被告人被起诉时年龄，这既不能直接反映作案时年龄，也可能随着诉讼的进行发生变化。由于没有载明身份证号码，人员信息竞合的概率也可能增加。"家庭成分"出现在起诉书中，反映出了浓厚的政治色彩。

1991—2001年的起诉书对被告人身份信息趋于详细，在1998年最高人民检察院颁布起诉书试行样本后更为明显。2002年后，起诉书对被告人身份信息力求精确，一般均载明出生时间和身份证号码，大大提高了被告人信息的精准性，同时对"家庭成分"这一历史遗留信息予以摒弃。

笔者认为，对被告人的身份信息表述过于详细也带来两点弊端：一是被告人身份信息过于详尽，使起诉书表述略显烦琐；二是载明被告人的小名、绰号等信息，不利于保护被告人隐私，因为很多案情与其绰号无任何关系。2013年的起诉书样本在被告人身份信息部分还新增了"出生地和户籍地"，虽有利于更加准确地记载被告人信息，然而另一方面，亦可能会对被告人的家乡名誉、家人住址隐私保护产生不利影响。因此，起诉书表述被告人身份信息应繁简得当，在现有基础上，可省略绰号、小名、出生地和户籍地等与案件无关的信息。

第二，对被告人前科的指控更显客观。1990年以前，起诉书一般在被告人身份信息部分表述前科情况，但并不阐明认定前科的事实依据和法律依据。如："被告人熊××，男，现年35岁，汉族，初小文化，××县××公社三大队七队人，有前科，系累犯。"②显然，在被告人基本信息中直接使用"有前科，系累犯"这样的模糊性语言表述是欠妥的，到底是什么样的"前科"，为什么就构成"累犯"了？信息反映很不完整。

1991—2001年，对被告人的前科情况逐步改进为客观载明何时、因何事、被处以何种处罚及刑满释放或假释时间，起诉书中往往结合法律规定提出被告人是否构成累犯的观点，表述趋于明确、客观。2002年正式颁布起诉书样本后，这一表述规范得以正式确定。这样更符合起诉的职能属性，有利于保

---

① 引自某县人民检察院起诉书，（80）检经字第1号。
② 引自某县人民检察院起诉书，（81）检诉字第60号。

障被告人的权利。

1980年至今的起诉书都将查明的被告人全部前科均予写入,分别作为累犯或其他酌定量刑情节。2013年起诉书样本要求写明被告人"曾受到刑事处罚以及与本案定罪量刑相关的行政处罚的情况"。有学者提出,过多记载被告人的信息会让法官产生不合理预断等负面作用。

笔者认为,结合刑诉法修改和2020年起诉书样本要求,对于不影响定罪量刑的行政处罚前科和应当封存的刑事处罚前科(根据《刑事诉讼法》第286条应该封存的犯罪记录),不应写入起诉书;影响定罪量刑的前科则应写入(根据"两高三部"① 2022年5月发布的《关于未成年人犯罪记录封存的实施办法》,"被封存犯罪记录的未成年人,成年后又故意犯罪的,人民法院在裁判文书中载明其之前的犯罪记录",此种情况,起诉书也应载明为宜),且先写影响定罪的前科(一般是行政处罚前科),再写影响量刑的前科(累犯、再犯等)。

第三,更加注重保护被害人、证人等的身份信息。起诉书一般是需要公开的法律文书,对于公开开庭审判的案件,起诉书的内容经当庭宣读,让被告人和旁听群众知晓。若措辞不当,可能造成被害人、证人等其他诉讼参与人隐私等信息泄露而给他们带来负面影响。例如1981年某拐卖人口案②起诉书:"被告人刘××于1980年12月以欺骗手段将我县××公社××大队女青年熊××(17岁)拐骗到河南省××县××公社,以650元身价卖与史××同居;……先后将××县××公社××大队女青年张××(17岁)和谢××(17岁)拐卖到河南省××县××公社分别卖与该社郭××、杨××同居。"(原文均为真实姓名和翔实地点)该起诉书对三名被害人的姓名、住址等身份信息详细载明,能够达到指控更加准确的目的。但在乡土社会文化氛围下,会对这3名未成年女性的成长和婚姻造成不良影响。

虽然1998年和2002年两个起诉书样本均没有对载明被害人、证人等身份信息作出规定,但是随着民众的权利意识不断增强和司法人员办案理念的跟进,2002年以来的起诉书对涉及被害人、证人的隐私(特别是未成年人身份信息)的表述日趋谨慎,并逐步隐化了未成年人和涉及隐私的被害人的真实姓名。

---

① 本书所称"两高三部"均指最高人民法院、最高人民检察院、公安部、国家安全部和司法部。
② 1979年《刑法》第141条规定了拐卖人口罪;1997年《刑法》第240条规定为拐卖妇女、儿童罪。

从起诉书语言对涉案人员身份情况表述从简到精、对被告人前科指控从先入为主到客观表述，逐步注重保护相关诉讼参与人身份信息等可以看出，司法理念逐步走向精细、客观和注重保障诉讼参与人的合法权益。

（二）对办案过程表述日益严谨，逐渐强化对办案程序的审查

第一，侦、捕、诉时间记载更详细，逐步杜绝超期羁押。1990年以前的起诉书大多没有载明刑事拘留、逮捕和移送审查起诉的具体时间，1998年颁布的起诉书样本要求反映案件来源但忽略了其他环节。司法实践中起诉书对审查经过的表述如："上列被告因非法拘禁一案，经我院侦查终结，证明其犯罪事实如下：……"① 又如："上列被告因盗窃一案，经我院批准，由××县公安局于1983年9月10日依法逮捕，经预审终结移送我院起诉，其犯罪事实如下：……"② 这两份起诉书代表了当时司法实践中起诉书的基本面貌，未写明案件被告人被采取强制措施的具体时间和侦、捕、诉环节的办案期间，不能显示是否超期羁押，反映出当时对办案时限的监督不力和对被羁押人员权益保护不力。

1991年前后至2001年，司法实践已逐步认识到该问题的重要性，在起诉书中逐步载明刑事拘留（20世纪80年代至90年代初还载明有"收容审查"）、逮捕、起诉几个诉讼环节及时间。2002年起诉书样本施行后，明确要求写明刑事拘留、逮捕、移送审查起诉三个重要环节的具体时间。审查起诉期间有改变管辖、延长审限和退回补充侦查等情况的，也要求写明。使得整个案件诉讼程序及被告人被采取强制措施等信息一目了然，有效防止了超期羁押。

第二，当事人诉讼权利得到保护，程序公正得到加强。1990年之前的起诉书中，均未载明受理审查起诉后向犯罪嫌疑人告知诉讼权利、讯问被告人、听取被害人或其近亲属意见的情况。反映出在当时的司法环境下，被告人的辩护权、案件双方当事人的知情权等合法权利未得到有效保护。

1991—2001年，这一现象已逐步有所改观，而1998年、2002年两次颁行起诉书样本均要求将审查起诉环节工作情况载入起诉书，办案人员对权利告知、听取当事人及其辩护人、诉讼代理人意见等司法程序更加注重。2013年起诉书要求审查起诉环节听取当事人意见的顺序，由原来的"被害人的诉

---

① 引自某县人民检察院起诉书，（84）邻检法字第4号。
② 引自某县人民检察院起诉书，（83）检诉字第110号。

讼代理人、辩护人",调整增加为"辩护人、被害人及其诉讼代理人"。

笔者认为,此规定是刑诉法注重加强辩护权的表现,而强化辩护权正是推动司法进步的必须。同时,要求司法机关做到案结、事了、人和的时代背景下,对起诉书的内容作如此规定,有利于促进检察机关严格按照法律规定办案,认真听取各方当事人意见,保障其诉讼权利。起诉书语言从"重事实描述轻反映程序"到"事实与程序并重"、从"闭门办案"到注重听取被害人及其代理人意见、被告人及其辩护人意见,反映出司法理念走向实体与程序并重、打击犯罪与权利保障并重。

(三)对案件事实与证据表述更趋客观,更加注重客观、理性指控

第一,对案件事实的客观阐述逐渐取代有罪推定。1990年以前,对案件事实部分的叙述均以"查明其犯罪事实如下"、"犯有如下罪行"作为开头。案件事实在未经法庭审理前就被冠之以"罪行"、"犯罪事实"等定罪意味的字样,给人一种"有罪推定"的印象。

1991—2001年已经有个别起诉书不用或很少用类似语言。而随着"无罪推定"的理念法定化,起诉书逐步以"经依法审查查明"取代了前述表述方式成为案件事实部分的开头,体现出讲事实、讲证据的司法理性。比较刑事判决书对案件事实分述为"公诉机关指控的事实……"和"经依法审理查明的事实……",笔者认为,为与之相对应,体现起诉书指控事实仅属控方观点,可将事实部分开头语写为"经本院依法审查查明"。

第二,法律语言逐渐取代其他感性语言。作为国家指控犯罪的法律文书,起诉书对被告人犯罪行为的措辞往往多用贬义词以表明贬斥否定的立场,这样的"春秋笔法"本无可厚非,但1990年之前和1991—2001年期间的起诉书中,检察官个人感性语言痕迹十分明显。如:"被告人刘××勾结谭××盗走水牛一头","二被告人共谋盗窃并串联邹××同去作案"。"勾结""串联"这样的用语显然是特殊年代的"遗产"。又如:"被告胆敢藐视国法……","经多次教育不改,实属情节严重"。这样的表述,明显掺杂了检察官强烈的主观情感,指控立场失于理性。

笔者认为,疾恶如仇是检察官应有的宝贵品质,但是在起诉书的措辞应立足公正、回归理性,用尽量客观、平和的语言阐明案件事实,用法言法语表述犯罪构成与量刑情节,才能被各方当事人及广大群众所接受,才能经得起监督和检验。而这一点,最高人民检察院无法在起诉书样本中进行规定,

主要依靠检察官在司法实践中不断加强职业修养，尽量用规范的表述取代感性的语言。从实践中看，2002年至今的起诉书语言在这一点上已经大为改观。

第三，证据的表述更显规范。1997年之前，起诉时一并移送侦查卷宗。相应地，有的起诉书直接省略了对证据的阐述，也有的采取"笼统式"表述。如多份起诉书有这样的语言："本案事实清楚，证据确实充分，被告均供认不讳"。这样的表述既显得过于草率，也忽略了被告人在庭审中翻供的可能。

在1998年颁布起诉书样本前，司法实践中已经意识到了这个问题并在探索中逐步改进。2002年颁布起诉书样本后，要求写明主要证据的名称、种类。司法实践中，起诉书对证据的表述亦逐步注重结合案件的主要事实，按照证据的种类进行罗列，并注意形成逻辑上的证据体系，便于被告人和辩护人在证据信息基本平等的条件下进行辩护。

需要注意的是，1998年、2002年起诉书样本均规定"不必对证据与事实、证据与证据之间的关系进行具体的分析、论证"，支持与反对的观点并存。2013年虽然恢复了起诉时移送案卷，但起诉书仍要求针对指控的犯罪事实"分别列举证据"。

笔者认为，起诉书中应当写明的"主要证据"是指对定罪量刑有重要影响或起决定性作用的证据。完全没有必要在起诉书中对证据进行分析论证，一则显得起诉书累赘，二则显得在庭审前先入为主，三则因过早暴露控方思路而不具有可行性。

起诉书语言从"有罪推定"到"无罪推定"，从感性用语到理性措辞，从笼统的证据概述到分类列举，反映出司法理念走向客观、理性和规范。

（四）起诉的要求和根据严格依法，逐步得到规范和统一

第一，起诉的要求以"请依法判处"取代"请依法惩处"。1990年之前及1991—2001年间，起诉书在起诉的要求部分措辞多为"请依法惩处"，1998年开始逐步修正为"请依法判处"。二者虽仅一字之差，但含义却大相径庭。"惩处"指被告人已经被认定有罪，交付惩罚处理；"判处"指将被告人交付法院审判，并依法处理。

从"请依法惩处"到"请依法判处"，体现了公诉机关从先入为主、直接认定犯罪，到在阐明事实的基础上表达有罪观点的转变。笔者认为，这一转变，反映出检察机关回归客观、理性指控犯罪的立场，体现了公诉权的"求刑"属性。可以说，语言措辞一小步，司法理念一大步。

第二,逐渐以法律作为起诉的唯一根据。对于起诉的根据,1990年以前及1991—2001年间的起诉书表述不一,政治性、政策性、法律性、主观臆断性语言交替出现。如某盗窃案:"我院为打击一切刑事犯罪分子的破坏活动,维护社会治安秩序,保护国家、集体和公民的合法财产不受侵犯,特向你院提起公诉……"①某滥伐森林案:"为了张扬法制,维护森林管理法规,保护森林资源……提起公诉。"②且1990年前后数年的起诉书,多用"为维护社会治安秩序"作为起诉根据,这反映了当时刑法将打击犯罪、维护社会治安秩序作为首要的、紧迫的任务。

笔者认为,起诉书如此阐述起诉依据,显得不严谨,过分夸大刑罚的时政工具意义,弱化了法治意义。历经1998年、2002年两次颁布起诉书样本后,实践中起诉根据的表述逐步规范为:被告人的行为,侵犯了何种客体,触犯了《刑法》的何种规定,应当以何种罪追究刑事责任。根据《刑事诉讼法》第141条(现行《刑事诉讼法》第176条第一款)之规定,提起公诉……这样的表述严格以《刑法》和《刑事诉讼法》为依据,在形式上有了很大的进步。

起诉书语言用请求"判处"取代"惩处",用法律根据取代其他政治性、政策性根据,体现司法的"法治理念"逐步深入,司法规范和司法文明得到加强。

(五)当事人双方意愿充分体现,"协商性"司法逐步显现

这主要得益于认罪认罚从宽制度的有效试点、及时"入法"和全面深入推行。起诉书中写明办案过程中是否告知被告人认罪认罚可能导致的法律后果、听取辩护人(值班律师)和被害人的意见情况、被告人同意适用何种程序审理以及量刑建议内容。而写明这些内容的前提是检察官的大量基础性工作,至少从两个方面体现了"协商性"司法在实践中得到实施。

第一,当事人双方的协商。被告人是否认罪认罚,是否赔礼道歉或赔偿被害人损失;被害人是否谅解,是否获得赔偿等信息得以在起诉书中充分体现。司法机关不仅要关注如何依法惩处犯罪行为,追究被告人刑事责任,还要充分关注因犯罪破坏的社会关系是否得到修复,当事人的矛盾是否得到化解。对于符合刑事和解条件的案件,检察官还有责任积极促成和解。检察官的角色,

---

① 引自某县人民检察院起诉书,(82)检诉字第46号。
② 引自某县人民检察院起诉书,(85)检林字第3号。

既是一个严肃的执法者,也是一个用心的调解人。

第二,被告人与检察机关的协商。被告人认罪认罚,承认检察机关指控的事实和罪名,愿意接受处罚,可以在量刑上得到从宽,这是认罪认罚从宽制度的基本要义。

被告人认罪认罚的前提下,检察官和被告人可以就量刑和审理程序开展协商,值班律师或者辩护人应当见证和参与,最终的结果包括主刑、附加刑、刑罚的执行方式等量刑建议的全部内容和审理程序建议都需要在起诉书中全面体现。

协商性司法既有利于促使被告人认罪悔罪,也有利于减少被告人与司法机关的对抗,促进诉讼顺利进行和罪犯后期改造。

三、起诉书语言发展展望

起诉书语言的运用,不单纯是文字问题,也是严肃的法律问题,它涉及指控犯罪的效果、被告人及其他诉讼参与人权利的保障乃至司法理念的进步。在执行最高人民检察院文书格式规定的基础上,应进一步完善起诉书语言,充分体现新时代刑事司法理念。

第一,以更高的标准把握起诉书语言。笔者认为,从不同角度审视起诉书语言,可能会有不同要求,但究其要点,离不开三个方面:一是精准。无论是被告人身份、诉讼程序、指控事实、指控依据和要求,都应以精准为要,言简意赅,清楚明了。二是理性。我们需要带着感情办案,对被害人的遭遇和痛苦感同身受,同时又坚持检察官的理性,用客观的语言描述事实,用公正的语言阐释情理法,通过起诉书传递司法理性,帮助当事人回归理性。三要规范。规范使用法言法语,注意语言的逻辑严谨、表达规范,既体现起诉书总体风格一致,又恰当展现公诉人的语言特点。

第二,加强公诉人语言修养以增强起诉书语言效果。作为代表国家指控犯罪的公诉人,应当具有重视公诉语言的意识。有学者认为,要用"合不合法""合不合适""好不好懂""利不利于反映案件事实"来衡量法庭语言是否规范,笔者认为这是可取的。

起诉书应当尽量以朴实、简明的语言将案件事实和诉讼过程阐述清楚,让具备基本文化水平的被告人和人民群众都能知晓文中之意。检察机关可以定期开展包括起诉书语言在内的公诉人语言培训,并将之作为公诉人业务考核的重要组成部分，促进公诉人员不断加强公诉人语言修养，以增强起诉书语言效果。

第三，制作起诉书严谨细致，严格把好语言关。公诉人在每一次制作起诉书时，都应严谨细致，严格把好语言关。一是正确借鉴。从办案实务来看，公诉人在制作起诉书时往往习惯引用侦查（调查）机关的起诉意见书，但有的起诉意见书语言往往较为粗糙，不宜照搬，公诉人在借鉴时要仔细甄别，取其精华。二是严格审核。实践中制作起诉书的程序一般是由承办检察官起草、部门负责人或主诉检察官审改，分管检察长审定。随着员额检察官办案责任制全面落实，各地检察机关逐步放权于检察官，很多起诉书改由承办员额检察官签发。

笔者认为，对起诉书语言的审核责任应当前置，即起草人（可能是检察辅助人员）应当在认真起草、仔细推敲用语的基础上提交相关检察官审核。审核人除了把握事实、罪名、量刑建议等基本要素外，还应着重把握起诉书语言文风的规范、统一，使同一检察机关的起诉书在语言风格上保持一致。

综上，新的时代对司法工作提出了更高要求，检察官应内心树立现代刑事司法理念，具备较高的语言修养，始终站在客观公正的立场，用精准、理性、规范的语言，准确指控犯罪，展现高水平、高素能。

第二章
检察官的初心
——司法为民

检察官如何思考： 从办案实践到司法理念

    翻开建党以来的检察史，可知检察官的初心和使命与党的初心和使命是相一致的。

    1931年11月7日至20日，中华苏维埃第一次全国代表大会在江西瑞金召开，成立了中华苏维埃共和国临时中央政府，确立了包括人民检察制度在内的人民司法制度，标志着人民检察事业扬帆起航。

    在此之前，1931年7月鄂豫皖苏区革命法庭设立的"国家公诉员"和"国家公诉处"，是人民检察史上最早的专职检察人员和专门检察机构。1932年6月，中华苏维埃共和国建立临时司法机关——裁判部，确立了检察制度，通过的《裁判部的暂行组织及裁判条例》明确了检察员的设置。

    工农民主政权下的检察制度在战争年代的特殊环境下摸索前进，这一时期检察机关的主要任务是管理刑事案件的预审、提起公诉和出庭支持公诉，集中精力打击危害革命的反革命分子，从而服务革命根据地建设和发展，保障根据地生产生活安定有序。①

    时光走过90年，世情在变，国情在变，社会在变，但检察官司法为民的初心一刻不曾变。你办的案件只是一个个案子，还是别人的人生？检察官办案只是按照司法程序进行流水线操作，还是审慎对待每一个当事人，把办案当作维护民生、为民谋幸福的重要方式？这是值得我们深思的问题，问题的答案，也正是需要每一名检察官认真践行的使命。

    捕与不捕，诉与不诉，一念之间，可能带来一个人、一家人甚至几代人生活的转折，能不能在群情激奋之中保持冷静，能不能在各种压力下保持公正？这需要责任和担当。能不能正确面对风险依法指控，能不能在证据非常薄弱的情况下竭尽全力将犯罪分子绳之以法？这需要智慧和勇气。

    为了更好地行使检察权，新的时期有很多新的任务。比如，为了提升办案效率，挤掉办案时间里的"水分"，避免程序空转，我们需要切实优化"案—件比"。既要防止办案拖沓，又要防止片面求快，切实保障当事人合法权益，提升办案质量。

    又如，随着监察体制改革深入推进，我们需要加强与监察机关协作、配合与制约，特别是针对职务犯罪案件的一些办案分歧，检察官的观点、理念要不断向调查人员灌输，争取得到认可，在更广范围、更深层次形成共识，更加精准有力打击职务犯罪。

    再如，认罪认罚从宽制度写入《刑事诉讼法》已经4年多，其效果是积极的、明显的，产生的影响是非常巨大的，但面临的问题也不少，如何进一步完善，使制度发挥更大、更好的价值，值得我们继续探索。

---

① 本文涉及工农民主政权下的检察制度相关内容主要参见何勤华主编《检察制度史》，370～373页，北京，中国检察出版社，2009。

第二章　检察官的初心——司法为民

办案办的是人生，也是民生

"你办的不是案子，而是别人的人生。"① 这句话感动了很多人。检察官以什么态度面对案子，仅仅把案子当作诉讼程序的案件，还是别人的人生？不同的认识体现了不同的司法理念，也必将带来完全不同的司法效果。

笔者写这样的标题，无意狗尾续貂，而是结合办案经历谈一些体会，特别是针对办理命案所接触到的特殊的人和事，更加深刻地感受到，"案子"里面有"别人的人生"，如何看待命案，如何处理命案，值得深思。

笔者从 2011 年在市检察院工作期间开始参与办理命案，数年间共办理二十余起。这些命案中既有因情感纠葛、琐事纠纷引发的激情杀人或故意伤害致死，也有蓄意的投毒、纠集众人的斗殴、情节残忍的谋财害命，等等。二十余条生命就在这一起起或简单或复杂、或偶然或必然的事件中逝去，留给我们办案人员的是一本本厚重的案卷，以及当事人亲属那一张张刻满悲伤、焦急、仇恨的脸。

与办理其他案件不同的是，接待当事人是每一起命案的必经环节。有时我们会主动找到双方当事人听取意见，也有很多时候，没等我们把案卷看完，当事人就已找上门来，特别是被害人的亲属，可能三番五次来找办案人员。毫不隐讳地说，初参加工作那几年，人年轻、没经验，我曾经是很怕"麻烦"的，我很希望当事人按照法律所设计的程序参加诉讼，等待司法机关给出结果，一切都依法进行。

然而，事实上这不可能。

如何看待和处理命案，结合这些年的经历，我想，总体上需要注意三个方面的问题。

第一，办理命案首先需要换位思考。对于办案人员来说，一起命案可能只是卷宗柜里那层层叠叠的冰山一角，但对于当事人而言，或许就是他们的全部。不论是丈夫、妻子、父母、儿女被害，或是入狱，对于家人来说，都

---

① 刘哲：《你办的不是案子，而是别人的人生》，北京，清华大学出版社，2019。

是天大的事，若是发生在我们身上，也会有同样的感受和反应——当然，这并不是说要忽略法律人应有的理性。所以，每当我接收一起命案，都感觉是在接触一条生命、两方亲人、两个甚至多个家庭，那一份厚重感，如牛负犁，轻重自知。

第二，接待当事人最需要说情讲理。笔者接触到的命案绝大多数发生在农村，村民们有的不懂法，有的懂点法，不得不承认的事实是——相当一部分人还不完全信法。所以，直接"释法"往往事倍功半。但不论什么样的当事人，都是通人情、讲道理的，如果将法律法规用说情讲理的方式与当事人交流，往往更容易被接受。

例如，在一起犯罪嫌疑人因防卫过当致人死亡案件中，被害人家属情绪很激动，强烈要求"杀人偿命"。办案人员在充分听取意见后对被害人的父亲说："您的儿子去世了，我们也很难过，您的要求也有一定道理，但是您想一想，这个案子起因是您的儿子叫了五六个人无端砸对方的车，对方才动手的。换做是您的车被一帮人砸了，您还击时致对方死亡，您觉得'偿命'合适吗？"当此之时，当事人的态度立即平和了许多，而该案最终双方达成了赔偿协议，被害方的损失得到一定程度的弥补，被告人获得了轻判。

第三，化解矛盾、促进和谐是办理命案、服务民生的重要追求。这一认识是对笔者学生时代和工作之初"自定义"的、绝对的"公平理念"的颠覆。如今看来，法律意义上的公平应是一个"底线公平"或"原则公平"，每个刑事案件所适用的刑罚标准在原则上应当一致，但应因事前的动机、事中的手段以及事后对犯罪行为所破坏的社会关系的修复程度不同而应有所区别。

所谓"同案同判"是相对的，而非绝对的，世界上没有两片完全相同的树叶，也很难有绝对意义上的"同案"。例如同样是命案，有的因矛盾激化，发展为两家人的积怨，甚至几代人的世仇；也有的认罪悔罪，求得谅解，双方的矛盾得以缓和，甚至化干戈为玉帛。对于后者的量刑，应当给予法律原则内的宽缓，作为办案人员，我们也有责任推动案件朝后者发展。否则矛盾越来越激化、冲突越来越剧烈，社会稳定的风险增加，倒过来看我们的办案过程，可能程序、实体都"合法"，但却完全没有达到应有的效果。

最高人民法院胡云腾法官在文章中也谈到这样一个案例[①]：被告人李某与被害人杨某因琐事而发生争斗，致杨某伤重死亡，李、杨二人均为家中独子

---

① 胡云腾：《执法办案如何做到法理情兼顾》，载《法律适用》，2020（17）。

且刚成年。本案在原审过程中，被告方表示愿意赔偿并希望从轻判处，但由于双方未能谈妥赔偿数额，被害方拒不谅解，并要求从重判处。一审、二审法院没有努力做好刑附民的调解工作，最后将被告人李某判处死刑缓期二年执行而结案。案子虽然了结，但由于被害方经济十分困难又未得到赔偿，拒绝将被害人尸体火化。同时，被告方认为，两人系在打架中致人死亡的，判处死缓，确实量刑过重。所以，双方都坚持申诉上访多年，如何解决，成为一大难题。

最高人民法院第二巡回法庭受理申诉后，经审查并发回下级法院再审。办案法官着重从天理国法人情角度做双方工作，促使两家达成和解协议，被害方表示谅解，也获得了满意赔偿，主动请求法院对被告人从轻处罚。在此情况下，法院再审考虑到双方当事人因争夺健身器材发生冲突，被害人系在相互争斗过程中不幸致死，被告人认罪悔罪且其家人尽力赔偿了被害方的损失，遂从轻判处被告人15年有期徒刑。宣判后，诉讼双方包括案发地的基层组织和群众都对再审判决表示满意。被害人父母、被告人父亲和岳父先后来到原审法院和第二巡回法庭，送上感谢锦旗。

此案虽然重点从法院审判角度进行分析，但诉讼过程都有检察院参与，所以同样值得我们思考和借鉴。原审和再审完全不同的法律效果和社会效果充分说明，办理命案，必须根据案件的具体情况和当事人双方的具体诉求，综合考虑各种因素，入情入理做好矛盾化解工作，绝不能简单以"合法"作为处理标尺。

当然，从一线办案实践来说，要做到每一起案件处理都风平浪静，难度是非常大的。笔者这些年办理命案过程中，花费了很大精力来释法说理化解矛盾，有经验也有教训，有人表示感激也有人不尽满意。从个人经历和同事们办理的成功案例来看，或可从三个方面来努力。

一是主动"走出去"。走出"衙门"办案，到一线，到农村，到当事人所在社区、家里听取意见、了解情况，这既有利于我们更加充分了解涉案人的家庭背景和相关案情，也避免当事人四处奔波或碰壁产生对司法机关和办案人员的抵触情绪。

中国是个人情社会，越到区县、乡（街道）、村（社区），"人情味"越浓。一旦发生刑事案件，很多当事人都会考虑"找关系、托熟人"。如果自己一时半会儿没找着"关系"，心里就会慌，就觉得对方肯定找了关系，司法机关肯定会给予照顾，案子也肯定会朝着有利于对方的方向去办了。我们要把握当事人的心理，主动跟他们取得联系，听取他们的意见，让他们觉得司法机关是值得信任的，法律是值得信任的。

或者说得更务实一点，对于基层普通群众而言，很多人是没有什么"门路"的。司法机关主动联系他们，他们觉得自己是受重视的，脸上会觉得有面儿，心里会觉得踏实。司法机关后面有什么情况需要与其沟通、解释，工作开展起来也会顺利得多。

特别是针对命案存疑不起诉或依法轻判，而当事人一方提出无理要求时（例如要求对存疑的案件提起公诉、对轻判的案件提出抗诉），检察官可以主动到其村里、社区里释法说理。若有必要，可以举行"院坝会"或公开听证，请当地人大代表、政协委员、村（居）委干部和相关群众代表参加。目的是让大家都明白检察机关是怎样审查案件的，为什么会作出这样的决定，争取得到最广大群众的支持。后续的舆论风险、信访压力等也会小得多，其他工作的开展也会顺利得多。

二是热情相迎，热茶相待。当事人或其近亲属到检察院来了，我们就要热情接待，"请坐""请喝茶"等基本的接待礼节不能少。很多当事人既然选择来检察院反映情况，说明其对检察院是心存信任和依靠的。

不论情绪多么激动、态度多么坚决的当事人，只要我们用真心真情相待，哪怕是冰山也会融化一些，或至少不会让矛盾更加激化，能减少对立和冲突，这对检察官自身保护也是有益无害的。常常听到当事人议论："前几天找到某某工作人员，态度爱理不理，说话不冷不热，看着都来气；今天找这个工作人员，待人很客气，问啥都解释得很明白，虽然结果是一样的，但人家那态度让人觉得心里舒服，我也不好意思再去给人家添麻烦了。"

三是不怕麻烦，不推矛盾。办案有一个规律：一个案件的总体工作量是恒定的，前面做得越多、越细，后面就做得越少、越顺利；反之，前面做得越少、越粗，后面就必然做得越多、越费劲。

很多命案的双方当事人往往存在一定的矛盾纠纷，有的甚至引发了较大的社会舆论关注，而这些矛盾和压力往往又会随着诉讼的进行转移到办案机关及其办案人员。很多麻烦是越怕越来，很多矛盾是越推越进死角。理性的选择是不惹麻烦但也不怕麻烦，不增加矛盾但也不推却矛盾，竭尽我们的所能将解决麻烦、化解矛盾做在前面，做深做细。

比如，对被害方的合理诉求，尽全力争取，包括但不限于争取损害赔偿，协调解决未成年人求学、老年人赡养等生活困难。对被告人准确认定其量刑情节，该从轻、减轻处罚的依法核查并提出量刑建议，该从重的依法从重、坚决打击，既不能因为被害人的情绪、维稳的压力而给被告人造成不利影响，也不能让被告人通过各种手段逃脱应有的惩罚。

总之，我们要尽己所能，通过各种方式，让人民群众感受到，我们把每一起命案都当作民生大事在办，是一丝不苟、认认真真在办。让当事人切切实实地感受到我们在为他们服务，为他们办事，维护他们的利益。

在做好释法说理、化解矛盾、解决困难等相关工作的基础上，依法作出处理决定，即便最后的决定和个别当事人的要求有差距（如果当事人的要求于法无据，这种差距就是必然的），但大多数群众会肯定检察官办案态度的严谨与认真，对我们的认可度定会增强，于法无据的要求自然站不住脚。

群众的认可度增强了，检察公信力也就自然上升了；检察公信力上升了，也就能更加有效地服务民生了。

检察官：证据这么充分，你为什么不起诉？

根据《刑事诉讼法》的规定，事实清楚，证据确实、充分，是检察机关对刑事案件提起公诉的基本标准。但是，很多案件即便达到了这样的标准，却不一定适合起诉，或者说提起公诉并非最佳选择。特别是在一些特殊时期、特殊背景之下，从快、从速、从严成为主基调的时候，检察官既要有全面理解政策、严格落实政策的政治素质，也要在具体案件面前保持理性，坚持具体问题具体分析，作出恰当的处理，防止不加区别的"一刀切"。

一、看似应当"从严从快"处理的案件

我们来看下面这三类案例。

第一类案例：在"扫黑除恶专项斗争"初期，某地公安机关向检察机关移送了一系列"涉黑涉恶"聚众斗殴案，其中部分案件系未成年人或在校学生因琐事纠纷而聚集、斗殴。其中一起案件为9名犯罪嫌疑人（含3名在校学生、4名未成年人）酒后发生口角，表示要互邀人员进行打斗，但打斗一开始即被巡逻公安民警制止并抓获，未造成人员伤亡或财产损失。经查，相关犯罪嫌疑人均没有犯罪前科（以下简称"9人聚众斗殴案"）。

第二类案例：在"缉枪治爆"专项行动过程中，某地公安机关向检察机关移送了一批非法持有枪支案。其中相当一部分案件的犯罪嫌疑人系年龄六七十岁的农民；涉案枪支是农村打鸟常见的火药土枪。经查，查获的"枪支"使用频率较低，有的甚至多年未使用，但仍具有司法解释规定的"以火药为动力发射枪弹"等特征，属于法定的"枪支"范畴（以下简称"老农非法持枪案"）。

第三类案例：2020年初期，某地开展了打击"非法猎捕"专项行动，公安机关向检察机关移送了一批非法捕捞水产品案和非法狩猎案。其中相当一部分案件犯罪嫌疑人是当地农民，主要违法行为是在禁渔（猎）期、禁渔（猎）区或者使用禁用的工具、方法在当地河流中捕捞了少量黄鳝或其他野生鱼类，

或在田间、山坡中猎捕了少量"秧鸡"（鹤形目秧鸡科的一种沼泽鸟类，常见于水稻田中）、青蛙、野兔等（以下简称"农民猎捕案"）。

以上三类案件，由于案情比较简单，侦查难度不大，很容易达到"事实清楚，证据确实、充分"的标准而移送检察机关审查起诉。因处于"特殊时期"或赶上"特殊行动"，具有"特殊背景"，在案件处理上，"从严从快"是总基调，检察官很容易囿于各方要求或迫于各种压力而"一诉了之"。要坚持客观公正，实现政治效果、法律效果和社会效果相统一，是需要智慧和担当的。

二、诉还是不诉，有时候是一个难题

上述三类案例，有一个共同特点：拿《刑法》分则具体条文去"靠"，基本上都能"够得上"定罪处刑的标准。从情理上考量，检察官又会觉得定罪处刑"于心不忍"或提起公诉"没有必要"。有的案件——如类似"老农非法持枪案""农民猎捕案"的案件——即便检察院提起公诉，法院作出有罪判决，社会效果欠佳，群众也难以接受，反而有增加社会矛盾的隐患。如果没有前述"特殊背景"，检察官或可依法大胆作出不起诉处理。但正是因为情况特殊，各方在关注，考核有任务，所以检察官会有很多顾虑。本来很简单的案件，处理起来却成为难题。

比如第一类案例：扫黑除恶专项斗争是一项重大的"政治任务"，从上至下、各行各业都非常重视，政法机关更是全力以赴。需要注意的问题是，"重视"不等于一律从重处理；"全力以赴"不等于一律从严打击。随着全面依法治国的深入推进，一味从快、从重的现象已经得到相当程度的遏制，但却往往在一些专项行动中死灰复燃。某地"扫除学霸"等表达含混的标语，某地在中小学、幼儿园开展"涉黑涉恶师生大排查"等形式主义的举措，反映出用力过猛、发力失偏而出现的不正常现象。

反思出现这些不正常现象的原因，大体有以下几点。

第一，片面理解"讲政治"而"形式化"整治、机械性执法。"讲政治"的含义是丰富的，也是具体的，在司法办案中"讲政治"，就是要落实中央部署，讲事实、讲证据、依法办。"是黑恶犯罪一个不放过，不是黑恶犯罪一个不凑数"，就是讲事实。"既不降格处理，也不人为拔高"，就是讲证据、依法办。只有这样，才能确保每一个案件都办成铁案，才能经得起法律和历史的检验。

从基层一线实务情况来看，办案人员比较担心的是，过于坚持法律标准，容易被批评"不讲政治"；而表态积极响亮、打击迅速有力，往往就被表扬为"讲政治"。个中原因比较复杂，三言两语难以讲清。但需要明确的是，2018年部署的扫黑除恶专项斗争与以往"打黑"、"严打"等行动最大的不同，在于这次是在全面依法治国背景下展开的，是以习近平法治思想为指导的，需要运用法治思维和法治方式解决社会治理深层次问题。所以不能片面理解"讲政治"，不能简单用"扫得多不多、打得猛不猛、判得重不重"来评价工作成效。

从具体办案情况来看，公安机关移送的部分涉黑涉恶案件，在检察环节被作为普通案件处理，说明检察环节的审查把关起到了一定作用。但仍然有一部分案件，起诉认定为"涉黑涉恶"，审判环节作为普通案件判决。相反的情况也存在，即有的案件在检察环节未认定为"涉黑涉恶"，经审判后追加起诉予以认定，说明检察环节审查把关、履职尽责还有空间。

第二，从基层一线来看，最直观的原因或在于盲目攀比、考核失当。例如，上级要求不得对扫黑除恶专项斗争案件定指标、下任务，意在实事求是、精准打击，然而实践中有的地方却搞办案量排名，以排名定考核等次。

如此，办案人员心中没底，有的只能全力办案、努力朝涉黑涉恶案件上"靠"，结合排名情况掌握办案节奏，而如果没有具体分析各地人口规模、经济发展状况、既往社会治安和刑事案件情况，没有深入了解人民群众的需求和感受，这样的考核"指挥棒"必然难以达到期望的效果。

第三，还有不当扩大打击范围的原因。在扫黑除恶专项斗争关注的案件中，除了涉黑、涉恶案件外，还有常见"九类案件"（涉及的具体罪名包括：聚众斗殴罪、强迫交易罪、寻衅滋事罪、敲诈勒索罪、非法拘禁罪、组织卖淫罪、强迫卖淫罪、开设赌场罪、故意毁坏财物罪等），有的地方侦查机关将这些案件作为了扫黑除恶的"战果"统计，因而容易被一并纳入各界重点关注的范畴。

如果检察机关对"九类案件"作不批捕、不起诉，压力自然增大，而事实上，这些案件中相当一部分并非涉黑涉恶。特别是聚众斗殴、寻衅滋事、开设赌场是常见多发案件，聚众斗殴、寻衅滋事案件中有不少是未成年人互相约架打斗；开设赌场近年来以线上网络赌博居多，确有必要加大打击力度，但一些地方基于各种因素还打击了不少街头里巷的小茶馆、小麻将馆。若只看罪名不问具体情况，一味强调打击、快捕快诉，则与扫黑除恶专项斗争的精神和目的是相悖的。

值得一提的是，扫黑除恶专项斗争中，检察机关系统性、整体性作用发挥得较好，突出表现是省级检察院对涉黑和重大涉恶案件统一把关、地市级检察院对其他涉恶案件统一把关制度。全国检察机关扫黑除恶专项斗争总结会议公布的数据显示：专项斗争期间，各省级检察院共对6092件黑恶案件统一把关，改变下级检察院涉黑恶定性552件，占比9.06%；市级院统一把关17530件，改变下级院涉恶定性1088件，占比6.21%。从一线办案感受来讲，其中既有下级未认定"涉黑涉恶"而上级把关后予以认定的，更有下级拟认定"涉黑涉恶"而上级严格把关未予认定的，为下级分担了压力，体现了诉前把关的严谨与担当。

三、依法不诉，是一种担当

如果将公安侦查人员比作"炒菜的"，检察官比作"端菜的"，法官比作"吃菜的"，那么对于类似上述案件，检察官很可能一诉了之，"端完菜就完事"，还能给人一种配合给力、打击有力的印象。虽然看似轻松，也能避免担责，但长此以往，产生的危害也是明显的。

第一，起诉质量会明显下降。以"重配合""重打击"为目的的起诉，认定事实是否准确，证据审查把关是否尽心，非法证据排除、诉讼权利保障是否到位，是令人堪忧的。

从办案效果来看，检察院起诉后又撤回或法院判决无罪的案件（包括法院一审、二审或再审判无罪），除一部分是因法律修改或证据发生变化、法检认识分歧外，还有相当一部分是检察机关审查认为证据不足，而在各种压力之下勉强起诉，最终造成当事人权利受损、检察官办案水平被否定、检察公信力下降，实在是损失惨重。

第二，检察裁量权会明显削弱。起诉虽然是检察裁量权很直观的体现，但完全符合起诉标准的案件，特别是重罪案件，起诉是必然的，没有多大"裁量"空间。相反，犯罪情节较轻，可诉可不诉（包括可捕可不捕）的案件，检察机关如何"裁量"，直接决定案件走向，也直接决定犯罪嫌疑人的命运。

从这个角度看，检察裁量权的作用和价值，在不起诉案件中往往体现得更加明显。但是，检察机关一度是倾向限制行使不起诉权的。1979年《刑事诉讼法》规定了免予起诉制度，但实施不久便广遭诟病，认为检察机关裁量权过大，犯罪嫌疑人未经法院审判就被定罪不合法理、缺乏监督制约、权力可能被滥用等。1996年《刑事诉讼法》修订废除了免予起诉制度，吸收起诉便宜主义的合理因素，确立了不起诉制度。之后，检察机关对不起诉率进行严格控制，实践中自侦案件不起诉率一般在10%左右，普通刑事案件则在2%左右。

结合经济社会发展，国情世情的变化，党和国家刑事政策作出了相应调整。2015年1月召开的中央政法工作会议明确要求，坚决取消刑事拘留数、批捕率、起诉率、有罪判决率、结案率等不合理的考核项目，从中央政策层面为不起诉率"松绑"。之后，认罪认罚从宽制度写入《刑事诉讼法》，不起诉率有一定上升。如今，"少捕慎诉慎押"理念得到全面落实，不起诉权有望得到更加充分地行使。从最高人民检察院公布的数据来看，全国检察机关刑事案件2020年不起诉率13.7%（未成年人不起诉率32.7%），2021年不起诉率16.6%（未成年人不起诉率39.1%），2022年上半年不起诉率23.5%（未成年人不起诉率55.3%）①。

第三，检察官存在的"必要性"会受到质疑。如果检察官的作用仅仅是"端菜的"，老百姓肯定就会问了，为什么不让"炒菜的"直接端上来呢，何必还要花费纳税人那么多钱，修那么好的办案用房，请那么多高学历的人来专门负责"端菜"呢？

这样的情况并非笔者主观臆断或杞人忧天，而是在历史上真实发生过的。1951年、1960年检察机关曾两次遭遇"取消风"；1968年12月及之后，检察系统基于特殊历史时期特殊原因被陆续撤销，1975年《宪法》明文规定检察机关的职权由各级公安机关行使。直到1978年通过"78宪法"，撤销近10年的检察机关才得以恢复重建。②

因此，检察官需要有忧患意识。在职责定位上不能自我降低，要在宪法中找准检察机关的定位，要在人民检察院组织法、刑事诉讼法等法律规范中找准职责。"时代是出卷人，我们是答卷人，人民是阅卷人。"这是新时代提出的新要求，检察机关既是司法活动的"答卷人"，也是其他司法机关开展诉讼活动的监督者。

如果回到前述的比喻，事实上，在刑事诉讼活动中，全体司法机关都应该是"做菜的"。按照法律分工，公安侦查人员调查核实、收集证据是"备菜

---

① 参见最高人民检察院官网，网上发布厅，2020年全国检察机关主要办案数据于2021年3月8日发布，2021年办案数据于2022年3月8日发布，2022年上半年数据于2022年7月20日发布。
② 曹东：《共和国的检察足迹》，载《检察日报》，2016年10月21日。

的"；检察官审查事实、排除非法证据、诉前把关分流是"验菜的"；法官通过主持庭审，让事实在法庭查明、证据在法庭举示、接受质证，相当于"炒菜的"。最终菜品好吃不好吃、满意不满意、公平正义能否被感受到，人民群众说了算，所以人民群众是"吃菜的"。

我们根本不需要单设"端菜的"这样一个角色。如果习惯了之前的比喻，实在需要"端菜的"，也应当是公、检、法分别备菜、验菜、炒菜完毕，各自"端"上来，请人民群众品尝。

如果认同这样的定位，检察官的责任就重了。公安侦查人员把"菜"备好送来，检察官务必把好"检验关"，没有人会否认"食品检验"的重要性，因为只有如此才谈得上"食品安全"。该送到法庭而不送的，浪费了菜（其实质含义便是放纵了犯罪），是失职的表现；不该送到法庭的"有毒有害菜"而送了（其实质含义便是冤错起诉、带病起诉、没有必要起诉而起诉），浪费了柴火油盐，最终炒不出好菜，也有失职之责。

再回到前文所述的三类案例，检察官绝对不能以"端菜"之心态对待，切不可"端之大吉"。而应当时时刻刻履行好检验之责，将"好菜、烂菜、有毒有害之菜"精准识别，及时分流处置。

该端上的"菜"高质高效"端上来"；没有必要端上来的及早处理掉；发现有毒有害的菜，就要依法展开监督、追究相关人员责任。检察官有担当，人民群众就能吃到"放心菜"。

检察官：证据这么"薄弱"，你为什么要起诉？

在诉与不诉的把握上，检察官容易出现两种倾向。第一种是"重打击、轻保护"，既表现为事实清楚、证据确实充分基础上的"构罪即捕"和"构罪即诉"，又表现为事实基本清楚、证据基本充分前提下的"疑罪从轻"。第二种是"重避责、轻追诉"，表现为片面强调责任意识和风险意识，既表现为人为拔高证据标准，提出不切实际的要求，又表现为过度适用"疑罪从无"原则，或不积极补强证据，也不愿承担合理的追诉风险。

随着司法责任制的全面落实，保障人权理念的逐步深入，检察官诉前主导作用的充分发挥，第一种倾向得到了很大程度的好转。需要注意的是，不能从一个极端走向另一个极端，不能过于消极地面对疑难案件，特别是不能囿于侦查（调查）机关提供的书面卷宗材料来看待案件，不能因为"检察官是刑事错案的第一责任人"而害怕担责，以致逃避必要的风险。社会发展不断向前，犯罪手段不断翻新，打击难度不断加大，检察官需要有"积极追诉"的理念，尽心尽力补强证据、勇于承担指控风险，切实做到不枉不纵。

下面笔者结合一起案例，对"积极追诉"谈一点粗浅思考。[①]

一、简要案情

1994年上半年，被告人刘某与被不起诉人钟某在四川省A县商议决定拐卖小孩到福建省贩卖敛财。后刘某在寻找拐卖对象期间与被告人吴某结识，按照二人商议，刘某将租住同一套房屋的租客高某之子高小某（男，时年6周岁）骗走，从重庆市带至四川省A县。钟某因事无暇外出，便与因涉嫌故意伤害犯罪在其家中躲藏的被告人姜某商定，由姜某代其前去，并为刘某等人提供了其在福建亲戚的地址作为落脚点。随后，被告人刘某、吴某、姜某乘火车将高小某带至福建省，在钟某的亲戚家中休息数日后，三人将高小某

---

① 这一部分内容收录于陈国庆主编，《刑事司法指南》总第71集，242～246页，北京，法律出版社，2018。

带至"买家"处,"买家"嫌高小某年纪较大未予收买。刘某等人决定返回四川,因缺乏返程路费,刘某、吴某、姜某带高小某从福建沿铁路朝四川方向步行。

行至深夜,四人到达福州市一座铁路桥处时,刘某、吴某、姜某因担心拐卖高小某的罪行败露,共谋将高小某投河。三被告人遂将吴某随身携带的帆布袋腾空,将高小某诱骗至包内,又朝包内放入数块石头以增加重量,并拉好拉链。三人将装有高小某的帆布袋投入铁路桥下河中,听见帆布袋入水的响声后即逃离现场。

二、诉讼经过

高小某失踪后,高某称其多次向公安机关报案,但无据可查。2012年7月,被告人姜某在其故意伤害犯罪服刑期间,主动向监狱机关坦白并如实供述本案犯罪事实,监狱机关后将该线索移交四川省A县公安局。A县公安局于2013年5月立案,并先后将刘某、吴某、钟某三人抓捕归案,经侦查终结移送A县人民检察院审查起诉,A县人民检察院后报送上一级市人民检察院审查起诉。

市人民检察院经依法审查认定,刘某、吴某、姜某、钟某共同拐卖儿童及钟某窝藏姜某的行为因超过追诉时效,依法不再追诉,对钟某作出不起诉决定;以被告人刘某、吴某、姜某犯故意杀人罪向市中级人民法院提起公诉。市中级人民法院一审判决被告人刘某、吴某、姜某犯故意杀人罪,分别判处相应刑罚,因姜某犯有其他罪行,合并执行无期徒刑。宣判后,各被告人未上诉,检察院未抗诉,判决已生效。

三、几点思考

第一,准确理解证明标准,在重要证据灭失的情况下审慎分析运用在案证据认定事实。凭直观感觉,本案的证据可谓"薄弱",公安机关移送的证据主要是各涉案人员的口供,缺乏被害人尸体、作案工具、现场勘查等重要的客观性证据。对于这样的案件,既不能被犯罪嫌疑人的"恶行"激怒而冒进起诉,也不能因为现有证据薄弱而过于保守,需要立足在案证据审慎分析综合认定。

首先,即便重要证据灭失也不轻易说"不"。被害人尸体、作案工具往往被认为是命案的"法定证据",若灭失则不能定案。其实,这一理解与我国《刑事诉讼法》第55条规定的"证据确实、充分"的证明标准是相悖的。事实上,没有所谓的"法定证据",即便某些案件的"证据指引"对某一类证据有特别要求(例如,办理命案应当收集尸检报告、侵财案件应当进行财物价值鉴定),也不能奉为圭臬,而应看作一般意义上的指引。

对于具体个案,应当严格按照"定罪量刑的事实是否有证据证明、据以定案的证据是否经法定程序查证属实和是否排除合理怀疑"的标准,立足在案证据,结合经验法则和逻辑规则综合认定。

其次,审慎分析在案证据构建证据锁链。本案被害人尸体和作案工具系客观原因不能收集,因此,证据锁链的构建主要依靠各被告人供述的重要情节是否吻合以及言词证据与相关物证是否印证。经审查发现,各被告人到案时间不同,排除刑讯逼供、诱供的情况下,均对商议拐卖儿童、确定拐卖对象、带至福建贩卖、沿铁路返回以及杀害被害人这一系列犯罪行为作了内容一致的供述。

特别是对杀人手段,即将孩子装包、填石、拉链封包、投河等关键细节供述吻合,并对犯罪现场一致指认,加之发案过程自然、合乎逻辑,时隔多年多名犯罪嫌疑人仍回忆一致,可信度高。相关证人对各被告人落脚点、寻找买家等细节予以印证。各被告人的供述与拐骗儿童地点、杀人现场、装孩子的背包(背包虽然灭失,但根据口供能找到同款同颜色的背包,更说明供述真实)等客观证据相互吻合。相关证据能够建立起完整的证据链条,从而得出三被告人为防止拐卖儿童罪行败露,另起犯意将被害人装包投河、杀害被害人的唯一结论。

再次,运用经验法则排除合理怀疑。虽然"被害人是否死亡"这一疑问没有直接证据证明,但即便出现被害人存活的"奇迹",也不影响各被告人杀人事实的认定。而从各被告人深夜将孩子装包投河的情况,辅之以(经补充侦查收集的)案发时段闽江水文资料、沿江下游数县派出所函询、走访渔民、被害人亲属全面摸排情况,结合经验法则,可以推断孩子没有生还希望。

第二,准确适用法律,对各行为人精准定罪、区别追责。公安机关移送意见为刘某、吴某、姜某、钟某四人均构成拐卖儿童罪。经审查认为,对该四人应当依法区别对待。

首先,部分犯罪行为已过追诉时效不应追责。刘某等四人拐卖儿童的犯罪行为仅构成基本犯，法定刑为5年以上10年以下有期徒刑，追诉时效为15年；钟某明知姜某涉嫌故意伤害他人犯罪而提供食宿，帮助其逃匿，构成窝藏罪，法定刑为7年以下有期徒刑，追诉时效为10年。前述罪行虽然十分"可恶"，但却均已过追诉时效，依法不应追诉。

其次，对其中三人应当以故意杀人罪追究刑事责任。虽然对相关人员拐卖儿童和窝藏的行为不能追责，但并不等于说所有嫌疑人都无罪。深入分析案件事实，刘某、吴某、姜某为了避免拐卖儿童的罪行败露而将被害人装包投河的行为，属于另起犯意杀害被害人的行为，应当以故意杀人罪追究刑事责任，检察机关起诉时依法改变了公安机关移送的罪名，是恰当的、准确的。

再次，依法认定各被告人的量刑情节。考虑姜某主动坦白，对破获本案起到关键作用；刘某、吴某到案后如实供述犯罪事实，吴某还积极赔偿被害人近亲属经济损失，检察机关对三人提出了从轻处罚的量刑建议并得到法院采纳。

第三，妥善应对舆情和考核压力，坚持公正办案。在准确定罪、依法追诉的基础上，本案还积极稳妥处理好了两个较为复杂的案外因素。

首先，妥善应对被害方和媒体舆论压力。本案在侦查环节曾被中央电视台某法治栏目报道，舆论高度关注，给办案人员带来了巨大压力，群众及被害人近亲属对"从严惩处罪犯"寄予了较高期望。对钟某作出法定不起诉决定后，办案人员及时与被害人的父母取得联系，全面开展释法说理工作，详细阐述了检察机关对钟某作出不起诉决定的事实根据和法律根据，及时答疑解惑；同时借力钟某的辩护人参与矛盾化解，促使钟某对被害人近亲属赔偿了一定损失，避免被害方不满处理结果而引起舆论炒作。

其次，正确面对考核扣分带来的负面影响。本案在审查逮捕环节对全案四名犯罪嫌疑人均批准逮捕，审查起诉环节对其中一人作出法定不诉，意味着将面临上级目标考核较重的扣分。检委会研究认为，即便考核被扣分，也应实事求是、勇于纠错、依法处理，遂对钟某依法作出法定不起诉的决定。

由此可见另一个规律：科学的考核会鼓励纠错，不当的考核会让纠错压力陡增或代价巨大。

第四，准确评估风险，勇于承担风险。本案的处理之所以比较棘手，在诉与不诉之间难以抉择，主要在于有三个方面的风险。

首先是事实和证据风险。本案被害人"活不见人、死不见尸"，很多办案人员第一反应是"这个案子哪敢起诉啊"。所谓"不敢"，主要就是存在事实和证据风险。但是经过全面审查，及时开展补查，能够锁定三名被告人故意杀人的基本事实，至于认定被害人是否死亡之事实和证据风险虽然存在，但并不影响全局，不足以推翻被告人实施故意杀人行为的基本事实。

其次是法律适用风险。如前所述，对于改变公安机关移送的罪名，起诉指控故意杀人罪，检察机关研究过程中内部存在分歧意见。辩护人提出了"被害人死亡的事实不能认定、全案超过诉讼时效"的无罪观点。因此，指控意见能否得到法院采纳，全案是否面临无罪判决结果，也存在一定风险。但并不能因为可能存在风险而一味回避，在全面分析、深入论证的基础上，有比较充分的指控依据，我们就有必要坚持"风险指控"。

再次是司法责任风险。对于这样的重大、疑难案件，对于承办人而言，提出起诉的意见面临更多责任风险，而不诉可能比较"安全"，也似乎更符合"疑罪从无"的原则。因此，我们迫切需要树立正确的司法追责导向，对于尽到审查责任义务的检察官，不应当因其"风险指控"而追责，相反，应当为担当者担当。对于一味追求个人"安全"而放纵犯罪的，应当在追责上有所体现。

概言之，这些年，面对一些证据"薄弱"的案件，检察官容易出现各种担心：有的担心法院不采信指控证据，有的担心指控不成功面临考核扣分，还有的担心无罪判决会招致评查追责。当然，也不排除个别案件受扰于案外因素，或者囿于审查判断证据能力的不足。基于各种担心和困扰，最终以"证据不足"或"证据存疑"为由，把一些证据确实充分、把一些本来能起诉也应当起诉的案件作存疑不起诉处理。说到底，这么做多少有点缺乏担当，其后果则可能是放纵犯罪，这是需要克服和纠正的。应当看到，各级各地检察机关对此加大了监督力度，纠正了一些错误的"存疑不诉"案件，体现了作为担当，有利于形成好的导向。

检察官:没有司法解释,你该怎么办?

我们先看一个案例:陈某非法利用信息网络案。

2016年2月以来,犯罪嫌疑人陈某(成年人、有故意伤害犯罪前科)为获取非法利益,用其本人微信号在朋友圈(有微信好友共570余名)先后发布销售枪支、刀具等违禁物品、管制物品信息600余条。微信好友甲、乙看到售卖枪支信息后,分别以500元/支的价格向陈购买了两把"64式"仿真手枪、以400元的价格购买了一把"勃朗宁"仿真手枪(陈某供述其发布的信息链接是他人提供,相关仿真枪也是"上家"直接发货,"上家"未归案,经鉴定,在案仿真枪的杀伤力以微弱之差不构成枪支)。

本案系2015年8月《刑法修正案(九)》颁布后,某市公安机关移送某基层检察院审查起诉的首例非法利用信息网络案,① 在没有司法解释的情况下,② 能否定罪起诉,分歧较大。由此联想到办案实践普遍存在"重司法解释、轻法律条文"问题,引起笔者一些思考。

奇怪的现象:司法解释受热捧,基本法律受冷落

检察官指控犯罪的基本要求是"以事实为根据,以法律为准绳"。"以事实为根据"大体上可以理解为"以证据所证明的事实为处理的根据",这样认识应该没有原则性的分歧。而什么是"以法律为准绳",不同的检察官(包括法官及其他司法人员)可能有不同理解。司法实践中存在一种不太正常的倾向:司法解释越来越被司法人员奉为圭臬,基本法律反倒越来越受冷落。

这种倾向最突出的表现就是,研究案件时跳过《刑法》条文直接找司法解释,如果根据司法解释的规定达到追诉标准,再回过头来查阅法条考虑量刑。

实践中常常出现的这样的情形:一谈到某行为,例如诈骗,办案人员立

---

① 本案另有定性分歧,有观点认为应当定其他罪名,定性之争暂不作为本文讨论重点。
② 2019年10月,"两高"颁布了《关于办理非法利用信息网络、帮助信息网络犯罪活动等刑事案件适用法律若干问题的解释》。

即想到"两高"关于办理诈骗刑事案件的解释和各省级司法机关出台的具体数额标准,犯罪嫌疑人诈骗财物数额达到标准就起诉,反之就不诉。久而久之,我们习惯了依据司法解释、"两高"规定甚至座谈会纪要、答复、批复等司法文件定案,在不自觉中形成了"司法解释依赖"。一旦某些案件没有司法解释,办案人员就会茫然失措、束手无策,有的甚至将一些本应定罪处刑的案件作了不起诉处理。

原因:理解法律陷困境,积极起诉怕风险

为什么会出现这样的现象?笔者结合自身办案经历和与办案人员沟通了解的情况,发现大体可能有这样三方面原因。

一是对法律理解不深。认为《刑法》条文规定较为概括、抽象,在办理个案时不好适用,担心因对法律理解有误导致办错案。毫无疑问,这是"本领恐慌"的直接体现,在初入行的司法人员身上表现得相对明显。

二是对法律理解不一。认为没有司法解释和判例的情况下,可能因法、检认识分歧或执法尺度不一而致诉后被判无罪。这既是"思维惰性"的体现,也是"行动惰性"使然,不深入剖析、不积极沟通,简单草率决定,这样的现象实践中客观存在。

三是对起诉风险不能正确看待。一方面是来自于各方的负面评价,主要是上级检察机关对无罪、撤诉考核的负面评价,这是最直接、最"受伤"的评价,无论检察官还是管理者,都难以接受这样的冲击。其次是社会各界的评价,无罪、撤诉案件容易引来对检察官的质疑,也是影响检察官衡量起诉风险的重要因素。

另一方面是来自司法责任的压力,司法责任制改革后,检察官的责任意识明显增强,有的案件即便有的检察官有较为充分的追诉理由,但若出现明显分歧意见,检察官可能也不愿积极起诉。因为一旦案件被判无罪或起诉后撤回,检察官将面临各种评查、通报,即便最终没有被评定为错案,但总觉得是职业生涯的"污点",与其冒险一点不如保守一点。

怎么办:四个方面考量是否定罪起诉

基于普遍"求稳"的心理,没有司法解释,是不是就不积极追诉了呢?

答案当然是否定的。因为法律（主要指刑法典）才是我们定罪量刑的基本准绳，符合法律规定起诉条件的，就应当依法起诉。

但问题是，确实遇到法律规定不细、理解有分歧的情况，那我们该怎么办？笔者认为，在没有司法解释或判例的情况下，我们可以从四个方面着手对待决案件是否应当入罪进行评判。

第一，结合立法的目的考虑是否应当入罪。简单地说，要搞清楚刑法条文要禁止什么、保护什么，将保护法益作为评判案件的基本立场。

例如《刑法》第287条之一设立了非法利用信息网络罪，规定利用信息网络实施相关行为，情节严重的，应当依法定罪处刑。其中"发布有关制作或者销售毒品、枪支、淫秽物品等违禁物品、管制物品或者其他违法犯罪信息的"便是该条文规定的行为之一。不难理解，发布这些违法犯罪信息对公共秩序有紧迫的危险，立法之所以要禁止，目的在于预防这些违法犯罪信息被不法分子利用而实施具体的实害犯罪行为，保护网络空间洁净和社会良序。

所以，前述案例中犯罪嫌疑人利用网络发布销售枪支等违禁物品、管制物品信息，侵害了法益，是明显的违反刑法的行为，从立法目的上看是应当禁止的，是应当考虑入罪的。

第二，结合刑事政策分析是否应当入罪。刑事政策不是我们对案件定罪处罚的根据，但却指导着一定时期司法裁量的价值取向，对把握入罪标准和刑罚尺度有着直接的影响。两起行为、情节相似的普通抢劫案件，同样的法定量刑幅度，根据"严打"与"宽严相济"两个不同时期的刑事政策，处刑可能相差甚远。两名未成年人盗窃近亲属财物案件，作案手段相似、盗窃价值相同，同一地域追诉标准也一样，但不同的刑事政策背景下甚至可能作出罪与非罪的处理。

笔者绝无唯刑事政策定罪处刑之意，而是主张司法人员立足基本的良知和法治的精神，对待决案件从宽还是从严处理作出符合刑事政策的选择。所以，前述案例反映了利用网络实施违法犯罪活动的社会危险性和相对多发性，从当前刑事政策考量，属于依法"从严"惩处的范畴。

第三，比较危害程度相近的犯罪追诉标准分析是否应当入罪。《刑法》分则有很多罪名以"情节严重""情节恶劣"作为犯罪成立的条件，学理上称为"整体的评价要素"[①]。当某行为侵害了法益，符合《刑法》条文规定的基

---

① 张明楷：《刑法学》（第六版），160～161页，北京，法律出版社，2021。

本构成要件后，认定其违法性是否达到值得课处刑罚的程度，还需要对该行为进行整体评价。

如何评价违法的程度？比较就是常用的方法。对比《刑法》同一章或同一节规定的，保护法益相似或具有可比性的犯罪追诉标准来分析待决案件是否追诉，这并非类推解释，而是遵从罪刑法定基本原则，在法律条文有明确规定某行为之"质"属于违法的前提下，对"量"作出评判。

进行追诉标准对比时应当注意：一是坚持罪刑法定的基本原则，脱离刑法条文进行比较容易走入类推解释的误区。二是法益具有可比性，例如，一般不能拿侵犯财产的行为和侵犯人身权利的行为进行比较。三是比较得出的结论要符合时代的价值观念和民众的法律预判，要特别防止打击面过大。通过比较，对待决案件无论作出追诉或者不追诉的决定，都要对今后的执法理念或执法尺度起到良好的引导。在一定的区域形成"地方标准"的基础上，通过不断实践，为司法解释的制定提供经验。

所以，前述案例中，犯罪嫌疑人数月间发布销售枪支、刀具等违禁物品、管制物品共计600余条的行为，可以进行这样对比：

首先，符合《刑法》第287条之一"非法利用信息网络罪"第一款第二项的基本规定"发布有关制作或者销售毒品、枪支、淫秽物品等违禁物品、管制物品或者其他违法犯罪信息的"，具备罪刑法定的基本前提。

其次，比较该条所在《刑法》第六章"妨害社会管理秩序罪"中相关法条，可见第364条规定的"传播淫秽物品罪"已有相关司法解释对传播量规定了追诉标准，传播"淫秽物品"较之传播售卖"枪支、刀具等违禁物品、管制物品"信息，都是妨害社会管理秩序行为，危险性都较大，侵犯的法益具有一定的可比性。

再次，从最高人民法院、最高人民检察院先后于2004年、2010年出台的关于利用互联网等传播淫秽电子信息刑事案件的解释来看，以牟利为目的，利用互联网传播淫秽视频文件20个以上、音频文件100个以上或者图文200件以上的，应当定罪处罚。相较而言，本案犯罪嫌疑人发布信息量较大，且有两人通过其发布的信息实际联系购买了仿真枪，对其定罪处罚，有利于维护良好的社会秩序，不会超出公众的法律预判。

第四，结合情理检验入罪、不入罪是否恰当。有较长从业经历的司法工作者往往能从情理角度判断一个案件是否应当定罪入刑，有学者将此现象称为"法感觉"。因为法理与情理是相通的，这里的"感觉"也正是基于法理、情理的感受和觉察，经过长期专业训练的司法人员"法感觉"是比较准的。

值得注意的是，对于情理的把握可能因人而异，需要防止以情理为借口导致司法恣意。检察官在运用情理分析案件的时候，可以根据自己的认识作出不同的判断，但应当遵循最朴素的、最基本的情感和理性，比如是非明断、善恶明辨、黑白分明，不能超出一般人的认知和理解水平，要符合民众的价值观念和法治期待。

所以，前述案例中的犯罪嫌疑人利用网络发布销售枪支等违禁品、管制物品，从情理上讲，将之入罪处罚不会超出一般的社会大众认知，合情合理。

基于上述考虑，本案检察机关以非法利用信息网络罪对被告人陈某提起公诉，人民法院一审判决支持公诉机关的指控，判处被告人陈某有期徒刑7个月，并处罚金2000元。一审宣判后，被告人没有上诉，检察机关没有抗诉，判决生效。

虽然此案案情简单，未曾引起社会关注，但却是一个很好的尝试，也是值得肯定的探索。

经济社会快速发展，犯罪形式变化多样，法律的滞后性决定了刑法条文难以将所有犯罪行为细节一一列举，也不能寄希望于每个刑法条文都有非常具体的、操作性强的司法解释。检察官在遇到具有一定社会危害性的行为时，既不能依靠刑法"包打天下"，也不能轻易认为"刑法拿它没办法"。而是应当坚持罪刑法定的基本原则，深入剖析案情，分析法律条文的内在含义，结合立法目的、常情常理、刑事政策和类似规定，准确作出判断，大胆行使权力。

我们不敢作判断常常是担心没有先例，其实很多担心大可不必。如果没有先例，那就创造先例。

这是检察官的责任，也是检察官的担当。

检察官：请尽情展示你的侦查思维

有的刑事案件最开始证据并不充分，若"带病起诉"风险极大，也不符合办案要求，绝不可取；但若简单以"存疑不诉"了结，有时又未免失之草率。在定放两难的情况下，检察官该站在怎样的角度去思考问题，能否像侦查人员一样想办法、出妙招，是一个值得深入探讨的话题。本文介绍笔者同事承办的一起被最高人民检察院作为典型案例的贩卖毒品案，笔者借本案的办理经过，谈一谈侦查思维对检察办案的重要作用。

一、基本案情[①]

公安机关移送审查起诉认定：犯罪嫌疑人甲系贩卖毒品的"上家"，通过"非接触"的方式将毒品交付犯罪嫌疑人乙，即"下家"，乙再卖与他人吸食。甲贩卖毒品甲基苯丙胺（俗称"冰毒"）共计2000余克。

该案最棘手的问题是：犯罪嫌疑人甲究竟是否系提供毒品的"上家"，现有证据难以锁定；起诉的风险在于，要么判重刑、要么判无罪，结果天壤之别，因而定放两难。

针对甲的在案证据主要有：乙供述其将毒资打入甲提供的银行账户，其与甲有过电话联系但未曾见面，二人仅有毒品交易而无其他正当交易。甲承认收到乙的款项，但辩称系二人正当生意交易的货款，否认有毒品交易。现有疑似二人通话情况的检材尚不足以证明通话对象。

经过两次退查，证据没有实质变化。鉴于此，研究案件过程中，大家都很慎重。

多数意见认为，证明甲实施毒品犯罪的证据不足，应当对甲作存疑不诉。

少数意见认为，现有证据能够证明甲的银行账户收取了乙提供的资金，虽然甲不承认资金的性质，但其辩解没有证据支持；而乙的供述证实该资金

---

① 参见最高人民检察院官网，"强化法律监督 推进毒品犯罪检察治理"典型案例之案例四，存疑不起诉后继续引导侦查成功追诉案，2020年6月26日发布。为便于分析，本文对案情略有删改。

是毒资。可以按照《刑法》第 191 条之规定以洗钱罪论处。虽然处刑比贩卖毒品罪轻,但好歹也能给予一定的刑事处罚,不至于无罪释放。

承办人的思路别出心裁:既然现在的关键问题是无法锁定通话对象,那我们再想想办法把他锁定就是了。策略上可以考虑先对甲作存疑不起诉,但不能就这么把案结了。后面我们可以和公安侦查人员商量一下,一起努力把证据补起来。同时他也谈了补证的具体思路和技巧。我们听了,认为这是一招"妙棋",也是一招"险棋"。

经汇报,承办人的建议得到采纳。在宣布不起诉决定前,检察官就与侦查人员研究了补充证据的策略和分工,在获取相关检材、协调开展司法鉴定、组织相关人员辨认等方面做了高质高效的补证工作,认定甲贩卖毒品的证据链条得以形成。释放半个月后,甲被重新抓捕归案,经提起公诉,甲因贩卖毒品罪被判处死刑,缓期二年执行,剥夺政治权利终身,并处没收个人全部财产。上诉后,二审法院裁定维持原判。

二、侦查思维从何而来

检察官的侦查权已有刑事诉讼法、检察官法等法律予以规定,但以往更多关注对职务犯罪的侦查,对于《刑事诉讼法》第 170 条规定的对监察机关移送案件的"自行补充侦查"和第 175 条规定的对公安机关移送案件的"自行侦查"着力较少。相较而言,对监察机关移送案件自行开展补证工作更显谨慎。但基于刑事诉讼的诉前主导职责,在提前介入(包括普通刑事案件和职务犯罪案件)、批捕起诉和审判环节涉及取证方向、取证重点等问题又需要检察官拿主意,所以,检察官又必须具备一定的侦查思维。

侦查思维不是天生的,因检察岗位与侦查岗位的区别,检察官在大学期间或岗前培训都很难获得有关侦查知识技能的学习机会。侦查思维总体来说靠在办案实践中培养,又运用于办案实践。观察身边侦查思维较强的检察官,大体上具备以下几点特质。

第一,对办案有强烈的责任心。一般情况下,对于手上的案件,做到认真审查在案证据,准确认定事实,根据法律规定拿出意见,该捕就捕、该诉就诉,证据不足就不捕不诉,要说也算比较尽责了。把取证不能的责任推给侦查机关,似乎也不算"甩锅"。

但有的检察官却不止步于此,如果有一定的证据指向犯罪嫌疑人,简单以证据不足不起诉，总觉得可能放纵了犯罪，心有不甘；很多案件因证据存疑不起诉，被害人的损失就可能得不到弥补，于心不忍；更有的案件，如果违法行为确属犯罪嫌疑人所为，但因办案不力导致不能有效打击，作恶者更加嚣张，被欺者更加胆怯，正不压邪，内心难安。

因为这些不甘心、不忍心、不安心，促成了追查到底、全力以赴的强烈责任心。因为这些责任心，倒逼自己认真剖析案情、仔细梳理证据、缜密谋划补证。侦查思维，或许就在这样的思考与谋划过程中渐渐形成了。

第二，善于总结经验与汲取教训。侦查思维的强弱与办案多少并不必然成正比，这恰如办案水平高低与办案量大小并不必然成正比是一个道理，关键在于办案过程中是否用心、尽心。任何人的办案都有一个学习积累、不断成长的过程，优秀的司法者都是用案子"喂"出来的，但同时，成长的快慢取决于对案子的"消化"程度，特别是能否正视失误、弥补不足，从而积累经验。

有这样一起揭穿"假立功"的案件：检察官在办理一起二审抗诉刑事案件过程中，因收到出庭通知书时已临近开庭时间，考虑到抗诉意见集中在罪名上，主要靠说理，证据上没有什么分歧，加之手头工作很多，所以出庭准备比较仓促。对于一审认定的被告人立功情节，虽进行了审查，但鉴于证据比较充分，公诉人和原审被告人对此无异议，所以没有深入剖析。待二审开完庭后，发现立功线索来源十分蹊跷，而且一审在量刑上给予了较大幅度的减轻处罚，令人生疑。不久后，一名刑满释放人员来检察院反映，其在看守所羁押期间迫于同监舍某犯人威胁，告诉了其关于自己的另外一起盗窃线索，后在监狱服刑期间收到对方给予的2000元生活费。

检察官得到这个情况后，才发现之前工作确有失误。立即将此情况通报法院，建议延期审理以便补证；同时将此"假立功"线索转公安机关办理。经公安机关核查，由于看守所同监舍人员都随着诉讼推进而释放或到外地监狱服刑，寻找证人十分困难，找到的同监舍人员均表示不知情，补证工作再次陷入僵局。

在这样的情况下，检察官经认真研判，决定从刑释人员提供的线索，即被告人给予"立功线索"提供人2000元生活费作为切入点，自己动手，开展补证。经协调监狱机关，检察官到资料室找到该刑释人员在监狱服刑几年的全部账务资料，逐页翻找，经过大量努力，终于找到上诉人给该刑释人员交纳生活费的记录。结合言词证据，足以证实上诉人的"立功"情节系威逼利诱获取，案件最后得到依法改判。

第三，善于把握规律与捕捉细节。批捕起诉有自身的规律，侦查也有自身的规律，二者虽有不同，但也有共性。二者的共同目标都是全面查明事实、依法打击犯罪。二者的区别在于检察环节更多考虑指控犯罪的证据"要什么"，侦查环节则更多考虑"怎么弄"。所以，当案件可能存疑不诉时，检察官的理由是该有的证据没有，所以不能起诉；侦查人员则认为检察官提出的补查要求不切实际，所以怎么弄都弄不了。

具有侦查思维的检察官恰恰善于弥补二者的缺口，增强二者的联系。

一方面准确把握侦查与检察的规律。从提前介入即研判如何科学利用侦查（调查）的时间，恰当分配办案力量，到批捕、起诉环节分别完成哪些取证工作。结合一般办案规律，首抓主要事实、先取关键又易逝的证据，确保拘留（留置）、逮捕无虞；再抓次要事实、补充完善细节证据，确保起诉、审判顺利，等等。

事实上，侦查、批捕、起诉、审判是环环相扣的，虽然各环节有鲜明的办案特点，但总体规律性是很强的，而检察环节前承侦查、后启审判，是最有条件把握整体规律的。

另一方面敏锐捕捉个案中的细节。这是我们检察官相对比较欠缺的，因为法律规定的职责和历史传承的经验让我们更习惯于坐堂办案，面前摆什么"菜"，取决于侦查（调查）机关端什么上来，检察官做好审查工作即可。久而久之，我们总体上不善于在案件证据薄弱时把握细节、寻求突破，也不善于组织力量调查证据、攻克难关。从这个角度讲，我们不必考虑"检察官指挥侦查"制度的借鉴意义，可能我们没有条件借鉴，即便给你指挥侦查的权力也用不了、用不好。

但这并不意味着检察官在侦查活动中无用武之地，相反，如果具备较强的侦查思维，敏锐发现案件中的关键细节，可以充分利用检察和侦查的力量共同完成取证工作。

例如笔者同事办理的一起制造毒品案：公安机关移送审查起诉认定，甲乙丙三人大量购买某种药品后交给丁用于制造毒品。除丁如实供述犯罪事实外，甲乙丙均否认提供制毒原料（药品）。在案证据有丁的供述及现场查获的制成毒品5000余克，可以认定丁的制毒事实；但甲乙丙均为零口供，认定该三人参与制毒证据不足。经两次退查未能获取有力证据。

承办检察官在与侦查人员沟通中了解到，丁曾供述，甲乙丙丁四人在丙的住处时，甲乙丙将制毒用的药品打开给丁看过，然后再拿到制毒窝点进行提炼。检察官敏锐捕捉到这个细节，考虑有可能在丙的住处、制毒窝点找到药品的包装。遂邀请侦查人员一同复查现场（侦查初期公安机关已开展了现场勘查，提取了制毒工具及毒品半成品、成品等重要证据），经仔细搜寻，在丙的住处垃圾桶里发现了药品包装盒，另在制毒现场某角落里发现了塑料药瓶。经核实，药品盒、瓶所载药品的名称、数量、成分与丁的供述吻合，能够制造出查获的毒品，从而锁定丙参与制毒。继而结合其他证据逐个击破甲、乙，二人先后认罪，并被依法判处重刑。

从这些案例可见，细节之处也是难点所在，承办人敏锐地捕捉到了，而且预判了取证的风险，通过和侦查人员科学分工、相互配合，此前非常难完成的重要补证工作也就变成了可能。

三、侦查思维与客观公正立场

可能会有不同意见：检察官不是应该坚持客观公正立场吗？你跟侦查人员思维一样了，还能客观、还会公正吗？

2019年修订的《检察官法》第5条第一款规定，"检察官履行职责，应当以事实为根据，以法律为准绳，秉持客观公正的立场。"客观公正立场"入法"，是检察制度发展的重大进步，也是法治进步的重要表现。

首先要注意，检察官的客观公正立场包括什么内容。总的来看，我们讲的检察官"客观公正立场"与现代国家普遍坚持的检察官"客观公正义务"相比，有借鉴，也有发展。

检察官客观义务在很多国家法律中都有规定，并为联合国相关法律文件所确认。联合国《关于检察官作用的准则》第13条明确要求：" 检察官在履行职责时应不偏不倚；检察官应立足于保证公众利益，按照客观标准行事，适当考虑到嫌疑犯和受害者的立场，并注意到一切有关的情况，无论是否对嫌疑犯有利或不利……"；第14条进一步明确规定："如若一项不偏不倚的调查表明起诉缺乏根据，检察官不应提出或继续检控，应竭力阻止诉讼程序。"可见，检察官客观公正义务着重强调检察官维护公共利益、超越当事人角色并防范过于狂热追诉犯罪。①

---

① 张智辉：《改革背景下检察官如何秉持客观公正立场》，载《检察日报》，2020年8月10日第3版。

我们讲客观公正立场,借鉴了"客观公正义务"的有益因素,但不能空谈"宽大为怀""程序至上",而是要求检察官在尊重客观事实、秉持司法公正、注重办案效果的基础上,最大限度地让人民群众感受到公平正义。

其次,要注意不同岗位的不同要求。例如法官也讲客观公正,但只要做到公正、客观认定事实,正确适用法律,即便消极一点、被动一点也能达到目的。

检察官承担诉前主导和法律监督的职责,在角色和功能上更偏重"事实官"而非"法律官",需要通过积极、能动的方式来履行职责,不能局限于顺水推舟、"走程序",勉为其难地履行"客观公正义务"。

当然,检察官也不能简单站在被害人的立场上,不能为了追诉犯罪而追诉犯罪,造成先入为主、侵犯人权。

概言之,检察官应当立足发现真实与保障人权双重目标,将工具理性与价值理性统一起来,排除主观臆断,严格依照程序法规定,全面客观获取、审查和使用证据。①

所以,检察官的侦查思维与客观公正立场并不矛盾,相反,恰当运用侦查思维,大胆假设、小心求证,尽心尽力,全面收集证据,才能充分发现事实真相,才能为罪与非罪、诉与不诉给出一个可靠的依据。

---

① 贾宇:《检察官客观公正立场的理论彰显和自觉实践》,载《人民检察》,2021年第18期。

刑罚不是恐吓的工具

——读刘哲检察官《司法观》的共鸣与思考

当收到刘哲检察官第四部个人著作——《司法观》的时候,我发现我读书的速度已经赶不上他写书的速度了。为什么会出现这样的情况呢?书中《从古腾堡、期刊到自媒体》和《如何应对危机》两篇文章给出了答案。前一篇介绍了刘哲写作的经历和感受,在我看来,后一篇更深刻,揭示了深层的原因。

刘哲把人生中的每一次挫折和困难都看作危机,并主要通过读书克服人生的危机,书籍让他化"危"为"机",改变了人生轨迹,还追到了爱人。这说明,他小时候不会发"L"音、只会发"N"音,以至于读自己的名字只能读成"牛哲"的发音障碍,一旦被克服,误言便成了预言:刘哲真的很"牛"。

刘哲的司法观在他的前三部著作中已有一定的展现,《司法观》一书中体现得更加系统。卞建林教授在给刘哲的《法治无禁区》一书作序时提到,希望刘哲在司法规律方面作更深的思考,《司法观》亦有一定的回应。全书分"观念""思维"和"境界"三个部分,从三个层面讨论了司法的观念。每个部分10~11篇文章,单个篇幅都不长,阅读起来不费劲,但这并不意味着读着很轻松。作为身处一线的基层检察人员,我被很多观点、内容所触动,对刘哲的很多办案经历也感同身受,有时会心一笑,有时拍桌叫好。

我相信,很多人读后都会产生共鸣,我简要谈三点。

第一,每一个案件都关乎人生。"你办的不是案子,而是别人的人生",这是刘哲的名言,也是他第二部专著的书名,更是他司法观的重要表达。在《司法的边际效应》一文中,他谈到了司法一线人员出于人性的考量对有些案件"下不去手",也分析了为什么最终"下了手",以至于"你办的不是案子,而是别人的人生,这反而成为一条曲线"。

我联想到电影《我不是药神》里面的一个情节:主办侦查员曹警官认为这个案子和一般的销售假药案不一样,不能往死里打。局长说,"法大于情的事你见得还少吗?"少了独立意志和人性感受,这个案子就仅仅成了一个案子，于是放开手脚抓人了。案件背后大量的病人、绝望的眼神、垂危的生命，都看不到了。

事实上，我们很多一线司法人员并非天生都是机械执法的，相反，大多数人都有同理心、都有"不忍之心"，都有自己对司法公正的理解和追求。我们常常讲，处理案件要符合情理，情理在哪里？如笔者前文所述，"不忍之心"产生时，情理就出现了。特别是身处办案一线的检察官，很多人是敬畏刑罚的。笔者个人的感受是：办案时间越长，越怕出错。不枉不纵当然是再好不过，但如果把握不当放纵了，我们还能再抓回来进行惩处；如果处罚错了，会影响人家一生，甚至影响子女，那罪过就大了。

第二，每一个人都有可能沦为平庸。人之所以平庸，根源在于懒惰，而恰恰惰性是人的天性。思想的懒惰决定了眼界和格局，行动的懒惰决定了能力和境遇。除了极少数人属于先天不足外，绝大多数人的成长是靠自己的脑子和双手的。刘哲在《拒绝司法平庸主义》一文中分享了他的成长经历，他在工作中，"打案子"（有的地方也称"录证据"）、"发告权"（也称"开权利义务告知书"）、"订卷"（也称"装卷归档"），以及帮他人出庭，什么活都干，他的心得是"不挑活""技（多）不压身"。

回想笔者初入职那些年，这样的经历真是非常相似，当然也要看到差距：刘哲的独立思考能力很强，而我起初更多在跟随和模仿。我非常赞同一位老检察官讲过的一句话："检察人永恒的心结是对沦为平庸的忧虑"。某种意义上可以说，和"拒绝司法平庸主义"是一种跨越千里的呼应。

拒绝司法平庸，非常重要的一点是不唯上、不唯众、只唯实、尽全力。刘哲在该书中谈到了他批捕的一起未成年人被强奸怀孕案：在检委会讨论起诉与否出现重大分歧的时候他被临时叫去发表的意见，得到检委会多数人支持，被告人最终被判10年以上刑罚。他认真分析了此案通过"心理强制"实施强奸，是强奸罪的"其他手段"。在这个案子中，他甚至油然产生了愤怒："这案子都定不了强奸，什么还能定强奸？！对小姑娘怎么交代？！"

笔者前文也主张，检察官要有"积极追诉"意识，也是基于类似的办案经历：在讨论一起缺乏被害人尸体、作案工具等重要证据的陈年命案时，检委会多数委员意见认为此案应"疑罪从无"，笔者作为承办人一一汇报其中的"疑点"可以得到合理解释，最终提起公诉后，被告人都被依法惩处。那种打击犯罪的责任感和成功追诉的成就感，胜过一切。

第三，每一个人都可能成为犯罪嫌疑人。在该书《理查德·朱维尔的哀歌也是我们每个人的哀歌》一文中，刘哲提醒司法人员要警惕公众可能被媒体舆论或习惯性观念误导，从而给公正司法带来巨大阻挠。因为司法人员有职业的保护，可能成为"犯罪嫌疑人"的概率较低；手握刑罚利剑，道德上容易产生优越感。但其实这是一种错觉，我曾在和司法人员的交流中作过一个假设。

假如此刻我们会场中的某一人报案称被盗 1 万块钱，那么这个会场所有人都可能成为"犯罪嫌疑人"。但事实上作案的可能只有一人，甚至可能查明报案人记忆错误根本没有被盗，而是自己把钱另存它处或另作他用。由此可见，我们需要信任，犯罪嫌疑人被判决定罪前，都是"无罪"之人；需要理性的判断，没有证据证明的线索，都可能是谣言；需要制度的保障，没有程序正义就谈不上实体正义，如果此刻开始诱供、刑讯逼供，就可能冒出好几个"盗窃犯"。

笔者联想到在市院公诉处工作期间的接访经历：一起命案的被害方家属因不满公诉人没有建议法院判处被告人死刑立即执行，多次组织大批亲属到检察院反映诉求。承办女检察官接待多次后感觉心力交瘁，我跟她说"后面的接访让我来"。

我在接访过程中发现，被害人亲属曾到北京某知名高校请几位非常知名的法学专家出具了结论为"本案应当判处死刑立即执行"的《专家意见书》，其中措辞之激烈、语言之愤慨，大有信访材料的文风，完全没有专家论证的严谨。我起初怀疑是有人伪造专家签名，而当函询相关专家得到肯定答复后，对专家的失望与无奈难以言表。到后来，我们的结论更受被害方亲属质疑（虽然法院判决和上级案件质量评查都认可指控意见，纪委认真调查后也认为办案人员没有违纪违法行为）。

被害方家属曾向我提出一个灵魂拷问："你的水平难道比北京的专家还高？只要我扭到告（持续不断控告），没有哪个清官告不倒！"我惊愕他们怎么会有这样的想法？其他群众呢，会不会也有类似观点？当时那个心情，恰如听到朱维尔的哀歌。又如同书中提到的一句不是玩笑的"玩笑"：公诉人的牙齿在哪里？可能在肚子里，自己咽下去的。

还有很多共鸣难以细说，还有很多感受难以言表。作为一线检察官，笔者认为需要思考，如何让检察官树立起自己的司法观、践行正确的司法观，从而形成对司法活动的根本信条和对法治的根本信仰。需要做的事情很多，从最基础、最基层的角度出发，我想需要做好三件事。

第一，落实好司法责任。最影响一线办案人员积极性的，不是责任的多少，而是追责的失当。2020年10月，最高检印发了《人民检察院司法责任追究条例》，重点关注故意违反法律法规责任、重大过失责任和监督管理责任，总体上体现了对办案人员追责与保护并重。特别是对于"虽有错误后果发生，但尽到必要注意义务，没有故意或者重大过失"而不予追责的规定，以及检察长（副检察长）、检察官、检察辅助人员过错责任的划分，有助于为一线办案人员"松绑"。一方面督促办案人员尽心尽责，不能因故意或重大过失造成错误。另一方面是笔者最期待的，鼓励办案人员独立思考和提出意见，"谁决策、谁负责"；领导改变检察官决定的，"谁改变、谁负责"。

相信有了科学的追责问责，司法责任就能落实。检察官可以充分提出自己的意见，逐渐培养和展现自己的司法观；领导想要改变，必须有充足的理由，因为要接受追责的检验。从多年的办案实践来看，很多时候，领导改变后的意见可能更正确，其实也能帮助检察官修正、完善自己的司法观。

第二，完善目标考核机制。我与很多一线检察官、基层检察长交流，一提"目标考核"，大家普遍感觉头大。"指挥棒"的地位非常凸显了，但作用发挥却有待改进。考核指标怎么设，往往就是上级司法方向、司法观念的体现。

有的考核项目太多，分解到基层多达100多个细项，精力顾不周全。有的不顾基层实际，上级各内设部门按照业务条线下指标，基层一个部门必须应对上级多个条线，最恼火的是一年到头根本没有发生相应的案件而"无米下锅"。

有的考核指标不但不给基层"撑腰"，反而自缚手脚，让很多监督工作变成了沟通协调工作，"协商式监督"的窘境让一些法检分歧最终以检方妥协了结。

还有的考核指标不够科学，捕后不诉、主动撤诉（撤抗）等扣分较重，自我纠错代价太大。

笔者在市、县两级院工作过，有一个深切的感受：目标考核不是最好的管理手段，但却是最管用的，因为上下级的领导关系决定了下级的执行力是非常强的。同时也明白一个道理：上面有政策，下面一定有对策（"对策"可能是积极地落实，也可能是走样的变通）；高手在民间，没有做不到，只有想不到。

在考核的压力下，我们不能寄希望于基层不想对策，而应当考虑如何改进和完善考核机制。"上面"各部门设计完目标考评，统筹部门要模拟测试，避免考核指标的重复或冲突；最好多听一听"下面"的不同意见，不光关注"可行性"，还可以设置"不可行性"论证环节。

最终我们希望考核指标达到这样的效果：抓住关键，简明扼要，指标科学，正确引导。人性司法被鼓励，善意司法被提倡，主动纠错被肯定，效果突出获加分，平庸机械被否定，失职失责要扣分，等等。

第三，奖励先进树立典型。此举和前述目标考核是相呼应的，二者可以相互补充。不能"老炮儿""油腻"不区分、干好干坏一个样。既要注重表扬"费力之人"，比如埋头苦干、办案量大、结案率高的人；也要注重表扬"费心之人"，比如尽心尽责成功指控疑难案件、劳心劳神解决案里案外各种困难取得良好效果的人。

表扬的意义，既在于奖勤罚懒，也在于引领示范。特别是一些先进人物所传播的做人理念、办案观念和职业精神等，能够起到很好的带动作用，大家照着做就对了。恰如一个典型案例胜过一打文件，一个先进典型胜过一打讲话说教，道理是一样的。

总之，司法观是一个大课题，不是三言两语就能说清的。司法观也是具体的，根植于每一个司法者心中，体现在每一起司法案件上。"刑罚不是恐吓的工具"正是一种司法观，我们手握刑罚这个"刀把子"，每人每年面对的犯罪嫌疑人少则数十、多则上百，每一次"下刀"都关乎人生。

刑罚是戾气很重的东西，绝不能拿来恐吓他人，就像大人不能用"再哭，警察来抓你了"来恐吓哭闹的小孩一样。我们必须要用正义和良知来掌控刑罚，才知道什么时候"手起刀落"，什么时候"刀下留人"。

慎将被害人自救行为入罪

——从一起强奸索赔案谈起

生活中常常看见这样的场景：小孩子跟爸爸妈妈哭鼻子，说自己被谁谁谁打了。有的爸爸妈妈处理方式简单直接，告诉孩子：有什么好哭的啊，谁打你了你还手不就完了。

这样的教育其实是有一定道理的，孩子如果从小太懦弱，就会被欺负，如果被欺负了还不敢反抗，那就时时处处受欺负，长此以往，会培养成为一种习惯，压抑成一种病态，潜藏为一种风险。如果被打了能立即还手，其实可以培养反抗的意识，锻炼自己的胆量，勇敢捍卫自己的权利，哪怕打不过人家，也让人家知道自己并不会甘于被欺负。久而久之，就没有人敢轻易来欺负。

成人的世界何尝不是如此！司法运行经常遇到窘境，正当防卫条款被限制得太严，就会导致制度"沉睡"，在面临不法侵害的时候，不敢、不能、不愿大胆制止，久而久之，"法"就会向"不法"让步。权利受侵犯时，如果只允许求助公权力机关，自我救济被否定，久而久之，人们就会失去血性、不知反抗、不能反抗，"正"就会向"不正"妥协。我们来看这样一个案例。

一、强奸索赔案

某女甲，16 周岁，系某职业技术学校在校学生，2019 年 3 月 1 日晚被同校 3 名男同学轮奸。次日，甲将此事告诉其男朋友乙（18 周岁）。乙听后很气愤，便与甲一起找到该 3 名男同学，要求每人赔偿甲 1 万元钱精神损失，否则将报案。3 名男同学均不答应，乙便掏出随身携带的小刀相威胁，并对 3 名男同学扇耳光。其中 1 名男同学打"110"报警，警察将甲乙带至派出所，3 名男同学因涉嫌强奸罪亦被一并带走。公安机关经侦查后，以甲乙二人涉嫌敲诈勒索罪提请批准逮捕。

二、对本案的定性分歧

对于甲乙二人的行为如何定性，大体有三种认识分歧。

第一种观点认为二人构成敲诈勒索罪（未遂）。主要理由是：行为人甲、乙基于非法占有的目的，客观上实施了以威胁方法勒索他人财物的行为，且索要数额巨大，严重侵犯了他人人身权利和财产权利，二人的行为构成敲诈勒索罪。鉴于"被害人"报警，甲乙二人因意志以外的原因而未得逞，属于犯罪未遂。

第二种观点认为二人构成抢劫罪（未遂）。主要理由是：行为人甲、乙主观上具有非法占有的目的，客观上对3名男同学当场实施了以刀相逼、扇耳光等暴力行为，企图强行抢走他人财物，且涉及数额巨大，具有抢劫罪的加重情节。其犯罪形态理由同上，属于犯罪未遂。

第三种观点认为二人的行为不构成犯罪。要充分考虑甲系强奸案被害人的事实，这是索取赔偿的基础和前提，是一个合情合理也有一定合法性的理由，所以甲乙二人的行为属自救，虽有一定暴力，但并不严重，未造成实害后果，不应当追究刑事责任。

首先明确一下，笔者不赞同前两种观点，认为甲乙二人的行为不构成犯罪。主要理由如下。

其一，甲乙二人主观上不具有非法占有的故意。前两种观点认为甲乙主观目的是非法的，或主要是因为甲作为强奸案的被害人，应当向公安、法院等国家机关救助，国家机关会依法对3名男同学予以惩处，刑法不支持被害人除物质损害外的其他附带民事诉讼赔偿请求，如精神损害赔偿等。但是这并不是绝对的，2021年3月实施的《最高人民法院关于适用＜中华人民共和国刑事诉讼法＞的解释》规定，"因受到犯罪侵犯，提起附带民事诉讼或者单独提起民事诉讼要求赔偿精神损失的，人民法院一般不予受理"。这与2012年《刑事诉讼法解释》规定的"不予受理"相比，增加"一般"二字，为精神损害赔偿预留了空间。

另外，需要明确的是，即便刑事诉讼不支持，并不意味着被害人就不能通过其他途径进行救济。

就本案而言，甲被3名男同学轮奸，其遭受的物质损害虽不明显，但其遭受的人身权利被侵犯和精神损害却是不言而喻的。虽然不一定能通过刑事诉讼程序获得赔偿，但根据2001年颁布的《最高人民法院关于确定民事侵权精神损害赔偿责任若干问题的解释》第1条之规定,"自然人因生命权、健康权、身体权……等人格权利遭受非法侵害,向人民法院起诉请求赔偿精神损害的,人民法院应当依法予以受理"。意即本案甲乙完全可以通过民事程序以身体权遭受侵犯为由主张精神损害赔偿,甲乙要求3名男同学对精神损害给予赔偿是有法律依据的。

特别是《民法典》颁布施行以后,根据第1183条第1款"侵害自然人人身权益造成严重精神损害的,被侵权人有权请求精神损害赔偿"的规定,实践中这样的判例已经越来越多。所以,甲乙二人要求赔偿并非"非法占有",而是合理合法的。

其二,退一步讲,即便从"手段非法"的角度去看,甲乙二人的行为也应属情节显著轻微,不应认为是犯罪。甲、乙虽然以报案相要挟,乙还以刀相逼,手段比较强硬,有非法之嫌,让3名男同学产生了恐惧心理,但这很可能是他们对可能遭受法律对其强奸行为制裁的畏惧,并非对其合法权利将要遭受侵犯的担忧。这与敲诈勒索的"威胁""要挟"行为及其产生的后果有本质区别。

同时,乙虽然实施了以刀相威胁,并对3名男同学实施了扇耳光等暴力行为,但是由于其没有非法占有的目的,也没有当场从3名男同学身上抢走钱物,所以其行为并非抢劫行为。由于没有造成轻伤以上后果,所以乙也不构成故意伤害罪。

综合来看,即便认为甲乙的手段行为有一定的危害性,但是情节显著轻微,根据《刑法》第13条"但书"的规定,不认为是犯罪。

其三,"入罪论"者可能进一步追问:即便甲乙的动机、行为有一定的合理性,但既不请求进行人民调解,也不向法院起诉,直接以刀相逼、拳脚相加,是否合法?笔者认为,本案这种行为属于被害人的自力救济,亦可视为通常所说的"私了"行为。

在强奸、猥亵等涉及被害人隐私的犯罪案件中,犯罪分子受到刑事处罚,虽然能对被害人予以一定的抚慰,但对被害人的身体、精神创伤弥补作用并不大。被害人或出于防止影响扩大造成二次伤害、尽力挽回损失、避免再受加害人侵扰等考虑,有的会要求或接受加害人的"私了"。而法律针对被害人自由支配范围内的权利允许自行处置,对一定范围内的"私了"予以认可。

对于超出被害人权利范围的"私了"虽然可能放纵犯罪,但被害人也并不因此而构成犯罪。由于被害人超出处置权利范围的"私了"不具有法律效力，例如被害人承诺放弃追究属于法定公诉范围的刑事责任，这并不影响国家机关追诉犯罪。

三、对被害人自救行为入罪应注意的问题

第一，注意进行自救行为的主体身份。一般情况下，进行自救的只能是被害人本人。对于被害人死亡、年幼等行为能力欠缺或涉及被害人隐私等案件，可以由其法定继承人、监护人、近亲属或者被害人委托的其他亲属、朋友代为行使自救权利。以维护被害人权利为出发点，适当扩大自救主体范围，对鼓励自救是很有帮助的。

除此之外的第三人给予救助的，属于通常意义上的"见义勇为"行为，也是值得肯定的。需要说明的是，"见义勇为"不能代替他人进行自救，意即二者可以同时存在，并不冲突。

值得注意的是，实践中常见的第三人出于非法占有、扰乱秩序等目的，利用滋扰、聚众、信访等方式向加害人或政府索要财物，其非法意图是比较明显的，其行为则可能涉嫌寻衅滋事、敲诈勒索等犯罪。

第二，注意自救的理由是否正当。被害人进行自力救济，应当有合法权益遭受非法侵犯的事实为前提，主张损害赔偿于法有据。

若是被害人无中生有，则其主观动机则可能非法。应当注意，对于本案及类似情形，被害人提出高于一般人身损害赔偿主张甚或"天价"索赔的，也不应轻易作为犯罪论处。

因为对于精神损害的赔偿标准目前缺乏明确规范，个案中侵权人的行为严重程度、造成的后果、被害人遭受的损害程度等千差万别。对于被害人提出赔偿要求过高的，侵权人有接受与否的选择权，不能因被害人提出不合理要求而否定其行为的自救属性。

第三，注意自救行为是否恰当。被害人进行自救，采取的方式、方法应当合理合法。对于被害人在自力救济过程中出现的过激行为和暴力手段应该具体问题具体分析，没有造成法定严重危害后果的行为，不应轻易给予刑法上的否定评价。对于严重侵犯当事人合法权益，造成严重后果，构成犯罪的，才考虑依法追究其刑事责任。

另外，从鼓励被害人自救的角度看，我们对被害人的自救行为要有一定

的忍耐，在紧急情况下，要作出有利于自救人的判断。不能苛求自救人必须采取与遭受侵害基本相当的反击方式和强度，更不能机械理解为自救行为与不法侵害方式要对等，强度要精准。从这个意义上讲，与鼓励正当防卫的精神是一致的。

实践中还有很多涉及被害人自救的行为，比如遇到借钱不还的"老赖"，债权人如果不施以必要的强力，采取跟踪、围堵甚至一定程度的恐吓、辱骂等方式进行"强势讨债"，哪个债务人会乖乖还钱？又如遇到吃饭不买单、打车不给钱的行为，如果不允许餐厅经营者、司机对相关顾客、乘客采取必要的限制人身自由等措施，人一旦溜走，哪里去找？如果有这样的遭遇，因进行自救而被作为违法行为给予打击，诚信风气何以建立、世间正气何以彰显？

综上，抓住自救行为是以"正"对"不正"的本质，司法应当鼓励遭受侵害的人大胆自救，对保护群众合法权益、维护公平正义、形成良好社会风气，都非常必要。

"退查"是好事还是坏事?

"退查"是检察机关在审查起诉环节将不符合起诉条件的刑事案件退回侦查机关、调查机关补充侦查或补充调查的简称。其中,"侦查机关"包括公安机关、国家安全机关和人民检察院(2018年《刑事诉讼法》修改以前主要是指反贪污贿赂和反渎职侵权部门,现在负责侦查的主要是刑事执行检察部门)。"调查机关"在刑事诉讼活动中专指监察机关,国家监察体制改革后,检察机关"两反"转隶,"退查"出现新的内容,即退回监察机关补充调查。

"退查"是《监察法》和《刑事诉讼法》规定的刑事司法程序之一,本身不应该有"好事""坏事"之分,但在办案实践中,人们对"退查"褒贬不一,特别是监察机关成立之初,对检察机关针对职务犯罪案件的退查决定普遍比较抵触。加之近年来,检察机关自我加压,通过优化"案-件比"提升办案效率,对退查进行自我控制,有影响"退查"正常运行之趋势,故本文提出个人浅见,就教于方家。

一、"退查"为什么不容易被认可?

"退查"让本应向前推进的诉讼进程发生一定的逆转,从检察机关退回侦查(调查)机关,诉讼时间变长,补查结果还可能影响案件起诉与否,或影响量刑,因此,办案机关、案件当事人乃至社会各界都很关注"退查"。如果案件被"退查",可能产生系列疑问:

一是前期侦查(调查)质量是否不高?如果前期侦查得力、调查深入,事实清楚,证据确实、充分,案件就可以直接作出起诉与否的决定,何需"退查"?

二是当事人权利保障是否到位?根据法律规定,"退查"以两次为限,每次一个月,"退查"结束再次移送检察机关,审查起诉期限重新计算。因此,"退查"给人的直观印象就是诉讼时间变长——对于犯罪嫌疑人而言,羁押时间可能更长;对于被害方而言,受损的权利可能得不到及时弥补。案不结,事不了，对双方当事人权利保障都不利。

三是司法资源是否被浪费、考核是否受影响？"退查"的过程，就是办案机关人力物力再次投入的过程。假如案件都不需要"退查"，办案人员可以少付诸精力，人力物力投入减少，国家的司法资源将大大节省；从考核指标上看，"案－件比"达到或趋近于1:1，或被视为办案效率高而获得肯定。

从不同的视角看，可能还有不同的担忧。基于这些担忧，实践中亦有越来越控制"退查"的趋势，曾经一个时期一些地方甚至以"一般不退查"作为办案要求。

二、"退查"的现状如何？

笔者认为，防止程序空转确实是有必要的，但人为限制"退查"是不可取的。因为深入了解"退查"的现状就会发现，司法实践中，"退查"的效果是利大于弊的。这至少有三方面体现。

一是"退查"体现了办案的"绣花功"。如果把前期侦查、调查看作"攻坚战"的话，"退查"就是为了巩固战斗成果所要做的"绣花功"。有侦查经验的办案人员都知道，刑事案件一旦立案，犯罪嫌疑人到案，就必须按照《刑事诉讼法》规定的时限"倒排工期"，讯问犯罪嫌疑人、询问证人、勘验检查、评估鉴定以及收集固定相关书证、物证等工作，必须在较短时限内一气呵成，需要集中兵力打下最关键的堡垒。

如果案情简单，移送审查起诉即可宣告战斗胜利；如果案情重大复杂，则可能有很多证据未完善，例如重要证人尚未现身、价值评估尚未完成、物证鉴定暂无结果，等等。有的侦查员会主动跟公诉人沟通，"这个案子审查完了请退查回来，我们还需要完善一些证据"。这样的"退查"，是十分必要的，也反映了实事求是、精益求精的办案态度，是值得鼓励的。

二是"退查"反映了办案的现实需要。一方面是办案规律的需要。笔者对某地级市2016—2018年（检察机关"两反"转隶前）的刑事案件"退查"情况进行了统计，这三年时间里，该市普通刑事案件一次退查率为16.35%，二次退查率为5.05%；职务犯罪案件一次退查率为41.03%；二次退查率为22.56%。"两反"转隶后，该市2019年—2020年普通刑事案件一次退查率为16.37%，二次退查率为5.67%；职务犯罪案件一次退查率为23.53%；二次退查率为2.94%。普通刑事案件退查情况变化不大，职务犯罪案件退查大幅减少。

从一线办案情况来看,"退查"在司法实践中有较强的现实需要,而且职务犯罪案件因其通常比较复杂,退查率比普通刑事案件更高。监察委成立后,调查力量得到整合,办案水平明显提升,退查率大幅下降,但并不意味着从此就没有退查的必要。因为案件事实、证据可能在后续诉讼环节出现新情况、新问题,以及检察官基于起诉、出庭支持公诉的考虑,可能需要掌握更多的证据材料,往往需要退查才能解决。

另一方面,是特殊时期特殊情况需要。例如,新冠肺炎疫情防控期间,各地基于疫情防控的需要,会在一定区域进行静态管理。根据防控指挥部的安排或党员"双报到"的要求,会要求全员参与社区管控、核酸检测、方舱服务、物资发放、卡点值守等工作。此外,还有抗震救灾、抗洪抢险等常见突发情况,例如,有些地处大江大河大湖沿岸的城市,夏季经常出现洪灾,全体机关干部投入抢险救灾也是必然的。

在这些特殊时期特殊情况下,有的案件采取"时间换空间"的办法,也是不得已而为之,必须为大局工作保障力量,这也是保障广大人民群众生命财产安全所需。当然,我们要采取措施防止以此为借口损害个案当事人的合法权益,例如:需要加强退查的审核,防止人为拖延;加强个案的把控,结合案件性质、犯罪嫌疑人的人身危险性、预期量刑等因素综合考虑,能够不羁押的尽量不羁押,防止特殊情况下"时间换空间"的不利后果由犯罪嫌疑人承担;加强汇报争取,除疫情防控、抢险救灾等"人命关天"的大事要事外,其他大局工作诸如"创文""创卫""创模"等,尽量减少对检察官的调用,确保一线办案力量。

三是"退查"有利于保障当事人权利。一方面,下足"绣花功",办案精益求精,做到实事求是、不枉不纵,正是对当事人负责、维护当事人权利的重要体现。

另一方面,从"退查"所补查的内容来看,很大一部分案件着眼量刑情节。多数是对犯罪嫌疑人有利的量刑情节核实,既有侦查(调查)过程中反映出犯罪嫌疑人可能有坦白、自首、立功、退赃等情节未来得及全面核实,或核实的证据材料不够充分,认定有难度;也有审查起诉环节出现非法证据排除、检举他人违法犯罪、主动配合追赃挽损或要求与被害方和解等新情况。通过"退查",有利于查明相关量刑情节,或促成当事人和解,这样的退查是利远远大于弊的。

当然,"退查"工作也存在一些不足:有的侦查员前期侦查质量不高,不得不利用"退查"亡羊补牢;有的公诉人办案效率低,滥用"退查"换取审查时间；有的办案人员纠缠于与定罪量刑无关的细枝末节，浪费司法资源。这些问题会产生程序空转，需要在办案中加以改进，但并不因之而否定"退查"的制度价值和现实意义。

三、我们该怎样运用"退查"？

坚持辩证看待和运用"退查"，既肯定"退查"的价值和意义，也正视存在的问题，在实践中敢用、善用、用好"退查"，努力在实体和程序两方面都实现公平正义。

一是立足办案实际，当退则退。正常情况下，是否"退查"应当由案件客观情况决定，坚持案件质量生命线，在法律规定的办案时限内，司法效率应当服从案件质量。特别是基本事实不清、证据不足，办案程序存在重大瑕疵，需要排除非法证据的案件。不符合起诉条件的，应当在审查起诉环节做足功夫，通过依法退查尽力补救，决不能"带病起诉"。

实践经验告诉我们，办案是不能"偷懒"的，尤其是不能把检察环节没搞清楚的重要问题留到审判环节。诉前把关越严格，诉后越轻松；诉前越草率，诉后补救越难。

二是着眼定罪量刑，突出重点。需要注意的是，"退查"不能"眉毛胡子一把抓"，既要查清事实，也要分清主次，节约司法资源。没有司法成本意识、不为国家节约司法资源的检察官或许也不是好的检察官。

审查案件要牢牢把握"定罪量刑"这个关键，而非查清与案件相关的全部事实。例如，我们提倡"简案快办、繁案精办"，但并非"简案"就不能"退查"，"繁案"就鼓励"退查"。不论案情简单还是复杂，一定要把定罪和量刑两个关键问题查实弄清，换句话说，只要涉及定罪量刑的问题查清楚了，其他细枝末节"能不退就不退"。

三是注重诉讼效率，补退结合。从检察机关的角度而言，我们要充分运用好审查起诉的一个月或一个半月时间（延长半个月的情况下），综合运用"退查"、自行补充侦查以及二者相结合的方式补强证据。

例如对于部分定罪量刑事实不清、证据不足，但补充核实难度不大的，可以在审查起诉期限内向侦查、调查机关提出，"边审边补"；有条件自行补充侦查的也可自行补查；或者对需要补充核实的问题进行分类分工，侦查、调查和公诉人员分头行动，共同完成补查工作，切实提高办案效率。

"案－件比"指标的积极价值与风险防控[①]

2019年1月,最高人民检察院领导在全国检察长会议上,首次提出了关于案件质量评价指标体系建设的问题,这是检察机关落实党的十九届四中全会关于"坚持和完善中国特色社会主义制度、推进国家治理体系和治理能力现代化"等要求的有力举措。2020年5月,最高人民检察院下发《检察机关案件质量主要评价指标》并在全国正式推行,"案－件比"作为评价办案质效的"GDP"受到前所未有的重视。

笔者考察了一些基层检察院,近两年来,大家在思想上转变很大,也采取了一系列举措,通过不懈努力总体上实现了"案－件比"迅速下降。但同时也出现了一些问题,比如在一段时期内对"案－件比"过度、片面追求,重效率轻质量的苗头出现,积累的风险也开始显现。需要及时纠偏,使之回归正轨,推动"有效率的质量"与"有质量的效率"相结合,实现"案－件比"评价指标应有的价值。

一、"案－件比"指标带来的办案变化

简言之,所谓"案",即发生在当事人身上的"案";所谓"件",即进入司法程序后由各办案机关统计的"件"。当事人发生一"案",经过办案机关受理、延期、退查、复议等若干诉讼环节,就被统计为若干"件"。"案"经历诉讼环节越多、统计的"件"越多,司法资源耗费越多,当事人讼累也越重。创立"案－件比"评价标准,意在督导检察官强化责任意识、提升司法能力,努力把工作做到极致,避免程序空转,由此对一线检察办案产生了巨大的影响。

(一)办案态度有转变

随着"案－件比"概念的提出,最高人民检察院向各地通报数据、督促

---

① 本文曾获最高人民检察院第四届全国检察官阅读征文活动优秀奖,本书收录时有删改。

落实，各地各级检察机关通过数据对比明晓差距，办案态度上迅速发生转变。以 A 基层院为例，虽然该院刑事案件受案数远低于所在市的平均数，但 2019 年"案－件比"达 1∶2.32，远高于所在市另几个基层院，也高于同期全省、全国平均指标。通过分析，认为症结在于办案态度不端正，工作作风不实，主要表现为适用延期、退查较为随意，导致办案效率较低。

他们围绕解决关键问题采取三项措施，其一，开展学习教育。引导全体办案人员思想上转变认识，摒弃"按照法律规定时限办结就算尽职尽责"的惯性思维，在更高层次上追求程序公正与实体公正相统一。其二，建立优化降低"案－件比"工作机制。结合个案涉案人数、涉案金额、卷宗数量等因素将案件疑难程度评定为不同等级，对大量的简单案件进行密切关注和严格把控退查、延期。其三，内部考核进行倾斜。对"案－件比"控制较好的办案人员在考核上予以鼓励加分，评先评优上倾斜考虑。通过一段时间集中督促，办案态度明显转变，办案节奏明显加快。

（二）审批模式有改变

从实务情况来看，检察机关围绕司法环节被统计为"件"的业务活动，普遍加大了审批管理力度，提高了审批门槛。"件"主要体现在批捕（或不批捕）申诉、不批捕复议复核、延长审查起诉期限、退回补充侦查、不起诉复议复核和申诉、被告人上诉以及国家赔偿等 16 个节点。其中，基层一线办案最常见、对"案－件比"影响最大的节点是两次退回补充侦查和三次延长审查起诉期限，实务中简称为"两退三延"。

以 A 基层院为例，在早期办案过程中，多由办案人员根据案件事实、证据等情况自行掌握退查和延期，因优化降低"案－件比"的需要，调整为分管副检察长负责审批。总体原则是：确有必要的，依法退查、延期；确有"水分"的，督促办案人员提效"挤水"。

据调研了解，不少基层检察院都有类似做法。通过提高审批权限对"两退三延"进行整体把握后，降低"案－件比"效果立竿见影。

（三）司法配合有加强

一些基层院在改进内部工作管理基础上，特别注重加强与前后办案环节配合协作。其一，加强与侦查、调查、审判机关配合。通过在公安办案中心设立检察室、发挥派驻检察室作用等方式加大提前介入力度。2021 年底至

2022年初,各地检察机关、公安机关根据最高人民检察院与公安部的部署,陆续联合成立侦查监督与协作办公室,侦检协作更显紧密。通过严格落实检察、监察办案衔接相关规定,提前介入的比例大大提升。对于自行补查的案件,主动与侦查、调查机关衔接,争取配合支持,通过"边审查、边补证"及时完善证据。对于扫黑除恶、职务犯罪、涉众型犯罪、经济犯罪等特殊案件和案情重大复杂、分歧较大的案件,提前与法院沟通,主动听取意见,尽力减少撤回起诉。

其二,完善退查文书,增强补查说理。在提前介入、第一次退查环节说清"补什么""为何补""怎么补",既提出明确的补查事项,又阐明补查的目的和理由,全力争取一次性完成补充证据,避免退查提纲过于笼统、侦查(调查)人员理解分歧而浪费时间精力。

(四)认罪认罚适用率有提升

对于办案机关而言,犯罪嫌疑人认罪认罚,带来的直接诉讼"红利"是取证难度降低、办案效率明显提升。检察环节持续稳定认罪,延长审查期限、退回补充侦查、申诉等办案节点大量减少。因此,落实认罪认罚从宽制度与优化降低"案-件比"的要求高度契合。

以A基层院为例,该院将推进认罪认罚从宽制度作为优化降低"案-件比"的重要举措,按照考核指标分解到每个办案组、每名检察官。2019年、2020年认罪认罚从宽制度适用率分别为54.62%、91.11%,两个年度"案-件比"分别为1∶2.32、1∶1.24,二者"正相关"的联系十分紧密。很多基层院都有类似情况。

(五)办案效率有提高

从办案效率角度看,通过严格控制"案-件比",A院审查起诉环节"两退三延"现象明显减少,主要得益于2020年较之2019年延长审查起诉期限、退回补充侦查同比分别下降87.62%和81.08%,下降幅度大于全国同期延期、退查分别下降57%、42.6%的平均值,办案程序空转得到有效遏制。

从全国和A院来看,检察机关"案-件比"都明显下降,A院下降尤为明显,以46.5%的降幅明显大于全国23.5%的平均降幅。

二、"案-件比"指标运行的主要风险点

不可否认的是,当前优化降低"案-件比"的总体成效是明显的。然而,辩证分析发现,在基层办案实务中,过于追求"案-件比"带来的风险也不容忽视,有的甚至影响到案件质量生命线。

(一)目标上唯"降低"论,失之片面

"案-件比"是案件质量评价指标之一而非全部,控制"案-件比"的目的在于避免程序空转而非牺牲案件质量,但实务中对"案-件比"过于追求、片面突出"降低"并非个别现象。

主要表现为:其一,出台文件要求"降低"。例如,某省级检察院下发以"切实降低刑事案件'案-件比'"为标题的通知文件,① 各地也制定出台了降低刑事"案-件比"的系列制度。其二,内部管控重在"降低"。主要体现在目标考评、数据通报、审核把关等方面,对"案-件比"是否降低、降低幅度高度关注。其三,宣传报道强调"降低"。例如,检察系统的媒体纷纷以"降低刑事'案-件比'"为题宣传报道各地做法和经验,② 其导向作用较明显。虽然相关文件、宣传报道中也提及了提高办案质效的综合举措,但从标题到正文,都着重强调降低"案-件比",容易给办案人员造成全力追求"降低"的印象。一旦苛求"降低",就容易忽略合理性,在工作目标导向上产生风险。

(二)方法上对办案者限权,有欠科学

随着司法改革深入推进,司法责任制逐步落实,原来的"承办人-部门负责人-分管副检察长"三级审核、法律文书全面审核的模式已经发生转变。以审查起诉环节为例,检察机关统一业务系统从审批权限设置上进行了重大调整,延期、退查等节点和审查报告等文书最低审批权限为承办检察官;起诉书、不起诉决定书等法律文书最低审批权限为分管副检察长。

---

① 最高检案件管理办公室《关于"案-件比"评价指标运用情况的调研报告》指出,山西省检察院下发《关于采取有力措施切实降低刑事案件"案-件比"的通知》,最高人民检察院门户网站,2020年9月24日。
② 例如,《检察日报》2021年5月7日刊文《降低"案-件比"的秘籍何在》,2020年6月29日刊文《创新办案机制,有效降低"案-件比"》;又如,甘肃省检察院门户网站2020年6月24日刊文《安宁区院多措并举降低刑事案件"案-件比"》;等等。

有的地方强力推进"谁办案谁负责、谁决定谁负责"司法职责制,对一般案件起诉书、不起诉决定书等法律文书也授权承办检察官审批,[①] 取得了难得的成效。但由于控制"案-件比"的需要,很多地方将延期、退查等决定提升至部门负责人乃至分管副检察长负责。

对于是否退查、延期,承办人更多侧重于案件事实和证据,决策者更多面临考核、通报等压力。因此,对承办检察官限权产生的负面影响是明显的:其一,因意见冲突而易造成内部矛盾;其二,因考量问题角度不同而易产生该退不退、该延不延等现象;其三,回到"办案者不决策、决策者不办案"的老路而易影响案件质量。

(三)处断上"快马加鞭",失于仓促

随着"案-件比"的降低,最直观的感受是案件办理速度明显加快。适当提高效率符合"案-件比"评价指标的价值导向,但过于求快就难以保证质量,有的案件处理结果可见仓促。

例如,实践中较为常见的"两抢一盗"及"零包贩毒"案件,公安机关移送审查起诉多笔事实,现有证据能够认定其中一两笔,需要通过一次乃至二次退查、投入一定的时间和精力才可能查清其余事实,但检察官可能基于降低"案-件比"的考虑而不退查,或者即便检察官建议退查也不一定能获批。

"构罪即可诉、能诉就快诉",这样的考虑能大幅降低"案-件比",却不会引起案件质量评价体系中诸如"撤回起诉、无罪判决、上诉"等负面评价,所以一些案件宁可选择仓促结案,也不会开展退查,尽管这样的处理可能带来重罪轻诉甚至放纵犯罪。

(四)效果上有得有失,未形成良性循环

提升办案效率,需要侦查(调查)、审查起诉、审判各系统全流程良性循环。检察环节努力降低"案-件比",在一定时期内会取得一定成效,也能触动侦查(调查)机关、审判机关加强配合、避免拖延。

但长远来看,需要解决好系列基础性问题才能确保办案质效稳定提升、

---

① 例如,北京市检察机关在全国率先将一般案件的不批准逮捕、不起诉、未成年人刑事案件附条件不起诉的决定权下放给检察官,并同步修订检察官权限清单,更加突出检察官的办案主体地位,激发检察官的主动性和责任心。见京检在线(北京市人民检察院官微)文章《重磅!北京市检察院在全国率先将不批捕、不起诉决定权下放给检察官!》,2017年10月11日。

良性循环：其一，保障侦查力量（一些基层侦查人员"一人多岗"是侦查力量难以保障的症结），提升侦查基础质量，这是提升办案质效的前提。其二，保障审查起诉力量（一些地方检察人员被大量抽调、"在编不在岗"是检察业务骨干工作力不从心的痛点），提升监督刚性，这是保障办案质效的关键。其三，审判人员重视效率、减少内请，让审理者裁判，这是办案质效的最终体现，也是前诉讼环节办案质效的检验。如果系统性、基础性问题没有得到有效解决，检察环节办案效率提升可能是暂时的，反弹的风险较大。

（五）评价上有褒有贬，各方体验感不一

一项制度是否有生命力，关键在于是否给多数人带来好的体验、获得多数人的认可和支持。降低"案-件比"带给诉讼各方的感受需要客观看待：对检察官而言，既有办案效率提升带来的成就感，也有被抽打追赶的疼痛感，还有过于求快而降低监督制约力度的危机感。对当事人而言，既有"快办快结"的愉悦感，也有诉求满足不够、参与诉讼不深、权利保障不充分的被遗忘感。对于人民群众而言，既因司法资源节约、办案人员勤奋高效而给予认可，也因"萝卜快了不洗泥"而对案件质量表示担忧。

特别是涉案人员多、社会关注大、案情重大复杂的案件，过于追求降低"案-件比"、过于求快，各方的体验感往往更低，检察办案若不够精细、权利保障不够到位，产生的负面风险往往较大。

三、风险防控建议

坚持辩证的眼光，既要看到"案-件比"评价指标带来的积极效果，也要正视潜在的风险，不断改进和完善，确保每一起案件的公平正义来得更实，人民群众感受更深。

（一）理念上既要重视，又要防止走偏

解决好理念问题，才能树立正确目标，"案-件比"降低到一定合理区间后，不能苛求"再降低"。诚如认罪认罚从宽制度适用率指标，从一线办案实务看，达到80%尚需努力，达到85%已属不易，若再要求提高，行为人认罪认罚真诚度、被害方权利保障以及案件质量就很难周全。对"案-件比"指标的把握，要牢牢抓住提升办案质效、避免程序空转这个根本，防止舍本逐末。

评价"案-件比"指标，要根据各地司法队伍情况、案件类型、各时期重大工作等因素综合看待，切忌"一刀切"。

具体来看：其一，当地侦查（调查）基础水平和提前介入工作的能力，反映了一个地区公安、监委、检察办案队伍基础素能，是案件质效的根本。这一点又与经济发达程度、高素质人才聚集程度密切相关。其二，案件类型是决定个案办理进度的基础。涉众型、涉黑恶以及其他重大疑难复杂案件与简单案件的办理模式、评价标准差别甚远，对"案-件比"指标要求也不应相同。其三，地方实际情况要考虑。疫情防控、抢险救灾等一段时期的地方重大工作是检察工作应当服务的大局，抽调基层检察机关力量的现象客观存在，放慢办案进度保障大局也是现实所需，评价"案-件比"要考虑基层实际。

（二）方法上既要优化，又要注意预警

经过一段时间的控制，"案-件比"总体上明显降低，下一步要更加"优化"，使之保持在合理区间运行。

所谓"合理"，大体上应当符合三个方面的条件：一是开展退查、延期等工作是确有必要的，检察官是勤勉尽责的。二是起诉案件定罪、量刑建议是准确的，不诉案件决定是正确的，即便经历二审或复议复核仍获认可，案件质量是经得起检验的。三是当事人诉讼权利得到尊重和保障的，总体感受是较好的，办案办理既没有久拖不决，也没有仓促了结。

为了达到较"优"的"案-件比"，加强预警是一个值得引起重视的环节。出现包括但不限于这三类情形时，应当进行预警并关注相关案件质量：其一，个案前后办案环节认定事实、证据出入较大，影响定罪、量刑或不利于当事人权利保障的；其二，同一检察院一段时期"案-件比"大幅波动，或二审、复议复核改变原决定较多的；其三，一定区域内个别检察院"案-件比"异常高于或低于当地平均指标的。

（三）考核上既要鼓励，又要避免片面

考核有着指挥棒的作用，科学设置"案-件比"指标无疑对提升办案质效有积极的作用，总体上要鼓励优化"案-件比"，但要防止唯"降低"论而失之片面。

社会大众的司法价值观是多元的，根据案件的具体情况，对公正、效率、民主、文明、合情、合理等价值的追求度是不一样的，需要质与效兼顾、法

理情兼容。有的重大、特殊案件对效率的容忍度是比较高的,在法定时限内实现结果公正,正是效率的最佳体现。

值得注意的问题是:其一,要肯定"案-件比"的积极作用。很多简易案件没有必要将《刑事诉讼法》规定的办案期限全部用完,特别是审查起诉环节不必全部"两退三延",要把提升效率作为重点考核,鼓励办案人员勤奋履职。

其二,要对案件分类评价。检察官办案业绩考核应区分普通案件与重大案件,对案件质量与案件效率分别设定。例如当前普通案件评价指标分质量、效率、效果三个项目,大致比重分别占40%、30%、30%。这样的指标比重分配有一定的合理性,但也要具体问题具体分析,特别是对于重大案件,质量和效果占比应当更有侧重,可以考虑质量、效率、效果分别占50%、20%、30%。

其三,"案-件比"指标要与其他考核指标协同发力。不论是检察官日常办案还是上级统计、通报,都要注意综合考虑,如定罪和量刑建议采纳率、认罪认罚从宽制度适用率、诉讼监督开展率等是整体案件质量的重要表现,若相关指标都向好,则应肯定"案-件比";若相关指标不佳,仅"案-件比"较好,则应引起警觉。

(四)评价上既要看重当前,又要着眼长远

经过自上而下强有力的推动,近两年"案-件比"总体大幅下降,意味着司法机关主动减少了大量办案环节。这一成绩来之不易,阶段性成效有目共睹。若要保持长期效果并不断改进,需要长远谋划、久久为功。

笔者认为,可以着力改进几个方面:一是对基层一线办案人员"保数提能"。基层一线办案力量是检察系统案件质量的根本保证,"保数"是确保一线办案力量人在其位、人尽其责,减少和避免大量抽调、随意抽借基层人员的现象。"提能"是加强业务培训和练兵,努力提升素质和能力。

二是顶层设计保持稳定、上级指导不断改进。顶层设计是全系统稳步前进的方向,总体架构需要保持相对稳定,结合实际不断完善,让基层一线有明确的预期和努力的目标。上级指导要结合顶层设计改进本地具体举措,不要"层层加码",而要"层层优化"。

关于职务犯罪案件几个常见问题的思考

监察体制改革全面落地落实,职务犯罪调查权总体由监察委行使之后,监察、检察配合密切,保障了监察调查与刑事诉讼衔接顺畅,在共同推进反腐败工作上取得了明显成效。但回顾近几年与监察委办案人员的沟通协作过程,在一些常见问题上也产生了不小的分歧,有的分歧对案件最终走向产生了直接的影响。在这里,笔者就如何认识和解决这些疑问谈一谈个人的思考,并与监察、检察同仁探讨。

一、线索与事实,相差远不远?

检察机关"两反"转隶之前,办理职务犯罪案件有一个常见的现象:纪委移送的部分案件线索显示犯罪嫌疑人涉及罪行很多、犯罪金额很大,但侦查、起诉、判决认定的犯罪事实"节节缩水",个别案件甚至"拦腰折半"。有些"缩水"问题是纪委、检察、审判机关的认识分歧,经过沟通能够达成一致意见,但也有的很难被移送机关接受。转隶之后,各环节"缩水"现象大幅减少,这是否意味着以前司法机关打击不力,现在办案水平迅速提高了呢?

笔者认为:总体上看,这是一个"假象","真相"是监察委在调查环节更加重事实、重证据,移送司法机关时剔除不实线索,"主动瘦身"了。

由此反观我们的办案观念,有三个方面的问题值得注意。

第一,线索应当得到重视,但绝不能把线索当成事实。这似乎是一个常识,没必要多费口舌,但办案实践中,理性地区分线索与事实却并非易事。犯罪嫌疑人(在监察委调查环节称"调查对象",移送司法机关的才能称"犯罪嫌疑人",为方便表述,暂以"犯罪嫌疑人"统称)涉嫌职务犯罪的线索来源渠道较多,可能是自动投案,可能是一般知情人反映,也可能是组织发现,还可能是共同犯罪人或行受贿相对方举报等,从实务来看,线索来源不同,成案概率也是不一样的。

越是利益紧密相关的人，反映的情况越可能为真，比如自动投案、共同犯罪人或行受贿相对方检举等，但这并不意味着这样的线索就是事实，顶包的"自首"、恶意推责或诬告陷害的"检举"等并不鲜见。至于其他渠道的线索，真真假假更是需要仔细甄别，所以不能把"线索"和"事实"等量齐观，也不能因为移送大量线索而最后查证属实极少而质疑办案人员是否尽力。客观理性分析线索，实事求是核查线索才是求真务实应有的态度。

第二，立案调查与逮捕、起诉、判决的条件是不一样的。根据《监察法》第39条之规定，立案调查的条件是：经过初步核实，监察对象涉嫌职务违法犯罪，需要追究法律责任。

根据《刑事诉讼法》第81条的规定，批准逮捕的条件是：有证据证明有犯罪事实，可能判处徒刑以上刑罚，且采取取保候审尚不足以防止发生社会危险性，需要限制人身自由才能保证诉讼顺利进行。

根据《刑事诉讼法》第176条的规定，提起公诉的条件是：人民检察院认为犯罪嫌疑人的犯罪事实已经查清，证据确实、充分，依法应当追究刑事责任。

根据《刑事诉讼法》第200条第一项的规定，有罪判决的条件是：案件事实清楚，证据确实、充分，依据法律认定被告人有罪。

从法律规定各办案环节的标准来看，后两者要求"事实清楚、证据确实充分"。事实上，法院掌握的证据标准可能更严，这也是落实"以审判为中心"的诉讼制度改革、证据标准向审判看齐的必然结果，所以到最后环节出现"缩水"实属正常现象。

第三，线索需要证实，也需要证伪。这似乎也应该是一个常识，但事实上，我们获取重大线索时容易产生兴奋，恨不能马上证实，然后办成影响重大、效果良好的案件。

笔者曾经历过一起行贿案，行贿人在已经交代向某国家工作人员行贿数百万元的情况下，见办案机关没有将其释放的意思，为了争取好的表现，又交代了行贿数千万的线索。办案人员十分重视，投入大量人力物力核查近一个月，发现其交代不属实，在移送审查起诉时将该笔线索剔除。我讯问行贿人为什么要编造行贿数千万的事，难道不知道犯罪金额越大判刑越重吗？他说公司的事急需他处理，为了早点放出去，所以办案人员喜欢听什么他就编什么，只顾"配合"就没有顾其他。

由此可见，线索不是越大越好，尊重事实才是最重要的。尤其是在办案责任个人制、终身制的制度要求下，线索被早点证伪，避免造成司法资源浪费，也避免办错案，有什么不好的呢。

二、"送钱""收钱"与行受贿犯罪，相差远不远？

从办理职务犯罪案件难易程度来说，一般情况下，贿赂类案件是办案难度相对较低的。特别是主体身份明确、职务便利明显、行受贿双方有罪陈述稳定一致的案件，侦查（调查）、起诉、审判一气呵成，大多比较顺利。但也有的贿赂案件，现有证据能够证明犯罪嫌疑人确有接受或送与财物的行为，但检察院仍然认为证据不足，与侦查（调查）的同志沟通补查意见，较难达成共识。

问题出在哪？从实务的情况来看，我们在收集证据时往往非常重视行为人"是否"收钱或送钱，容易轻视"为什么"收钱或送钱。查实有接受或送与财物只是案件事实的基础，在此之上，还有很多重要问题需要查明。

第一，对于国家工作人员犯罪，需要准确认定"利用职务上的便利"。《刑法》第八章、第九章涉及的罪名，构成要件都要重点关注主体身份以及所涉职务便利，例如最常见的受贿犯罪，最容易出问题的就是"是否利用了职务便利"。

根据最高人民检察院《关于人民检察院直接受理立案侦查案件立案标准的规定（试行）》（高检发释字〔1999〕2号）、最高人民法院《全国法院审理经济犯罪案件工作座谈会纪要》（法发〔2003〕167号），"利用职务上的便利"，是指利用本人职务范围内的权力，即自己职务上主管、负责或者承办某项公共事务的职权及其所形成的便利条件，既包括利用本人职务上主管、负责、承办某项公共事务的职权，也包括利用职务上有隶属、制约关系的其他国家工作人员的职权。担任单位领导职务的国家工作人员通过不属自己主管的下级部门的国家工作人员的职务为他人谋取利益的，应当认定为"利用职务上的便利"为他人谋取利益。

从上述规定可知，一般公职人员在主管、负责、承办公共事务范围内，领导干部在下级部门（不论是否直接分管）所涉职责范围内，都可以被认为"利用职务上的便利"，但问题是不具有隶属、监督、管理关系的同级不同部门人员之间发生请托，能否认定为"利用职务上的便利"呢？

例如，实践中常遇到综合部门人员（例如办公室主任、人事部门主任）

受人之托，请求业务部门人员给予请托人关照；或者 A 业务部门人员请托没有工作关联的 B 业务部门人员给予关照；收受请托人财物，能否认定受贿？

一种观点认为，办公室、人事部门是综合性岗位，在任何单位中，这些综合部门负责人的岗位都是很重要的，所以办公室主任、人事部门主任的职务便利也是综合的，对此应该认为利用了职务便利，可以认定受贿罪。一个单位内部，业务部门之间虽然可能没有直接关联，但可能有间接关联，相互之间有配合协作，所以，也有间接的职务便利体现，可以认定为受贿罪。

另一种观点认为，办公室、人事部门主任的职责不涉及具体业务，没有主管、分管、承办之便利，不能以受贿罪论处。同理，没有直接关联的业务部门之间，大体是独立运行的，不能过于扩大理解"职务便利"，不能因有"收钱"行为就认定受贿罪。

笔者倾向后一种观点，即对"职务便利"的认定不宜随意扩大，包括综合部门与业务部门之间，不同业务部门之间，其管理、承办的事务都是有别的，除非各部门共同联合办理某项特殊事务，确实不能区分各自管理内容，否则都不宜笼统认为"利用职务上的便利"，即不能适用《刑法》第 385 条以受贿罪论处。如果行为人帮助请托人谋取的是不正当利益，可以考虑适用《刑法》第 388 条以受贿罪（斡旋受贿）或第 388 条之一以利用影响力受贿罪论处。而如果行为人帮助请托人谋取的是正当利益，则不宜按照犯罪论处，按照违纪处罚为宜。

第二，对于有"送钱"行为的行贿人，要准确认定"谋取不正当利益"。什么是"谋取不正当利益"？最高人民法院、最高人民检察院曾经针对行贿犯罪中的"谋取不正当利益"作过三次解释。最高司法机关对同一问题进行不厌其烦的反复解释，可见该问题的重要性和复杂性。

第一次是 1999 年 3 月，《最高人民法院、最高人民检察院关于在办理受贿犯罪大要案的同时要严肃查处严重行贿犯罪分子的通知》指出："'谋取不正当利益'是指谋取违反法律、法规、国家政策和国务院各部门规章规定的利益，以及要求国家工作人员或者有关单位提供违反法律、法规、国家政策和国务院各部门规章规定的帮助或者方便条件。"

第二次是 2008 年 11 月，《最高人民法院、最高人民检察院关于办理商业贿赂刑事案件适用法律若干问题的意见》第 9 条："在行贿犯罪中，'谋取不正当利益'，是指行贿人谋取违反法律、法规、规章或者政策规定的利益，或者要求对方违反法律、法规、规章、政策、行业规范的规定提供帮助或者方便条件。在招标投标、政府采购等商业活动中，违背公平原则，给予相关人员财物以谋取竞争优势的，属于'谋取不正当利益'。"

第三次是2012年12月，《最高人民法院、最高人民检察院关于办理行贿刑事案件具体应用法律若干问题的解释》第12条："行贿犯罪中的'谋取不正当利益'，是指行贿人谋取的利益违反法律、法规、规章、政策规定，或者要求国家工作人员违反法律、法规、规章、政策和行业规范的规定，为自己提供帮助或者方便条件。违背公平、公正原则，在经济、组织人事管理等活动中，谋取竞争优势的，应当认定为'谋取不正当利益'。"

概而言之，谋取不正当利益主要是指：一是谋取的利益本身不正当，即所谋取的利益是违法违规、违背政策或违背行业规范的。二是获利手段方法不正当，即违背正常途径和法定程序、违背公平公正竞争原则的。

需要注意的是，对于通过行贿手段而获取的利益，是否可以一律以"手段方法不正当"而认定为"不正当利益"？比如，为了获取银行正常贷款、获取主管单位按规定或约定给予工程拨款，当事人向主管人员行贿而使贷款顺利办妥、工程款及时拨付，可否认为是通过行贿谋取了获取贷款、拨款的竞争优势？赞同的观点似乎有一定道理，实践中，罪与非罪两种判法都有，笔者认为，对此入罪恐有不妥。

理论上讲，既然刑法规定了"为他人谋取利益""谋取不正当利益"两种情况，那就意味着存在"正当利益"。如果申请贷款、申请拨付工程款本身是合法的、正当的，那么就不能因为行为人给主管人员行贿而否认该利益本身的正当性。

还有观点认为，把"不确定利益"以行贿方式变为"确定利益"的，也应属于"谋取不正当利益"。笔者认为，对于"不确定利益"的把握，要结合是否违背公平竞争原则来认识，不能将既得利益之外所有的"未得利益"都视为"不确定利益"。若申请贷款、申请拨付工程款等活动的主体（对象）、金额等都是"确定的"，没有破坏公平竞争秩序，仅仅因拨款时间、方式、顺序等细节不确定而将之认定为"不确定利益"，进而认定为行贿犯罪的"不正当利益"，实属以偏概全。

同时，要结合实际情况作合乎情理的考察，当主管单位和人员吃拿卡要、拖延不作为，通过行贿而"行得通"的时候，我们不能期待行为人通过检举、揭发等看似合法但根本不适合当时当地政治生态、营商环境的方式来维权，不具有期待可能性即"法不强人所难"，不宜以犯罪论处。

三、有罪供述与认定犯罪，相差远不远？

有一些贿赂案件，犯罪嫌疑人已经作了有罪供述，行贿人也作了印证，但其他证据没有收集，客观上也有收集的难度，所以有时候调查环节不愿继续深入取证，希望检察官不要退查补证、尽量通过公诉人的"发挥"，用高质量的出庭支持公诉来达到良好效果。

这里涉及如何看待口供的问题，笔者认为，随着调查能力的提升、取证手段的完善，职务犯罪案件大多都能获取有罪供述，但是过于信任甚至依赖有罪供述，风险是很大的。简要说两方面的理由。

第一，口供很重要，但往往很不可靠，客观证据不充分，全案证据基础不牢。对比命案可知（职务犯罪案件也有冤错案件，但社会关注度、知晓度没有命案高，故以命案举例，分析的证据规律是共通的），冤错案件往往都有一个共同点——口供被推翻。客观证据被推翻的，极为少见；当然，若客观证据被推翻，则更加说明口供不可靠。

比如，目前发现比较典型的是福建念斌投毒案，犯罪嫌疑人念斌既作了有罪供述，又作了无罪辩解。而该案死者俞悦的尿液检测质谱图和氟乙盐酸参照标准一模一样。另一名死者俞潘的呕吐物和心血检验来源于同一份检材；检材无法说明来源、鉴定意见不可信，导致客观证据被推翻，同时也推翻了念斌的有罪供述。

回到职务犯罪案件来看，在调查取证过程中，除了查明国家工作人员的职务、职责（即是否具有所涉案件的"职务便利"）及"为他人谋取利益"的行为之外，贪污案件还要查清相关账务记录或资金去向，相关账务资料都要交行为人辨认，并与口供结合起来对相关票据进行有针对性的说明。受贿案件若涉及大额资金，也要核查行贿人所送财物的来源，受贿人收受财物的去向，特别是要结合受贿人的供述核查其收受财物之后银行、股票等账户或债权债务，了解其相关资产变化和消费情况，不能一律以"用于日常消费"概述之。

案件到了审判环节，公诉人良好"发挥"，以强有力的分析说理和出色的法庭辩论，通过高质量的出庭支持公诉的确可以弥补证据上的一些不足和缺憾。但毫无疑问，客观证据是无法由公诉人通过"发挥"来获取的，公诉人的"发挥"是建立在扎实的证据基础之上，通过良好的指控，让前期的侦查（调查）工作实现最佳效果。

第二，错误的口供容易误导办案的方向。大多数情况下，犯罪嫌疑人作了有罪供述，办案人员就觉得已经"突破"了，后面的推进就顺畅了。这个判断总体是正确的，得到实践证明的。也有不少情况，犯罪嫌疑人可能给办案人员"挖坑"，一旦办案人员过于相信口供，可能走入迷途。

例如，有这样一起受贿案件：犯罪嫌疑人在侦查环节认罪态度很好，也作了有罪供述，但刻意将收受贿赂的时间说得十分精确。行贿人也认可行贿事实，但陈述的行贿时间与犯罪嫌疑人供述不一。办案人员为了让口供"印证"，通过与行贿人反复沟通，最终行贿人就时间问题改变证言，达到与受贿人"相互印证"。

然而，到庭审环节，受贿人突然翻供称没有受贿事实，此前供述的受贿时间其不在案发地，而是因公出差，到外地开会，且有机票、住宿、会议资料等客观证据印证，意即其没有作案时间。由于没有其他证据佐证，导致该起指控未能成功。

又如前文所举案例，行贿人为了表示配合办案机关，争取早日取保候审，谎称送给某国家工作人员数千万元。好在办案人员没有轻信口供，没有刻意要求受贿人与行贿人进行"口供印证"，而是投入大量人力物力，收集大量客观证据，最终查明行贿人所言不实，并据实上报，得到上级检察机关认可，案件得以客观公正处理，避免了冤错发生。

四、认定一个人有罪，到底难不难？

有这样一个现象，有一些同志，参加工作数年，办了一些案件，有了一定的经验，面对案件越来越得心应手，认为认定一个人有罪，其实非常容易。如果说随着办案经验的增加，办案能力和水平得到提高，觉得办案不难，这是正常现象；但如果形成认识上的"轻敌"，那就坏了。笔者认为，认定一个人有罪，一直很难，而且越来越难。

为什么觉得难？至少有这样几方面考虑。

第一，刑罚是最严厉的惩罚措施，涉及一个人的名誉、财产、自由乃至生命，一个人被认定犯罪，其负面影响会涉及其家庭成员乃至下一代的成长和发展，必须慎之又慎。我们的办案效率总体上算快的，普通刑事案件强调"案-件比"，下一步还将重点关注办案期限，大家都忙着"赶时间"；而一件命案从案发、侦查、批捕、起诉到一审判决，若证据充分，一般仅一年左右（犯罪分子长期逃亡未到案、证据薄弱的案件时间则会长一些）；如果有二审、死刑复核，一般两年多。但很多同志却觉得检察官、法官手上的大案子并不多，办得却这么慢。

笔者想说，越强调从快从速，越容易出错，甚至出冤案。"呼格案"从案发到执行死刑仅仅66天，可以说够快了吧，但遗憾的是，这是一起冤案，时隔18年再审改判无罪，27名办案人员被追责，反思当年之"快"，实在是适得其反。所以，笔者认为不宜倡导"快诉快审"这样的提法及要求，办案人员对待任何案件都要慎之又慎，在法定的时限内，不拖不赶，得出合理合法、问心无愧的结论，对行为人负责、对自己负责，也是对上级组织负责。

第二，"战略上藐视敌人，战术上重视敌人"，在办案中非常适用。这是毛泽东同志在1948年1月18日为中共中央起草《关于目前党的政策中的几个重要问题》中提到的对整体和局部应当采取的战略和战术问题。在办案过程中，随着时间的推移，经验的积累，在战略上要"藐视案件"。意即分给我们的任何案件、领导交办的任何任务，我们都必不害怕，必将取得战略上的胜利。"问题与解决问题的手段同时产生"，无论多么复杂的案件、多么棘手的事情，我们一定能找到解决它的办法，所以，战略上要藐视敌人。

但同时，战术上要重视敌人。笔者的感受是，每次审查案件，不妨对自己得出的第一结论都假设是错误的，然后再结合事实、证据、法律、情理来考量、检验最初的假设是否成立。同时，笔者在学习优秀检察官所撰写的审查报告的时候，发现了一个共同的特点，他们按照审查报告的框架罗列基本证据之后，在"综合分析"上往往费很多笔墨，将检察官对案件是怎么想的、怎么分析的、哪些意见与侦查（调查）部门一致、哪些不一致，理由是什么，都写得很详细、分析得很透彻。在作出结论前，还要分析可能存在的定性分歧，然后说明自己的观点及理由，最终才会得出处理意见。

曾经听闻，很多行业都有一个害怕定律：生手怕熟手，熟手怕高手，高手怕失手。初入行时都是初学者，必然是"生手"，但过不了几年，每个人都会成为"熟手"。但要成为"高手"，可不仅仅靠时间的积累。而更重要的是，即便达到"高手"的水平，也要知道，一山更比一山高。

同时我们也要向领导人学习，"不敢有丝毫的自满，但怀有无比的自信"。办案也一样，不论我们权力有多大、头衔有多高，都不敢丝毫自满，但只要我们尽心尽力、依法依规、实事求是，对所办案件的质量一定能充满自信，一定经得起法律和历史的检验。

五、不起诉、轻缓判决大幅减少，是不是好事？

最高人民检察院 2019 年工作报告显示，2018 年全国检察机关办理职务犯罪案件不起诉率同比下降 9.5%。如此大的降幅，以往不多见，这与监察体制改革落地，监察、司法办案衔接有关。从一个比较小的范围来看：随着监察体制改革的深入推进，职务犯罪相对不起诉（又称微罪不起诉、酌定不起诉）和轻缓判决都有不同程度的下降。

以某地级市为例，2015—2020 年 6 年间，全市职务犯罪适用相对不起诉、缓刑和免予刑事处罚判决总体呈明显下降的趋势。其中，2018 年是改革的"分水岭"，不起诉、轻缓判决变化十分明显，几乎都大幅减少 1/3。为什么会出现这样的情况呢？是职务犯罪分子的罪行都越来越重了吗？恐怕不是，"老虎""苍蝇"都是客观存在的，反腐力度越大，打掉的"大贪、小贪"越不会少，那么对于大量的"小贪"，不起诉、轻缓判决也是有适用的空间的。

有一种观点认为，是调查机关充分运用"四种形态"，（根据《中国共产党党内监督条例》第 7 条之规定，党内监督必须把纪律挺在前面，运用监督执纪"四种形态"，经常开展批评和自我批评、约谈函询，让"红红脸、出出汗"成为常态；党纪轻处分、组织调整成为违纪处理的大多数；党纪重处分、重大职务调整的成为少数；严重违纪涉嫌违法立案审查的成为极少数），把大多数违纪违法问题按照前三种情形给予党纪政务处分了，部分涉嫌犯罪的按规定程序"四转三"（由第四种形态转为第三种形态，"四转三"的提法现在已较少使用，但实践中并不鲜见），① 所以移送司法的是极其少数，也符合改革的目标。

这或许说中了一些现象，但严格而言，给予党纪政务处分的主要属于违纪行为，构成犯罪的应当以移送司法为原则，特殊情形为例外。

在构成犯罪而情节较轻的情况下，若普遍寄希望于调查机关给予"四转三"处理，而不移送司法机关作从宽处理，可能出现纪律处分过热、大量出现"四转三"，司法处理"过冷"、轻缓判决被闲置的现象，这不符合监察法与刑事诉讼法的基本原则，也难以体现监察程序与司法程序的有效衔接。要实现

---

① 参见：《如何把四种形态运用到监察工作中》，载《中国监察报》，2020 年 11 月 19 日；《监督执纪四种形态"四转三"如何正确运用》，内蒙古赤峰市巴林左旗纪委监委官网，2022 年 2 月 5 日发布；黄金龙：《一封举报信背后的"四转三"形态转化》，新华社客户端，2022 年 4 月 15 日发布。

司法轻缓处理正常化，需要注意这样几个问题：

第一，不起诉和轻缓判决不是对前期调查工作的否定。不少办案人员有这样的担忧，辛辛苦苦调查了这么久，被检察院不起诉或法院判免处，岂不是白忙活了？其实不然。刑事诉讼法、刑法之所以设定相对不起诉、免于刑事处罚，从来不是对前环节的否定，而是有着重要的制度价值和社会价值。

至少包括几个方面：一是为了形成刑罚由轻到重完整的体系，当轻则轻，当重则重；二是赋予法院、检察院一定的自由裁量权，便于结合具体案情综合考虑处罚措施，实现罪责刑相适应；三是让罪行较轻、认罪认罚的犯罪嫌疑人、被告人早日回归社会，从而减少社会对抗，实现最好的政治效果、法律效果和社会效果。

第二，不起诉和轻缓刑适用大幅减少并非都是好事。职务犯罪案件不起诉和轻缓判决大幅减少了，这样是否意味着打击效果很好？笔者认为，恐怕不能一概而论，虽然一方面体现了司法机关打击犯罪力度更大，但另一方面也存在明显的风险。

一是如果不起诉、轻缓判决在职务犯罪中逐步减少乃至绝迹，会造成刑罚体系的不完整。二是检察院、法院可能怠于行使不诉权、轻缓判决权，职能会弱化。三是如果所有构成犯罪的职务犯罪嫌疑人都将被起诉和判刑，那么其认罪悔罪、改过自新的可能性就减小了、社会对抗就增加了，刑罚打击极少数、教育大多数的功能就难以实现了。

第三，不宜因担心"便宜"了犯罪分子或者防止法官、检察官违纪违法办案而限制不起诉和轻缓刑适用。职务犯罪若大量出现不起诉或轻缓判决，人们可能担心：如此处理会不会让犯罪分子得"便宜"？或者法官、检察官有没有办"关系案、人情案、金钱案"？

笔者认为，这样的担心大可不必。一是构成犯罪的国家工作人员即便被不起诉或轻缓判处，仍然会受到纪律处分，若被"双开"，则再次实施职务犯罪的基础条件已不复存在，不会因司法处理轻缓而得"便宜"。二是检察官、法官司法责任终身制的背景下，没有人会轻易以身试法，特别是通过2021年开展全国政法队伍教育整顿，政法队伍更加纯洁，更加值得信任。当然，信任不能代替监督，我们要加强系统内外监督，健全防止检察官、法官违法违纪办案的长效机制，这是很有必要的。

关于认罪认罚从宽制度，大家都在讨论什么？

——从"检答网"认罪认罚从宽制度相关咨询谈起

"检答网"是由最高人民检察院主办，利用现代网络和信息技术为全国检察人员建立的检察业务咨询和交流的网络空间。检察人员提出疑问，最高检、省级院两级专家在线答疑是最直接的交流方式。"检答网"于2018年10月8日开通运行，截至2022年4月14日，累计访问量达12亿余次，日均访问量超6.3万人，同时在线人数峰值达6000余人，已成为全国检察人员使用最频繁的业务信息交流平台。[①]

通过统计分析"检答网"上关于认罪认罚从宽制度的咨询问题可以非常及时、直观地了解一线办案人员适用该制度时遇到的疑惑。尽管《刑事诉讼法》和2019年"两高三部"联合出台《关于适用认罪认罚从宽制度的指导意见》[②]（以下简称《意见》）对该制度作出了较为明确的规定，但一段时期内相关咨询量仍然总数大、增长快，看看其中的焦点问题，可知检察官们在思考什么。

结合2021年11月最高检出台的《人民检察院办理认罪认罚案件开展量刑建议工作的指导意见》（以下简称《量刑建议指导意见》），一些涉及量刑的问题有了答案，但还有一些问题值得继续思考和探索。

一、关于认罪认罚从宽制度，大家在咨询什么？

（一）咨询问题总量较大，在刑事类咨询中占比较重

截至2020年7月29日[③]，"检答网"上共有咨询问题9.8万余个。其中

---

① 王小飞：《检答网：助力检察工作高质量发展》，载《检察日报》，2022年4月17日第1版。
② 2019年10月24日，最高人民法院、最高人民检察院、公安部、国家安全部、司法部颁布了《关于适用认罪认罚从宽制度的指导意见》。
③ 本文相关数据检索截止时间均为2020年7月29日，数据来源均为"检答网"，特别说明的除外。考虑"检答网"属于检察系统内部网络平台，故相关数据只阐述概况。

刑事类①咨询问题5万余个，占全部咨询问题的55.9%。通过"检答网"检索认罪认罚从宽制度，有咨询问题3000余个，②占"检答网"全部咨询问题的3.2%，占刑事类咨询问题的5.8%。

对比2018年10月同期纳入《刑事诉讼法》的另外两项重要内容，其中，监察法与刑事诉讼法相关衔接机制同期在"检答网"咨询问题1000余个，为认罪认罚从宽制度咨询量的34.3%。缺席审判制度同期在"检答网"咨询问题33个，仅为认罪认罚从宽制度咨询量的1%。可见认罪认罚从宽制度在实务中受办案人员关注程度较高，遇到的疑惑也较多。

（二）咨询量不断上升，具结书和值班律师咨询量上升明显

从时间上看，以2018年10月26日全国人大常委会公布关于修改《刑事诉讼法》的决定、2019年10月24日"两高三部"颁布《意见》为两个标志，可以把认罪认罚从宽制度咨询问题分为三个阶段：

第一阶段，入法初期（2018年10月—2019年4月）③。认罪认罚从宽制度纳入《刑事诉讼法》约半年时间里，咨询问题共500余个，月均80余个。第二阶段，入法中期（2019年5月—2019年10月）。纳入《刑事诉讼法》半年后至《意见》颁布前，咨询问题共600余个，月均100余个。第三阶段，《意见》颁布后（2019年11月—2020年7月）。从《意见》颁布后的8个月时间，咨询问题共2000个，月均200余个。

可见，随着时间推移，咨询量总体呈上升趋势。其中，签署具结书类咨询问题第一、二、三阶段分别为60余个、90余个、200余个，值班律师类咨询问题第一、二、三阶段分别为40余个、50余个、100余个，二者均在第三阶段有明显上升。

---

① 本文"刑事类"指普通犯罪、重大犯罪、经济犯罪、职务犯罪、刑事执行、未成年人检察共六大业务。
② 检索认罪认罚从宽制度的标志性关键词，其中，"认罪认罚"咨询问题2700余个，"具结书"咨询问题700余个，"简易程序"咨询问题250余个（结合适用简易程序的条件，实践中多为认罪认罚案件，故将其纳入统计），"速裁程序"咨询问题300余个以及"值班律师"咨询问题300余个，合计4400余个。手动排除新闻类项和重复项，认罪认罚从宽制度咨询问题共约3000余个。因检索技术有限，可能有细微误差。以下同。
③ "检答网"于2018年10月8日开通，同月26日《刑事诉讼法》正式将认罪认罚从宽制度纳入法律，为避免遗漏数据统计，本文将2018年10月"检答网"的咨询数据亦计入"入法初期"。

（三）各种业务类型咨询问题都有涉及，部分业务咨询较集中

按照咨询问题业务类别进行统计，普通犯罪、法律政策、检察理论咨询量排名前三，分别占认罪认罚从宽制度咨询量的45.5%、22.2%、11%，反映出办案实务中存在的操作问题和政策理解问题均很突出。案件管理类咨询量居第四，占比5%，反映出实务中对于案件受理、案卡填录、统计分析等管理监督业务等也有较多疑问。检察培训、检察技术、控告申诉咨询量排名后三位，占比均不足0.5%，反映出认罪认罚从宽制度实践运行技术障碍不大。特别值得关注的是，该制度在控告申诉业务中问题不多，说明该类案件进入控申程序案件较少，是一个好的现象。

二、对于焦点问题怎么看？

整体看"检答网"上认罪认罚从宽制度咨询问题，焦点集中于制度适用的标准、制度适用的诉讼环节和审理程序、值班律师的功能与作用以及特殊情形下具结书签署与变更等四大类。随着《意见》出台，一些争议逐步得到解决；还有一些实践操作难题，值得深入探讨和摸索。

（一）焦点一：制度适用的标准问题

制度适用标准问题主要表现为对"认罪""认罚""从宽"几个关键词的理解问题，"检答网"上对此类问题的咨询比较集中，主要包括以下几方面。

其一，对"认罪"的理解。如以下几种情形，是否属于"认罪"：共同犯罪中部分犯罪嫌疑人认罪的；一人犯数罪，对部分罪名认罪的；一人涉同罪多笔事实，对部分事实认罪的；行为人承认犯罪事实，但对罪名有异议的。

其二，对"认罚"的理解。如以下几种情形，是否属于"认罚"：行为人认罚，但达不到被害人的赔偿要求而未取得谅解的；行为人主观上认罚，但经济拮据无力退赔损失或缴纳罚金的；以及对于认罚的案件可否在检察环节预缴罚金。

其三，对"从宽"的理解，比较集中的咨询是从宽幅度如何把握，如，坦白、自首与认罪认罚可否重复评价；不同情形的认罪认罚在量刑上如何区别。

对于上述问题，有的通过出台《意见》等方式已得到明确，有的还存在一些认识分歧，"检答网"上专家意见不尽统一。笔者简析如下。

其一,关于对"认罪"的理解问题。促使行为人"认罪",以便查清事实、提高效率是制度的价值取向,从效果倒推"认罪"标准,"认罪"的前提是"如实供述定罪量刑事实、承认行为非法"①。回顾前述咨询问题,共同犯罪中部分行为人认罪认罚的,则可对认罪人员依法从宽;一人犯数罪,对部分罪名认罪认罚的,《意见》已明确对全案不作"认罪"的认定,但不影响对所承认罪名的从宽;一人涉多笔事实,对部分事实认罪认罚的,则对其承认的部分从宽;行为人承认犯罪事实,但对罪名有异议的,鉴于有的罪名在实务中有较大认识分歧,应当允许行为人提出辩解意见,只要签署具结书接受检察机关起诉定罪意见即可。②

其二,关于对"认罚"的理解问题。行为人"认罚",以便化解矛盾、修复被破坏的社会关系是制度的价值追求,因此需要行为人主观接受并客观履行刑罚惩罚。回顾前述咨询问题,行为人认罚,但达不到被害人的赔偿要求而未取得谅解的,只要按照具结书接受合理处罚或退赔,未取得谅解不能归咎于行为人,因而不影响认定其"认罚",也不影响从宽;行为人主观上认罚,但因经济拮据等客观原因无力退赔损失或缴纳罚金的,属于有认罚意愿但无履行能力,虽然可以认定其"认罚",但应与实际履行惩罚的案件区别从宽,若客观上有能力履行而故意拖延甚至逃避履行,则不应认定其"认罚";对于认罚的案件在检察环节预缴罚金的,是行为人用实际行动"认罚"的体现,与犯罪嫌疑人自动投案同理,检察机关不应拒绝,在受理预缴的罚金之后根据诉讼程序依法移送即可。

其三,关于对"从宽"的理解问题,要把握"依法从宽""原则上应从宽"和"并非一律从宽"三个要点,结合咨询焦点问题来看,《意见》已明确坦白、自首与认罪认罚不作重复评价,但这并不意味着对坦白、自首从宽幅度不作区分,如后所述,要结合认罪、认罚的不同情形分别评价,给予不同幅度的从宽。

---

① 陈国庆:《认罪认罚从宽制度与刑事检察工作新发展》,载《刑事检察工作指导》,35~64页,北京,中国检察出版社,2019。该文指出:对于"认罪",具体可以根据刑法中关于自首、坦白中的"如实供述自己的罪行"来把握。
② 蒋安杰:《认罪认罚从宽制度若干争议问题解析(上)——专访最高人民检察院副检察长陈国庆》,载《法制日报》2020年4月29日。该文指出:被告人对行为性质提出辩解是否影响"认罪"的认定,需要看最终是否接受司法机关的认定意见。

（二）焦点二：制度适用的诉讼环节及审理程序问题

制度适用的诉讼环节问题主要体现在四个方面：其一，检察环节如何适用，包括审查逮捕环节的立案监督如何开展，审查起诉环节特殊情形的处理，如因退查、延期、社会调查而超过一定期限，如何建议适用审判程序，可否适用速裁程序。其二，一审审判环节如何适用，包括被告人认罪认罚态度转变及审理程序转换、法官不同意量刑建议如何处理等。其三，二审、再审环节如何适用，包括被告人上诉权和检察机关抗诉权的行使、上诉人认罪认罚态度转变、认罪认罚权利义务告知、具结书签署等。

《意见》已对上述主要问题进行了明确，主要还存在一些理解上的分歧和具体操作上的疑问。简析如下：其一，关于检察环节如何适用问题，对于审查逮捕环节的立案监督，重点在于坚持检察官独立判断，不因行为人"认罪"而顺水推舟，防止错误追究刑责，还应监督侦查机关"过早"适用该制度而怠于取证或放弃追责，避免因"预判"可能不起诉或判免予刑事处罚而不立案、不移送。另外，可以肯定的是，认罪认罚案件的证明标准不能降低，审查起诉环节有退查、延期是正常的，经完善证据达到起诉条件同时又符合速裁标准的，可以在后一环节建议法院适用速裁程序审理，实现"效率适当优先"的制度价值。

其二，关于一审审判环节如何适用问题，对于被告人认罪认罚态度转变的，若是"认罪认罚"转"不认罪认罚"，则依法转换审理程序，而审理程序并不影响检察机关指控事实、罪名和量刑建议，从诉讼效率考虑，可以授权出庭检察官当庭提出审理程序变更建议，合议庭及时作出裁定并组织开庭。同理，若是"不认罪认罚"转"认罪认罚"的，在依法及时建议转换审理程序的基础上，量刑建议的决策程序应当简化，对于速裁程序案件可授予出庭检察官当庭变更权，对于适用其他程序审理的案件，可由检察官建议短暂休庭，研究并提出变更量刑建议。

对于法官不同意量刑建议的，从诉讼效率和有利于被告人角度考虑，对于法官拟在量刑建议幅度之外轻判的，可授权出庭检察官决定调整权；对于法官拟在量刑建议幅度之外重判的，出庭检察官拟调整量刑建议先报告为宜。结合《量刑指导意见》第36条之规定，应结合检察官、检察长或检委会职责来决定调整。

其三，关于二审、再审环节如何适用问题。对于被告人上诉权和检察机关抗诉权的咨询尤为集中，相关学者和实务人员也作了较多探讨。[1] 笔者总体认为，对被告人上诉应客观理性看待、区别情形处理，一方面，被告人的上诉权应当得到保障，特别防范无罪案件被告人"认罪"和轻罪案件被告人"认重罪"，需要二审发挥纠错功能，并借机反观检察官是否依法履职。另一方面，要防止假意认罪认罚获得从宽后，又恶意上诉增加诉累的行为，对于认罪认罚态度转变可能影响量刑的，检察机关应依法提出抗诉。《量刑指导意见》第 39 条亦作出规定，"因被告人反悔不再认罪认罚致从宽量刑明显不当的，人民检察院应当抗诉"。

实践中还有一些"特殊上诉"，如轻刑犯为了留所服刑，利用上诉"时间换空间"，通过二审检察官讯问核实真实意愿并非不服一审判决，可规劝及时撤回上诉即可。对于二审转变态度、认罪认罚的，可以参照一审签署具结书并提出相应的处理意见；至于认罪认罚权利义务告知、值班律师参与等问题，可以通过审查一审案件材料，若有所缺，二审可参照一审程序及时补充告知和听取值班律师意见。

（三）焦点三：值班律师的功能与作用问题

为确保犯罪嫌疑人、被告人获得基本的法律帮助，保障认罪认罚的自愿性和真实性，制度要求签署具结书必须有值班律师在场，这是制度的创新之处，也是一项"硬性条件"。从"检答网"咨询问题来看，实务中对值班律师制度疑问主要有：其一，值班律师的职能定位，与辩护人有何区别。其二，值班律师的履职方式，可否阅卷、会见、出庭和独立发表意见等。其三，值班律师的"人案矛盾"，如一名值班律师可否为同案多名被告人提供法律帮助等。

在认罪认罚从宽制度前期试点地区，经过长期积累，上述问题基本理清，纳入法律全面推开后，非试点地区有一个学习、适应过程。同时，根据各地律师资源实际情况，也出现了新的问题。简析如下：其一，关于值班律师的职能定位问题。认罪认罚从宽制度创设了"值班律师"制度，值班律师的主要任务是为犯罪嫌疑人、被告人提供法律帮助，其与辩护人的主要区别在于

---

[1] 董斌：《认罪认罚案件能否上诉、抗诉》，载《人民检察院》2019 年 5 月（下半月）。认为：认罪认罚案件可以上诉、抗诉，一审法院采纳了量刑建议一般不宜再抗诉，法院没有采纳量刑建议的可以抗诉。朱孝清，《五论认罪认罚从宽制度》，载《刑事检察工作指导》，62～104 页，北京，中国检察出版社，2020。认为：对被追诉人反悔的应当区分理由，有正当理由的应予支持，无正当理由的应予反制，在判决前反悔的应当调整量刑建议和审理程序，判决后上诉的，检察机关应当抗诉。

不能行使完整的辩护权，突出表现是不能出庭辩护。与辩护人的相同点在于为犯罪嫌疑人、被告人提供法律帮助并维护其合法权益，在认罪认罚案件中的重要责任是确保行为人知晓认罪认罚的法律后果并见证自愿签署具结书。

其二，关于值班律师的履职方式问题。此前讨论较多的阅卷权和会见权，通过《意见》得到肯定性规定；至于独立发表意见，笔者认为应当允许，并写入具结书，特别是无罪、罪轻的意见值得检察官重视，犯罪嫌疑人、被告人充分听取值班律师（或辩护人）的意见后作出自己是否认罪认罚的选择。

其三，关于值班律师的"人案矛盾"问题。考虑值班律师与辩护律师的职能定位不同，一般不存在众所顾虑的当事人利益冲突问题，加之实践中有的地方缺乏足够的律师，当前务实的做法是应当允许一名值班律师为同案多名被告人提供法律帮助。

（四）焦点四：特殊情形下具结书签署与变更问题

具结书是认罪认罚从宽制度的又一个创新之处，量刑沟通的过程也是诉辩从对抗走向协商的重要方式。"检答网"的咨询主要集中于：其一，当事人态度转变如何处理，如被告人认罪认罚态度转变或被害人对谅解反悔。其二，法院认为量刑建议明显不当，如何认识和调整。其三，拟不起诉案件是否签订具结书，检察长或检委会否定拟不起诉意见的具结书如何处理等。其四，未成年人、文盲、累犯、有前科劣迹人员等特殊人群签署具结书的权利保障或量刑区别等。

针对上述问题，简析如下：其一，关于当事人态度转变如何处理问题。对于被告人认罪认罚态度转变，从不认罪认罚到认罪认罚的，任何诉讼环节都可以适用该制度，但是从宽幅度要有所区别。《量刑指导意见》第14条亦规定，认罪认罚"主动""早""彻底""稳定"的，从宽幅度优于"被动""晚""不彻底""不稳定"的。

而从认罪认罚变为不认罪认罚的，依法转变审判程序并审查行为人改变认罪态度的原因，处理方式上特别注意可取消从宽之优惠但不应给予从重之责难。被害人对谅解反悔的，应审查其原因，若是之前被强迫、被欺骗，则应重新考虑被害人意见。反之，若是被害人重新提出无理要求，则不影响此前的处理意见。

其二，关于法院认为量刑建议明显不当的问题。需要注意"明显不当"，既包括超过法定量刑幅度,也包括相似案件不同判罚。法院认为量刑建议明显不当,应有一个沟通、说理过程,人民检察院可以调整;实践中有法院不采纳量刑建议而直接判决的现象,是否可以提出抗诉,《量刑指导意见》第37条规定:"一般应当以违反法定程序为由依法提出抗诉。"

笔者认为,若此情况在一定时期、一定地域比较突出,可择其一二抗诉,促进人民法院主动"告知"、规范"告知"。长久来看,需综合考虑判决定罪量刑是否恰当、整个审判程序是否合法,若单纯以"未告知而直接作出判决"不采纳量刑建议属于程序违法提出抗诉,并非解决问题之法,法院也常以"已口头告知"等反驳,难以达到以点带面的效果。

其三,关于拟不起诉案件是否签订具结书的问题。对于不起诉案件,要区别法定不诉、存疑不诉、相对不诉(含未成年人附条件不诉和认罪认罚特殊不诉)三种情形,法定不诉、存疑不诉与认罪认罚与否无关,不应考虑签署具结书问题;只有相对不诉才有探讨必要,而理论和实务专家观点不一,务实的办法要兼顾效率与后续检察长或检委会决策可能存在的变数,在具结书的内容上进行完善,如后所述,承办人在讯问犯罪嫌疑人时预判可能起诉判缓刑、也可能作出相对不起诉的,若犯罪嫌疑人同意,可以在具结书上写明两种意见。

其四,关于未成年人、文盲、累犯、有前科劣迹人员等特殊人群,在适用认罪认罚从宽制度上没有限制,只是对于认知能力有限的人,在签署具结书时可以探索"值班律师+合适监护人"双方在场;而对于累犯、有前科劣迹的人员,也应鼓励其认罪认罚,但在签署具结书时可以对比其他一贯表现较好的行为人区别提出量刑建议。

三、对认罪认罚从宽制度的展望

(一)一线办案人员系统性学习培训需下更大力气

认罪认罚从宽制度写入法律,是在部分地区早期速裁程序试点、认罪认罚从宽制度试点的基础上发展而来的,有较长的时间准备和经验积累。[①] 纳入《刑事诉讼法》时相关制度"骨架"已较为完备,但从咨询问题的情况来看,

---

① 张军、姜伟、田文昌:《认罪认罚从宽制度"三人谈"》,载《刑事检察工作指导》,8页,中国检察出版社,2020。

不少地方一线办案人员在基本理念、基本程序、基本技能上提出了很多问题，说明制度发展地域并不均衡。

建议在下一步推行过程中，从以下几方面着手：其一，系统性学习培训是必要前提。作为一项实体与程序功能兼具的制度，认罪认罚从宽制度内涵较为丰富，写入法律时扬弃吸收了各地试点经验，涉及的要点、难点较多，"凭经验、吃老本"的办法行不通，新入职的检察人员也需要有一个全面学习的过程，特别是《量刑指导意见》对量刑证据审查、量刑建议方法、听取意见等提出了很多新的更高要求，有必要进行系统性学习和培训。

其二，加强不同地域之间的协作。前期13个试点地区经历了较长时间探索与积累，"入法"后有的非试点地区准备不足，可以考虑以"制度援建"的方式进行对口支援，通过"结对子"等方式给予指导，特别是帮助欠发达地区尽快步入快车道。

其三，发挥好考核指挥棒作用，区别情形补齐短板。先期试点地区应以"更好"为标准重点探索加强确定刑量刑建议、完善值班律师制度、认罪认罚从宽制度运行监督等难点问题；其他地区应以"更准确"为标准迅速跟上全国步伐，提高制度适用率、加强速裁程序适用、完善值班律师制度等，确保制度得到普遍规范适用。

（二）认罪认罚从宽处理标准可以分层分级

对于"认罪""认罚""从宽"的理解与把握是"检答网"咨询的焦点，也是实务中长期面临的难点，建立简便直观、模型化的处理标准有助于一线办案。按照"认罪越早、越主动、越彻底、越稳定，认罚越及时、履罚（履行处罚）越充分，越能获得充分从宽"的思路，结合承认事实程度、认罪（罪名）程度、认罪环节、认罚履罚程度、政策指引等关键要素，分层分级设置处理标准，或为可行之举。

例如，其一，总体上划定行为人认罪认罚"优、良、中、差"四种情形，对应设置"一、二、三、四"四个层次从宽等级。除应当判处极刑的情形外，获得一至四级从宽的，在结合人民法院量刑规范化标准非认罪认罚案件计算量刑的基础上，分别可以给予50%、40%、30%、20%左右的从宽。① 获得"一级"等次的可以在计算刑期起点附近提出量刑建议，有自首、立功等减轻处

---

① 针对不同等次给予不同幅度的从宽，既要有大致的标准，也要结合个案进行微调。例如获得"四级"的，若各方面效果均不好，也可以不予从宽。

罚情节的，一般提出减轻处罚建议；符合相对不起诉条件的，依法不起诉。

其二，借助技术手段，设计包括认罪认罚各种要素的量刑评价系统，根据个案不同情况自动评判出"优良中差"情形和从宽等级，检察官再综合各自因素进行调整。初步设想见下表：

供述主动性	主动供述	主动被动结合（无碍量刑）	主动被动结合（影响量刑）	被动供述
承认事实程度	彻底承认	大部分承认（无碍量刑）	小部分承认（影响量刑）	共同犯罪不供认其他
认罪程度	全面认罪	大部分认罪（无碍量刑）	小部分认罪（影响量刑）	
认罪进度	侦查环节	检察环节	一审	二审	再审及之后
认罚履罚程度	全面认罚履罚	全面认罚大部分履罚	全面认罚小部分履罚	部分认罚履罚	全面认罚无力履罚 全面认罚抗拒履罚	部分认罚不履罚
被害方保障	全面退赔并谅解	合理退赔未谅解	未退赔但谅解	部分退赔未谅解	未退赔未谅解
政策指引	政策从宽		政策从严	
前科劣迹	行政处罚前科 未成年人封存前科		刑事前科（非累犯）	累犯
从宽标准	一级	二级	三级	四级

（三）值班律师资源可以充分共享

在保障犯罪嫌疑人基本权利的前提下促进认罪认罚，是认罪认罚从宽制度的要旨。从办案实践情况来看，解决了值班律师问题，认罪认罚从宽制度就落实了一大半。律师资源的匮乏是困扰办案实践的一大难题，短期内也难以解决。①如前所述，笔者主张当前可以由一名值班律师为同案多名行为人提供法律帮助，但长久来看，为充分维护被告人的合法权益，值班律师要逐步向辩护律师"对标"。

笔者认为，结合实践需求和技术发展程度，可以从两个方面尝试。其一，打破地域限制，建立跨区域"值班律师库"。可以通过司法行政部门指导律

---

① 张军、姜伟、田文昌：《认罪认罚从宽制度"三人谈"》，载《刑事检察工作指导》，2019年第4辑，北京，中国检察出版社，2020。文章指出：西部边远地区大概还有一百多个县，没有本地律师，作为志愿者的律师每周去一两天。这是影响认罪认罚从宽制度全面适用的两个普遍性制约因素之一。

师协会完成,也可以利用各地现有的律师行业跨区域协作资源,①并提供线上联系平台,实现律师与当事人线上互动。

其二,通过线上提供法律帮助等方式实现律师资源共享。后文将专门讨论,可通过技术支持,犯罪嫌疑人、被告人可以根据自身需求网上预约不同地域、不同专业的值班律师,进行相关法律咨询。量刑协商、签署具结书也可以线上完成,从而突破地域和律师资源的限制,满足办案实践的需要。

(四)具结书内容可以更加完善

从目前的具结书模板来看,其内容主要包括指控罪名和量刑建议两个方面。为了通过具结书体现行为人的认罪认罚意愿,应完善以下三方面内容。

其一,认定的主要事实及情节。这是定罪量刑的基础,也是考察行为人认罪态度是否稳定、是否真诚悔罪的关键,特别是有的行为人虽然"认罪"但却不承认主要事实及其在共同犯罪中的地位和作用,这实际上属于避重就轻的"不认罪"。

其二,指控的罪名。这涉及行为性质的认定,有的案件还存在此罪与彼罪的争议,应当允许行为人及辩护人(包括值班律师)有不同意见,只要行为人认可最终处理意见即可。

其三,量刑建议及执行方式。这是很多行为人最为关心的内容,也是实践中诉辩各方协商的焦点。容易忽略的是执行方式,如,是否提出缓刑的量刑建议需要在具结书中载明,给行为人明确的预期,减少行为人态度上的变数和不必要的上诉。《量刑指导意见》第12条已作出明确规定。对于刑法规定了判处禁止令的罪行,也应在具结书中载明禁止从事相关活动。

对于讨论分歧较大的相对不起诉案件,笔者认为兼顾效率与后续决策可能存在的变数,在犯罪嫌疑人自愿接受的前提下,拟作相对不诉案件可以由承办检察官组织签署具结书,并载明起诉的量刑建议或不起诉两种意见,既实现权利义务告知、讯问、签署具结书"只跑一次",又确保后期检察长或检委会决策改变检察官拟不起诉意见。

---

① 司法部主办的"中国法律服务网(12348中国法网)"已经实现了律师、公证、人民调解等机构和人员等基础资源汇集,从现有类似数据库和平台建设来看,技术难度并不大,需要理念先行,行动紧跟。

值班律师资源共享的实践与展望

党的十八届四中全会作出了"完善刑事诉讼中认罪认罚从宽制度"的重大改革部署。落实认罪认罚从宽制度的一个重要前提是保障犯罪嫌疑人、被告人获得法律帮助，确保认罪认罚的自愿性。签署认罪认罚具结书需要值班律师在场，这是《刑事诉讼法》明确规定的"硬性"条件之一，也是证明犯罪嫌疑人、被告人自愿认罪认罚的关键所在。

以某地级市A市为例，该市未被纳入2016年全国18个认罪认罚从宽制度试点城市，在《刑事诉讼法》确立认罪认罚从宽制度后该项工作才全面开展，其中值班律师制度是贯彻落实认罪认罚从宽制度的瓶颈。经过一段时期的努力，在值班律师的选任、派驻（看守所及法检两院）、提供法律服务、见证签署具结书、经费落实等方面有了较大改善，但仍然存在一些不足。特别是值班律师资源分布不均、供求不平衡和疫情之下现场见证难等问题还需要研究解决之法。

一、值班律师制度的发展历程回顾

（一）值班律师制度建立

2014年8月，最高人民法院、最高人民检察院、公安部、司法部出台了《关于在部分地区开展刑事案件速裁程序试点工作的办法》，值班律师制度由此建立。该《办法》要求，法律援助机构在人民法院、看守所派驻法律援助值班律师；犯罪嫌疑人、被告人申请提供法律援助的，应当为其指派法律援助值班律师。值班律师制度建立之初，相关规定比较笼统，值班律师制度内涵不够清晰。但从"法律援助值班律师"这一制度用语来看，制度建立之初明确了值班律师的定位，是"法律援助"的组成部分。

（二）值班律师职责逐步明确

2016年11月，在速裁程序试点两年后，"两高三部"出台了《关于在部分地区开展刑事案件认罪认罚从宽制度试点工作的办法》，进一步规定，犯罪嫌疑人、被告人自愿认罪认罚，没有辩护人的，人民法院、人民检察院、公安机关应当通知值班律师为其提供法律咨询、程序选择建议、申请变更强制措施等法律帮助。犯罪嫌疑人自愿认罪，同意量刑建议和程序适用的，应当在辩护人或者值班律师在场的情况下签署具结书。

认罪认罚从宽制度试点是速裁程序试点之后，刑事诉讼领域又一重大改革，认罪认罚从宽制度在"程序从简"层面与速裁程序一脉相承，同时还有"实体从宽"层面的新内容。认罪认罚从宽制度试点工作对值班律师的职责进行了相对细化的规定，较之以往有较大进步，即确立了值班律师两大主要职责：一是提供法律帮助，二是见证签署具结书。

（三）值班律师"全覆盖"

2017年10月，最高人民法院、司法部联合出台了《关于开展刑事案件律师辩护全覆盖试点工作的办法》，在上海、四川等8个省、直辖市开展刑事辩护全覆盖试点。该《办法》明确规定，适用简易程序、速裁程序审理的案件，被告人没有辩护人的，人民法院应当通知法律援助机构派驻的值班律师为其提供法律帮助。

刑事案件律师辩护全覆盖无疑对刑事诉讼有着巨大的影响，意味着值班律师制度也将逐步走向"全覆盖"，对于犯罪嫌疑人、被告人而言，无论是否有能力委托辩护人、是否符合法律援助条件，都有权获得值班律师的法律帮助。

（四）值班律师制度"入法"

2018年10月，新修订的《刑事诉讼法》明确规定，犯罪嫌疑人、被告人没有委托辩护人，法律援助机构没有指派律师为其提供辩护的，由值班律师为犯罪嫌疑人、被告人提供法律帮助。自此，值班律师制度上升到法律层面。2022年1月1日实施的《法律援助法》第14条进一步规定，法律援助机构可以在人民法院、人民检察院和看守所等场所派驻值班律师，依法为没有辩护人的犯罪嫌疑人、被告人提供法律援助。

从实践层面来看，一些地方囿于客观条件，值班律师制度未能得到全面落实。同时值得考虑的是，根据保护各方当事人合法权利的需要，下一步有必要实现法律帮助对象的"全覆盖"，意即值班律师可以为被害人、自诉人、犯罪嫌疑人、被告人、附带民事诉讼的原告人和被告人等所有当事人提供法律帮助。

（五）值班律师制度不断完善

2019年10月，"两高三部"颁布《关于适用认罪认罚从宽制度的指导意见》，规范了犯罪嫌疑人、被告人获得值班律师法律帮助的条件和程序，细化了法律援助机构派驻值班律师的模式和服务方式，保障了值班律师办理认罪认罚案件时的会见权、阅卷权等权利。首次规定了派驻值班律师的方式，"值班律师可以定期值班或轮流值班，律师资源短缺的地区可以通过探索现场值班和电话、网络值班相结合，在人民法院、人民检察院毗邻设置联合工作站，省内和市内统筹调配律师资源，以及建立政府购买值班律师服务机制等方式，保障法律援助值班律师工作有序开展。"

2020年9月"两高三部"颁布的《法律援助值班律师工作办法》重新定义了值班律师，其中第2条规定，"值班律师是指法律援助机构在看守所、人民检察院、人民法院等场所设立法律援助工作站，通过派驻或安排的方式，为没有辩护人的犯罪嫌疑人、被告人提供法律帮助的律师。"还细化了工作职责，根据第6条的规定，值班律师提供法律帮助的内容主要包括"6+3"：即一般案件提供法律咨询、提供程序选择建议、帮助犯罪嫌疑人或被告人申请变更强制措施、对案件处理提出意见、帮助犯罪嫌疑人及被告人及其近亲属申请法律援助和其他事项等6项帮助；认罪认罚案件中，还有向犯罪嫌疑人及被告人释明认罪认罚的性质和法律规定，对人民检察院指控的罪名、量刑建议、诉讼程序适用等事项提出意见，签署认罪认罚具结书时在场等3项帮助。此外，还对值班律师会见权、阅卷权等进行了重申。

2022年10月"两高两部"联合出台了《关于进一步深化刑事案件律师辩护全覆盖试点工作的意见》，进一步细化了值班律师参与诉讼的相关规定，为值班律师充分发挥实质性法律帮助作用进行了明确。

二、值班律师现状及存在的问题

（一）注册律师总体较少，分布不均分工不细

以A市观之，该市辖6个区县，常住人口约320万，地区生产总值1400

亿余元，在经济相对欠发达地区具有普遍性和代表性。该市现有注册执业律师 300 余人。各区县中，最多的有注册执业律师 140 人，最少的不足 10 人，律师资源分布极不均衡。

律师供不应求和相对过剩在不同区域同时存在，例如，市级注册律师及市级机关所在区注册律师共计 170 余人，而另一区仅数人。从 A 市的律师执业范围来看，目前尚没有专门办理刑事案件的律师，均由办理其他类型案件的律师兼职刑事案件律师。

（二）异地羁押和居住的犯罪嫌疑人、被告人获得律师帮助较为不便，值班律师参与率有待提高

值班律师受注册执业地法律援助机构主管，一般在本地定点值班或电话预约值班。对于犯罪嫌疑人、被告人被异地羁押或取保候审异地居住，未委托辩护人且不符合法律援助条件的，办案机关一般也只能通知本地值班律师。若赴异地提供法律帮助，值班律师往往因消耗的时间、精力、费用等成本较高而降低工作积极性。特别是疫情防控常态化背景下，进入看守所需要履行一定的审批程序、查验核酸检测报告、自备防护服等物品，值班律师的积极性愈发降低。

A 市 2018 年、2019 年刑事案件值班律师参与率分别为 5.8%、37.9%。2019 年探索值班律师资源共享机制，辖区各看守所全面派驻值班律师，值班律师提供法律服务的对象不限于看守所所在地办案机关所办案件的犯罪嫌疑人、被告人，而是以看守所全体羁押人员为服务对象，有需要即提供法律帮助。2020 年，值班律师参与率迅速上升到 74.2%，之后，羁押案件律师参与率随着疫情防控形势的发展而波动。虽然近几年值班律师参与率逐年上升，但总体还有提升空间，离"全覆盖"的要求还有一定差距。

（三）值班律师补贴未得到充分保障

给予值班律师法律服务补贴，是值班律师提供法律帮助的物质保障，有利于调动值班律师开展法律帮助工作的积极性，从而更好地满足人们获得法律帮助的需求。2019 年 2 月，司法部、财政部专门印发了《关于完善法律援助补贴标准的指导意见》（以下简称《指导意见》），对值班律师提供法律

援助的补贴作出了原则性规定。①

该《指导意见》尚待逐步落实,从 A 市目前的情况来看,大多数辖区落实了值班律师补贴,多按工作日计算,费用介于每日 150 元至 200 元之间。较之委托辩护案件和法律援助案件,值班律师收入较低、差距较大。

(四)值班律师提供法律帮助的具体内容有待完善

根据刑事诉讼法和"两高三部"《关于适用认罪认罚从宽制度的指导意见》的规定,值班律师的职责包括为犯罪嫌疑人、被告人提供法律咨询、程序选择建议、申请变更强制措施、对案件处理提出意见等法律帮助,以及对于犯罪嫌疑人自愿认罪认罚的案件,由值班律师在场的情况下签署认罪认罚具结书,并赋予了值班律师阅卷权、会见权等实体权利。但对于如何解决值班律师"人案矛盾"(例如一名律师可否为同案多名犯罪嫌疑人提供帮助)、被害人及其他当事人如何获得值班律师帮助、签署具结书是否以值班律师认可为前提或具结书可否独立载明值班律师不同意见等,尚缺乏清晰的规定。

实践中各地操作不一,2016 年开始试点的地区探索较早,值班律师实质介入较深、相关问题解决得较好,但各地不尽统一;未进入前期试点的地区则相对谨慎。

三、资源共享是值班律师制度的解困之路

(一)值班律师资源共享的基本内涵

值班律师资源共享,旨在让任何一名值班律师都可以为任何一名犯罪嫌疑人、被告人以及其他当事人(以下称"法律帮助对象")提供法律帮助,而不受律师执业地域、法律帮助对象羁押或居住地点、办案机关所在地域的限制。

针对不同主体而言,可以从不同角度阐释制度含义:一是值班律师不论在何处注册执业,都可以为全国范围内任何涉刑事案件的犯罪嫌疑人、被告

---

① 《指导意见》规定:由省级司法行政部门会同级财政部门,或者授权市、县级司法行政部门会同级财政部门,结合当地经济社会发展水平,根据承办法律援助事项直接费用、基本劳务费用等因素来确定法律援助补贴标准。值班律师为认罪认罚案件的犯罪嫌疑人、被告人提供法律帮助的补贴标准,由各地结合本地实际情况按件或者按工作日计算。

人提供法律帮助,法律有明确禁止的情形除外。二是犯罪嫌疑人、被告人不论被羁押何处或法律帮助对象在何处居住,都可约见任何值班律师为其提供法律帮助,犯罪嫌疑人、被告人签订认罪认罚具结书时可申请值班律师直接在场或视频见证。三是办案机关根据犯罪嫌疑人、被告人的申请,可以预约全国范围内任何值班律师,并为律师会见犯罪嫌疑人、被告人提供工作便利。

(二)值班律师资源共享实施步骤

鉴于值班律师由各县级财政保证经费之现状,以及现代科技技术在刑事诉讼领域运用的进度,笔者认为,在具体实施过程中可结合实际情况分三步走。

第一步,解决异地羁押人员获得值班律师帮助问题。犯罪嫌疑人、被告人被羁押的案件,由被羁押地给予值班律师资源共享。

全国各地司法行政部门都应在看守所派驻值班律师,被羁押的犯罪嫌疑人、被告人可以根据看守所值班律师安排及时申请值班律师给予法律帮助。异地羁押的案件,办案人员可联系羁押看守所的值班律师,而不必由办案单位所在地派出值班律师跨地域提供法律帮助。目前A市通过检察机关与公安机关、司法行政机关会签机制的方式实现了看守所值班律师资源共享问题,促使全市值班律师参与率大幅提升,为下一步深化值班律师制度奠定了基础。

第二步,解决未羁押人员和其他当事人获得法律帮助的问题。对于犯罪嫌疑人、被告人未被羁押的案件,办案机关所在地和犯罪嫌疑人、被告人实际住所地可能不在同一市县,在实现值班律师资源共享的情况下,犯罪嫌疑人、被告人可以在其实际住所地申请值班律师提供法律帮助。值班律师若因疫情防控等原因不能到场的,可以通过远程视频等技术与办案人员沟通意见并完成见证签署认罪认罚具结书等工作。

被害人及其他当事人需要法律帮助的,也可通过类似方式联系值班律师并获得帮助。从目前的情况来看,案件量小的地区可以统筹使用看守所值班律师资源,确定每周一部分时间在看守所值班,另一部分时间实行预约值班,用于为被害人及其他当事人提供法律帮助。而案件量大的地区,则可以更细化分工,在看守所值班的律师则专门为羁押人员提供法律帮助,在法院、检察院值班的律师可以为非羁押人员及被害人及其他当事人提供法律帮助。

第三步,解决优质律师资源全面共享问题。如果将前两步定义为"局部共享"模式的话,第三步则可以称为"全面共享"模式。需要建立全国执业律师信息资料库,并建立在线提供法律帮助平台。对于律师资源特别紧张、优质律师资源特别匮乏的地区,需要获得优质法律帮助的犯罪嫌疑人、被告人和其他当事人,可以利用律师资源大数据和远程视频技术进行"发单"预约,法律帮助平台进行"派单"或值班律师在线"接单"提供法律帮助,让优质律师资源惠及全国各地,从而实现值班律师资源全面共享。

(三)值班律师资源共享的优点

第一,可以缓解律师资源分布不均、一些地方"巧妇难为无米之炊"的困境。对于律师资源十分紧张、无法落实值班律师的地区,唯有依靠其他地区律师资源的支持才能开展工作。

第二,可以帮助经济欠发达地区推动值班律师工作。虽然财政部、司法部联合印发的《指导意见》明确规定了法律援助办案补贴标准、值班律师法律帮助补贴标准、法律咨询补贴标准等三个方面的内容,但实践中各地经济发展程度不一、落实情况各异,有的经济欠发达地区短期内可能难以落实。通过值班律师资源共享,可以让落实了值班律师补贴的地区多派出值班律师提供法律帮助,带动其他地区推动相关工作。

第三,可以实现优质法律服务普及化。如果将值班律师服务地域限定于注册地或主管机关所在地,则将导致工作固化、僵化,优质法律服务无法对外传播,其他地区无法享受优质服务。值班律师资源共享则可打破地域限制,实现法律服务跨地区流动。各地值班律师也可通过参与不同地区法律帮助工作,实现相互交流、相互借鉴、取长补短、共同进步。

(四)值班律师资源共享需要注意的问题

第一,值班律师履职内容应不断完善并日趋统一。根据《刑事诉讼法》的规定,值班律师主要是从程序上为犯罪嫌疑人、被告人提供法律咨询、程序选择建议、申请变更强制措施、对案件处理提出意见等提供法律帮助,以及见证签署认罪认罚具结书。

对于值班律师是否可以独立发表意见、提出量刑建议异议等"实质性参与"问题,实践中做法不一,值班律师资源共享后各地律师在履职内容上可能出现差异。对此可以在总结实践经验的基础上,作出进一步规定。值班律师的职能定位虽不同于辩护人,但着眼长远,为充分维护被告人合法权益,值班律师要逐步向辩护律师"对标"才符合制度发展规律。此外,被害人等其他当事人也应逐步纳入值班律师的法律帮助范围，值班律师资源丰富的地区，可先行尝试扩大提供法律帮助的对象范围。

第二，值班律师补贴应尽快落实并逐步实现计费方式统一。按照相关规定，值班律师为认罪认罚案件的犯罪嫌疑人、被告人提供法律帮助的补贴标准，由各地结合本地实际情况按件或者按工作日计算。实践中，落实值班律师工作补贴是推动值班律师制度落地落实的重要条件，有待各方积极努力。值班律师工作补贴计算方法上，各地根据办案量、律师资源、工作便利等考虑"计日"或"计件"，可通过司法实践积累经验，进行优劣比较，再趋于统一。

第三，相关数据资源库和线上平台建设应统筹规划。律师资源实现全面共享，基础数据和平台建设是前提。司法部主办的"中国法律服务网（12348中国法网）"已经实现了律师、公证、人民调解等机构和人员等基础资源汇集，从现有类似数据库和平台建设来看，技术难度并不大，关键是理念需先行，行动需紧跟。

若早日实现值班律师"线上预约"，办案人员、值班律师、法律帮助对象则可实现三方在线沟通。犯罪嫌疑人、被告人签署认罪认罚具结书的，也可在线完成。在优质法律服务得以共享的情况下，犯罪嫌疑人、被告人以及其他当事人的权利能够得到更加充分的保护，认罪认罚从宽制度能够得到更加充分有效的落实。

检察提示:"依网治网"参与社会治理的新探索

检察机关通过履行法律监督职能,践行网上群众路线,积极引领社会法治意识,是新时代检察机关为大局服务、为人民司法的重要体现。结合检察履职发现互联网上广泛传播的、可能侵害广大公民合法权益的行为或现象,依托网络平台及时向公众发出预警、作出提示,向群众手机进行推送,引导公众加强防范,是"依网治网"的有益探索。

以西部地区某基层检察院 A 院为例,2021 年及 2022 年上半年,结合刑事检察办案,针对"利用微信冒充领导干部实施诈骗、大中专毕业生误入虚假鉴宝公司后参与电信诈骗、未成年人通过新兴交友软件结识犯罪分子后被性侵、部分群众被欺骗误入邪教组织、禁渔期禁渔区非法捕捞水产品"等案(事)件,在检察院官微发布了数期《检察提示》。通过及时揭露类案的一般规律和行为表现,提出防范建议,并与同时期公安机关、反诈中心发布的"预警通报"、"预警提示"等形成有力配合,有利于减少违法犯罪、避免公众被伤害以及引导群众通过合法途径维护正当权益。

一、检察提示的现实需要与政策依据

检察履职既需要通过办案直接参与诉讼活动,也需要通过法律监督影响诉讼活动,还需要从诉讼活动中衍生、拓展开来,积极参与社会治理。对于参与社会治理的方式方法,现行模式还有进一步完善的空间。

第一,现有工作模式不能满足社会治理需要。根据现行法律法规,检察机关根据履职的需要,可以直接参与刑事、民事、行政诉讼活动、进行诉讼监督;也可以提出检察意见、检察建议等进行非诉讼活动监督。在后者中,检察意见主要适用于检察机关认为应对犯罪嫌疑人、被不起诉人给予行政处罚、行政处分或者没收违法所得,而向有关主管机关提出意见的情形。检察建议书则是针对社会治安和综合管理等方面存在的问题,向有关单位提出改进建议。

值得注意的是，实践中检察建议工作得到广泛开展，在检察机关参与社会综合治理方面具有一定功能，但也有不足，最明显的局限在于：一方面，从对象和时间阶段来看，检察建议是结合检察机关已经办理的具体个案，指向特定的主体，提出完善制度、加强管理、预防和减少违法犯罪等具体建议，"个性"突出，"亡羊补牢"功能明显。对于尚未进入检察环节的案件、以普通大众为对象、进行"普遍告知"和"事前提醒"，则是检察建议无法实现的。另一方面，从建议手段来看，主要是按照传统方式，发出检察建议书，进行"一对一"的监督，无法通过网络主动发声、广泛预警。

第二，检察提示具有独特价值。所谓"检察提示"，是指检察机关结合检察工作发现可能侵害广大公民合法权益的行为或现象，依托网络平台及时向公众发出预警、作出防范提示的履职方式。从基本功能上看，"检察提示"与公安机关的常用的"警情预警"、反诈部门常用的"预警提示"是类似的；区别在于，公安、反诈部门的提示主要着眼于社会治安和刑事犯罪，而检察提示可以适用于刑事、民事、行政、公益诉讼"四大检察"，涉及的领域更广。A检察院在初期探索阶段，也主要从刑事方面着手，即通过检察履职发现违法犯罪的苗头性、趋势性、规律性问题，通过官微及时向社会发布检察提示，给潜在的违法犯罪分子以警示，引导公众加强防范；后期逐步向公益诉讼领域拓展，更加注重保护社会公益。

检察提示的必要性和价值主要体现在以下几个方面。

一是"防范于未然"。经济社会飞速发展，违法犯罪手段不断翻新，有的与现行法律"打擦边球"，司法机关经研判可能不宜定罪处刑，但鉴于其可能造成公众利益受损，检察机关可以及时发布相关信息，把功夫下在"事前"，提示民众加强防范。有的个案犯罪嫌疑人构成犯罪，司法机关依法惩处，但并非一劳永逸，其作案手法仍然可能被其他不法分子运用，公众利益可能持续受损，有必要剖析其作案手法，提示群众注意识别。

二是"以点及面"。近年来出现的新型违法犯罪活动，往往具有手段新、"套路"深的特征，且多以网络传播，波及范围特别广，而民众知晓较少，难以识别，导致防范能力较低，司法机关不可能打击个别案件就全面告捷。有的作案手法（例如通过微信冒充领导干部或亲友安排被害人转账、冒充公检法人员要求被害人转移资金等）可能在经济发达地区、大城市已经司空见惯，难以欺骗市民；不法分子遂转移作案对象，到西部地区、经济欠发达的城市和乡村作案，往往会有新的群众受骗。检察提示通过揭露个案的作案手法、特征、规律，通过网络广而告之，帮助广大群众提高辨识能力。

三是广泛普法。运用官微等平台主动向公众推送信息，利用互联网开展以案普法，相关信息直接推送到群众手机上，这样的方式是最直接的，受众面是最广的。但因担心宣传不妥反酿事故，"舆论翻车"的现象也时有发生，导致基层检察机关多不愿主动占领网络阵地。检察提示因其形式新、内容实、文风稳、重提醒，为基层检察机关利用网络主动与群众沟通、交流提供了一个新的选择。

第三，检察提示符合时代所需。虽然现行法律法规没有直接规定"检察提示"这种履职方式，但是2021年6月发布的《中共中央关于加强新时代检察机关法律监督工作的意见》从政策层面指明了检察机关履职方式拓展的空间和方向。该《意见》强调，检察机关应"通过促进严格执法、公正司法，规范社会行为、引领社会风尚"。

具体如何"规范"和"引领"，可以结合实际情况积极探索。例如，最高检通过发布正当防卫系列案件，引导公民积极捍卫自身和他人合法权益；通过引导"取快递女子被造谣出轨案"自诉转公诉，促推网络秩序综合整治等等，为基层司法机关办理类似案件作出了指引。

基层检察机关与人民群众联系最为密切，能够第一时间感知群众的司法需求；办理案件面宽量大，也能迅速发现违法犯罪及其他危害群众利益行为发展、变化的规律；这是基层检察机关的优势。鉴于此，应当自觉做好预警预判、防患未然的工作，A检察院探索的检察提示正是一个简便、高效的方式。

二、检察提示的内容范围与制发流程

制发检察提示，要立足检察机关自身职能，积极回应社会需求，节奏要快、内容宜精、针对性要强。检察提示需要通过网络进行推送，涉及面广、传播迅速，在制发流程上应严格规范，做好审核把关。推送范围也应有所选择，避免"漫天撒网"。

第一，检察提示应当"应需而发"。制发检察提示，应当以人民群众生产、生活的需要为前提。同时，把群众需求与检察机关职能结合起来，在保护群众利益、回应社会关切的过程中体现检察提示工作的价值。具体而言，可重点注意三个方面。

其一，密切关注经济社会发展的新形势、新变化。结合检察履职，及时研判哪些新现象、新行为可能对人民群众切身利益造成危害，特别是吃、穿、住、行、医、教（教育）、安（安全）、业（就业）等民生领域要重点关注。A检察院发布的数期检察提示即着眼于公民财产安全（通过微信冒充领导干部实施诈骗）、大学生就业（误入虚假"鉴宝公司"后参与电信诈骗）、人身安全（未成年人通过新兴交友软件结识犯罪分子后被性侵）、生态保护（禁渔期禁渔区非法捕捞水产品）、社会稳定（部分群众被欺骗误入邪教组织）等方面进行分析和预警，立足真实案（事）例，契合热点问题、回应社会关切。

其二，立足刑事、民事、行政、公益诉讼"四大检察"。检察机关要把法律赋予的职能充分履行好，特别是针对西部地区自然资源丰富，侵害公益的行为时有发生，但因犯罪地点偏僻或隐藏较好而难以及时发现和查处。例如，非法进行的砂石开采、林木砍伐、天然水产品捕捞等行为，不一定构成刑事犯罪，却可能侵害社会公共利益。通过发出检察提示，可以提醒行为人及时停止、鼓励群众举报反映不法行为。对一些超出检察职能范围又确有必要及时向公众提示的，可以移送主管部门，并提出明确的工作建议。

其三，要在提示内容上立足群众所需。根据受众所需提炼检察提示的具体内容，尽量避免篇幅冗长、措辞过于专业等问题，用简洁、通俗的语言把事情说清、把提示讲明即可。A检察院发布的检察提示，每期字数均为300余字，手机显示仅一页，方便群众快速阅读全文、获取关键信息。当然，在今后的工作中，也可尝试发布图片、短视频等更加直观的方式进行提示，群众更容易理解和接受。此外，提出的建议要有针对性、可操作性。例如，A检察院针对通过微信冒充领导干部实施诈骗的行为，建议广大群众在日常生活中保护好个人信息；遇到自称"领导"的人添加好友时一定要电话或视频确认身份；在接到转账要求时，一定要视频或见面核实；如遇诈骗或身边亲友遭遇诈骗，第一时间报警。

第二，检察提示需要规范制发。作为检察机关对外发布的重要信息，检察提示的制发既要按照一般法律文书的流程规范制作和发布，还要考虑网络这一发布途径的特殊性，既不必"谈网色变"，也不能掉以轻心，需要加强审核把关和风险研判。具体而言有以下几点值得注意。

其一，基本结构要相对稳定。检察提示作为检察机关对社会发布重要信息的新载体，要保持严谨和规范。A检察院发布的检察提示结构比较统一，主要包括"事例简介、一般规律、检方建议"三方面内容。"事例简介"是结合已经发生的案（事）例，简要归纳介绍主要行为或常见现象；"一般规律"

主要是剖析危害行为的一般表现、惯常手法,以及当事人权利受损的基本过程、关键环节;"检方建议"则是检察机关结合案事例向社会公众提出的具体的防范建议。

其二,内部管理要规范。可参考"检察建议书"的制发流程,按照承办人起草、部门负责人审核、分管检察长或检察长签发的基本步骤来操作。对于因发生重大影响的案(事)件拟制发检察提示的,可以纳入检委会研究决定范畴。

其三,风险研判要加强。有的案(事)件重大、复杂、敏感,有的可能涉及相关主管单位正在查处,在检察提示制发过程中,应当设置风险研判程序,及时与相关主管单位沟通,按规定上报,综合其他单位反馈意见或上级批复,审慎研究决定。

第三,检察提示推送要有的放矢。检察提示虽然利用网络平台进行推广,但并不等于"漫天撒网",既要考虑受众的普遍性,也要考虑推送范围的针对性。一般情况下,要注意两个方面。

一方面,从传播平台而言,要注意初始传播平台的权威性。一般而言,最初的发布平台是检察机关的官方"两微一端"(微信、微博和客户端),但仅靠检察机关推广,力度是有限的,受众范围是很窄的。在借力其他平台转发推广时,最初应以官方平台为宜;其他民营平台、自媒体自行转发推广的,也应要求注明出处。

另一方面,从受众而言,要注意推送范围的针对性。例如,针对"未成年人通过新兴交友软件结识犯罪分子后被性侵"的检察提示,A检察院主要借助教育系统相关网络平台进行推送,提示家长加强对孩子日常关心、提示学生正确认识和使用新兴交友软件。同理,若针对食药安全、禁毒、反诈等领域开展检察提示,也可以考虑借助食药、公安的信息发布渠道进行推送。

三、检察提示的制度建设与长效运行

检察提示工作尚在探索阶段,其价值已初步显现,需要逐步建立包括线索收集、风险研判、协作配合等重要内容的工作机制,并注意和既有工作衔接,使之形成合力,为保护人民群众合法权益发挥更大的作用。

第一,建立线索发现与收集机制。一方面,检察机关应将日常办案作为线索发现的主渠道。通过刑事、民事、行政、公益诉讼"四大检察"充分履职,及时发现可能侵害公众合法权益的行为或现象，纳入检察提示的重点范畴。由于侵害公众权益的行为往往会在网络上留下痕迹，检察机关也要密切关注相应的网络动态，善于运用网络平台治理网络乱象。要明确检察机关内部牵头部门，将各业务条线的检察人员都作为线索发现的"触角"，建立检察机关内部线索发现和处置机制。

另一方面，要注意关注未进入检察环节的案（事）件。进入检察机关办案环节的案件，侵害结果往往已经发生，从防范于未然的角度出发，需要向"事前"延伸。充分利用提前介入、群众来信来访、普法宣传等渠道，广泛收集线索。还要用好检察开放日、新闻舆情以及人大代表、政协委员、律师等各界人士向检察机关提出意见建议等渠道，敏锐发现线索，及时开展研判，适时作出提示。

第二，完善相关研判机制。依托网络平台开展检察提示，实现"依网治网"，既要达到有效提示人民群众的目的，又要接受各方监督，因此，此项工作可以说是政治智慧、法治智慧和检察智慧的重要体现。既要积极探索、大胆尝试，也要有风险意识，加强各环节研判，审慎推进。具体而言，需要注意以下四个方面的研判。

一是要加强事实研判。以查明具体案（事）例为基础，特别是未进入检察办案环节的线索，要认真细致开展核查，确保案（事）例真实可靠。

二是加强法律政策研判。确保检察机关所提防范建议符合政策、法律规定，涉及相关行业主管机关职责范围的，要主动加强会商。

三是加强实用性研判。检察机关所提建议要易懂、实用、便于操作，切忌建议内容过于原则，陷入"理论正确而不可行"的窘境，还要避免"放之四海而皆准"而缺乏针对性。

四是加强舆论风险研判。要有接受社会舆论品评甚至质疑的意识和准备，预判风险点，必要时向宣传主管单位和上级检察机关请示汇报，加强上下互动，制定完善风险管控和应对预案。

第三，完善与既有工作的衔接机制。在加强社会治理方面，最高检和地方各级检察机关开展了很多有益探索，包括及时发布指导性案例和典型案例、定期分析公布法律监督工作有关情况、加强法律文书说理和以案释法以及深化法治进校园、进社区等工作。检察提示工作要与这些工作结合起来，互相助力，发挥更大功效。

一是资源充分利用。在以案释法、法治"七进"等工作中注意收集检察提示工作线索,做好信息线索共享、传播平台互助等方面的衔接。

二是检察提示与检察建议、检察意见等工作紧密结合。既可以针对已发案件提出检察建议,举一反三,也可以结合相关案件的规律、趋势发出检察提示,防范于未然。

三是与代表委员联络沟通、人民监督员监督、检察听证、网民互动等工作结合起来。以此获取检察提示工作效果反馈,听取对工作的意见建议,通过集思广益,促使不断改进。

第四,加强与相关单位的协作配合。一方面加强与提示线索来源单位协作配合。当前,运用预警、提示等方式开展工作较多的是公安机关及反诈中心,起到了很好的效果。如前所述,相较而言,检察与公安、反诈各有优势,也都有不足。对于涉治安类、刑事犯罪类,公安、反诈往往走在前面,对于已经发出预警的,检察机关不必重复,重点要注意补漏。对于民事、行政、公益类,检察机关要主动作为。

另一方面加强与传播单位协作配合。除了前文所述初始传播应注意与官方权威平台、主管部门加强协作外,在扩大传播过程中也要注意与当地影响力较大、群众认可度较高的民营媒体、自媒体加强配合。此外,还要注意与传统媒体配合,广播、电视、报纸等媒体几乎都有线上平台,相关视频、文图也能够通过网络渠道直达用户手机,从而便于群众通过更多渠道接收检察提示。

综上,检察提示工作是"依网治网"参与社会治理的新探索,是检察机关主动占领网络阵地、加强社会预警的新尝试。要在不断积累实践经验的基础上,为制定相关规范性文件提供思路和借鉴,从而使检察提示工作走向成熟定型,为强化社会治理、服务人民群众美好生活做出更多努力。

第三章

检察官的态度
——拒绝平庸

这里的"检察官"泛指所有检察人员，因为即便是"员外"（非员额检察官），在工作态度上与"员内"（员额检察官）也应该是一致的。

之所以写本章内容，是因为想到一个问题：检察队伍将走向何方，未来会发展成什么样？

这是一个宏大的课题，难以一言道尽；也是长期的课题，不会一劳永逸。然而，我们不能因为这个课题"宏大"和"长期"而选择避而不谈，也不能因为我们身在基层而只出力不操心，坐等"上面"安排。事实上，检察事业的"大部队"在基层，办案效果看基层，后继有人靠基层，基层检察官拒绝平庸，队伍就充满希望。

"对党忠诚、服务人民、执法公正、纪律严明"是我们应当牢记和践行的训词精神，也是当前和今后一个时期检察机关开展一切工作的基本遵循。

2020年12月，最高人民检察院印发了《关于加强新时代基层检察院建设的意见》，提出"以队伍建设为根本，大力提升基层法律监督能力"的工作要求，并从"加强领导班子建设、深化队伍专业化建设、深化检察人员分类管理、着力缓解基层人才紧缺、妥善解决基层司法行政人员'空心化'问题、强化基层检察人员职业保障和构建基层检察工作考核管理体系"等7个方面作了全面的规划。

从"面"上来看，学习贯彻好训词精神，落实好上述文件精神，就抓住了检察队伍建设的关键和实质。

从"点"上来抓，得根据每个基层院的实际情况，分清轻重缓急，有针对性地强弱项、补短板。

结合笔者的经历和感受，"三类人员"分类改革落地落实后，很明显的积极作用是促进了队伍稳定；另一方面，潜在的问题是太过于稳定，久而久之容易产生"小富即安"的心理。

基层一线特别是经济欠发达地区，检察工作内容十分固定，发展空间比较局限，大家很容易看到"天花板"。体现在推动工作上，容易按部就班，不求有功但求无过。

这些问题需要通过抓检察队伍建设来逐步解决：

一则需打破对基层"天花板"的传统认识，保持精益求精的工作态度。正确看待检察改革、发展和个人成长过程中的得与失、名与利，把法律赋予的检察权行使好，把日常的工作做得不寻常，把简单的工作做得有新意，通过高标准、严要求的训练，逐渐提升素能。

二则以精益求精的态度办好手上的每一个案件。认真对待手上的每一起"小案"，把每一份审查报告写到自己满意，把每一次出庭履职都做到尽心尽力，把每一起案件都办到问心无愧。让当事人感受到检察官对待每一个案件都是认真细致的、用心用情的，才能让人民群众感受到公平正义就在身边。

三则进一步提振精气神，让我们的队伍如初升的旭日般充满蓬勃的朝气和向上的热情。立足当下，点滴积累，假以时日，我们一定能遇到曾经被给予厚望的自己。

检察队伍永远在奋进的路上。拒绝平庸，当下才能精彩，未来才值得期待。

基层"天花板"

天花板，是站在屋子里抬头可见的屋顶。

天花板哪都有，在基层就特别明显。因为"庙小屋檐低"，所以"天花板"也似乎触手可及。笔者在基层检察院初入职后不久，就有老同志告诫："莫急，莫急，退休解决副科级。"其意在提醒我们身在基层的年轻人，对职务职级问题要有耐心、不要奢望。可见这个"天花板"不仅高度很低，而且论资排辈到退休也不一定是你够得着的。

鉴于此，躺平就找到了理由，慵懒就成了习惯，平庸就有了市场。对年轻人而言，为害甚广。

然而，事实上，基层也有很多难以企及的"天花板"，只是有些"天花板"不像职务职级那样可观可触，所以不易被发现，抑或即便发现了，也可能因周遭负面情绪的影响而作罢。笔者从权力、能力、成长三个方面浅谈基层如何看待这些"天花板"，无意添加"鸡汤"，但求为基层年轻的检察同仁提供一点看问题的思路。

一、权力的"天花板"：修为多深，权力多大

距离国家监察体制改革、检察机关"两反"转隶及2018年《刑事诉讼法》修改已经过去4年多，侦查权缩减、刑事诉讼主导权增强、公益诉讼检察权新增等权力变化，让很多人从起初不太适应到现在习以为常。毋庸讳言，虽然法律赋予检察机关的权力有增有减，但经过这几年的实践证明，总体感觉检察权运行还不够顺畅，在基层的感受尤为明显。"可为"之事不算少，"难为"之处特别多，权力的"天花板"触手可及。

面对这样的境况，我们该怎么看，怎么办？

第一，理性看待权力。权力运行的普遍规律是：权力越显、压力越大、风险越大，如果不能驾驭好，往往反受其害。

以前看武侠电影，有一个有趣的现象：武林中的绝世高手多在少林寺，

乍看一个很低调、很不起眼的扫地老和尚,其实内功深厚,胡子一捋扫帚一甩,牛鬼蛇神倒地一片。为什么少林出高手?因为少林武功重在内修。少林武术之高,主要高在境界。电影里少林高僧常常这样教导弟子:武术是戾气很重的东西,需要打坐参禅参悟佛法,从而消除戾气,如果修行不高,驾驭不了戾气,武术便成了祸害。

笔者看来,不当行使权力产生的戾气丝毫不亚于一味好勇逞强、冷酷噬杀的武术。心术不正、修行太低的人如果手握太大的权力,为祸甚深、甚广,破坏力极强,所谓"身怀利器,杀心自起"说的就是这个道理。

检察机关也曾手握重权,如同身怀绝技的武林高手,反腐肃贪,打虎拍蝇,用实实在在的工作业绩赢得了社会认可,树立了检察机关的权威。但同时,还应当看到,我们的一些同仁内在修为并不高,没有足够的"内功"化解权力带来的"戾气",从而导致有时候不敢用、不会用、不善用权力:有的自我标榜、居功自傲,引起内部不团结;有的颐指气使,招致其他公职人员不满;有的甚至以权谋私,害了自己也给检察院抹了黑。

从近年来查处的检察人员违纪违法案例以及队伍教育整顿期间暴露出的问题来看,有过刑事检察和职务犯罪侦查工作经历的检察人员的廉政风险是相对较高的,而尤以后者最为受人关注。

在电视剧《人民的名义》里高育良有句台词说得很好:"一切靠权力获取的利益,最终都将被权力没收。"如果我们以往树立的"权威"仅仅是建立在"权力之上的威慑"的话,那么随着权力的失去,我们的权威也将消失。反之,如果我们的权威是建立在秉公执法、保障人权、规范办案基础之上的话,即便权力减弱,我们的作用也不容小觑。

第二,如何驾驭权力。关键在于练好内功,干好本分。仍以办理职务犯罪案件为例,如今,我们不用冲在反腐的最前线,但这并不意味着检察工作量会减少、工作要求会降低。相反,在回归"法律监督"主责主业的前提下,"如何监督"带来的挑战或会更大。

我们不能坐等其他机关"冲锋在前"做好一切工作,自己甘当"二传手",而要积极做好准备,严格依法履职。至少要做好以下几个方面的工作。

一是扎实练好内功。提升自我修养在任何时候都是非常必要的,如前举例,少林的得道高僧即便不会武术也受人敬重。检察机关没有贪贿案件侦查权并非完全废掉了"武功",只是在查办案件时不必"打先锋",而提前介入、批捕、起诉环节的审查把关,要求更强、更深的"内功"。

结合笔者以往审查起诉职务犯罪案件的经历来看,此类案件补充侦查的比例是较高的,而一些基层侦查人员"自我感觉良好",需要大量的沟通协调和相互配合才能保证案件质量。如今,对检察官沟通协调的功夫要求可能更高、难度可能更大,也只有具备深厚的内功才能准确指出侦查(调查)中的错漏、监督侦查(调查)活动依法进行,才能确保检察官的意见得到重视和认可,最终才得以保证案件质量。

二是全力干好主业。检察机关到底该干什么,这是以前思考得比较少的问题。改革,给了检察机关一个机会静下心来认真思考。回归"法律监督机关"这一宪法定位,检察机关的主责主业就是"法律监督"。

具体到办理职务犯罪案件上,证据是否确实充分,案件是否批捕、是否起诉、以何罪名起诉、如何提出量刑建议、如何处置涉案财物,在法律规定的原则和框架之下,检察机关一定要有自己的实操标准。既要做好沟通,也要坚持标准,不能甘当"端菜的",不论上来什么"菜",只管"一端了之"。

检察机关要通过长期的办案积累,根据法律规定,结合本地职务犯罪办案特点甚至一些办案人员的办案风格(有的人细致、有的人毛躁,有的人重口供、有的人善收集客观证据,有的人听得进建议、有的人很难沟通,等等),在提前介入、审查批捕、起诉环节把好关,坚守法律底线,准确提出意见,严格监督调查和审判等诉讼活动,发挥好检察机关在保障人权、维护法律统一实施中的积极作用。

三是再树检察威信。将依靠权力获取的都还给权力,检察的威信应当用公信力去争取。那么,公信力哪里来?

一方面,展现职业道德。德高才能望重,这也是我们内功修炼的"重中之重"。习近平总书记在中共中央政治局第三十七次集体学习时指出:"法律是成文的道德,道德是内心的法律。""法安天下,德润人心。"国无德不兴,人无德不立,道德能直入人心、直抵灵魂深处。基层检察官的职业道德修养,既是检察官个人人格、品行的体现,也是整个检察队伍的形象所系,还是法官、律师等职业共同体认可与否的基础,更是人民群众信服与否的关键。

另一方面,展示业务水平。我们对侦查和审判活动的监督权来自法律,但监督水平却体现在检察官个人,只有业务水平比侦查(调查)和审判更高,才能让人心悦诚服。而要做到这一点,并不容易,例如,要做到自信就是一个难题。

首先是检察官自身的不自信。面对强大的调查权、一锤定音的审判权,有的缺乏准确纠错的底气，进而缺乏坚持己见的硬气，一遇到不同意见就轻易作罢。

其次是内部评价的不自信，常常拿别人的错误来惩罚自己，表现为检察系统内目标考评和案件质量评查标准的自我否定。比如批捕、起诉改变了前面调查环节定性的就容易被质疑，需要作充分的沟通汇报工作；被后续审判环节改变定性、判决无罪的，不论判决正确与否，都面临各种评查乃至考核扣分、追责的风险；法院作出延期审理决定，直接影响着检察院的办案效率指标；甚至依法不捕不诉后，仅因提出复议复核，不论是否改变原决定都会被考核负面评价。

这些现象，在办案量大的基层院尤为明显。就笔者及身边很多同事的感受而言，所谓"办案压力"，办案数量往往居其次，最大的压力反而是检察官难以预料、难以控制、难以应对的各种风险和负面评价。

即便如此，检察官也要坚持对自己的高标准、严要求，努力提升业务水平。对前后诉讼环节依法监督，大胆提出自己意见，严谨细致加以论证，确保案件经得起检验。因为只有坚持，才能提升检察官的素质，才有自信的底气和硬气。如果每一名检察官都自信了，评价标准的改变就有希望了。而评价标准变得自信，必将帮助检察官更加自信。

总之，如果检察官成为一支靠职业道德和业务水平赢得认可的精英团队，人们一提到"检察官"这个词就给予由衷的认可，甚至想到领袖评价白求恩的那段话："……一个高尚的人，一个纯粹的人，一个有道德的人，一个脱离了低级趣味的人，一个有益于人民的人。"那么，检察官的公信力就更强了，检察威信也就真正树立起来了。

到那时，再有新的改革或者法律修改，我们的内心都将更加淡定和从容。无论赋予检察机关怎样的权力，我们都能依法行使、服务人民。

二、能力的"天花板"：没有最好，只有更好

"一个基层检察院，就那么大点个氹氹，你能翻起多大的浪？"这也是一位老同事曾对我说的，或许也是很多人对基层检察工作的看法。

"氹氹"即水塘。就人员规模、管辖范围、法定职权而言，基层检察院就像一个小池塘，在小池塘里自然无法翻起大浪。笔者理解，这是老同志在提醒我们，要立足现有平台来定目标、干工作，不要好高骛远、不切实际。

从这个意义上讲，此话甚有道理。

然而，令人隐隐担忧的是，年轻人容易产生误解，认为基层检察院的工作就是在巴掌大一块天地里简单重复劳动，继而把自己施展才华的范围局限于小小的"池塘"里，把奋斗的激情埋没在日复一日的"细浪"中。

事实上，基层检察院居于司法系统的最底层，处在与群众打交道的第一线，前接侦查（调查）、后启审判，任何检察办案活动都直接影响群众切身利益。"能翻多大的浪"不仅看池塘大小，更要看能力高低。

仅以刑事检察办案为例，不同的办案能力决定了不同的办案效果，从而为当事人带来完全不同的人生境遇。大体而言，根据办案人员是否劳力、劳心，可将办案能力分为合格与优秀两个级别。

第一，劳力不劳心，能力合格。在法定时限内依法规范完成办案任务，即便够罪即捕、够罪即诉、存疑就不捕不诉，也不能说这样的检察官工作没用力。特别是办案任务繁重的地方，检察官每年办案百余件，有的甚至上两百件，几乎每个工作日都必须办结一件，能保质保量消化掉堆积如山的卷宗就已经很不错了。

毫无疑问，这样的办案能力，只能算合格，甚至是勉强合格。

首先，这与检察官自身阅历和经验积累有关。对镜自照，笔者初任助理检察员起步学习办案时，没有认真思考过什么叫"政治效果、法律效果、社会效果有机结合"，甚至根本没有如此思考的意识和能力。只知道快马加鞭完成任务，当事人不纠缠，领导也满意，自己也就安心了。

如今回过头看，有些案件虽然没有大的质量问题，但很多地方确实"欠考虑"。主要是有些作出逮捕、起诉决定的案件，处理得过快、过重，甚至有些草率。

类似的问题今天还在上演。例如，全国检察机关2022年上半年起诉帮助信息网络犯罪活动罪6.4万人，"帮信"已经上升为第三大犯罪。[①] 其中，30岁以下的年轻人占比64.8%，不少大中专毕业生因此刚出"校门"就进"牢门"。一方面我们哀叹可惜，另一方面却很少反思我们的司法打击是否恰当。

对网络犯罪重拳出击是确有必要的，"断卡"行动也是意义重大的，但细想，一些大中专学生虽然已经成年，但毕竟缺乏社会阅历，其"社会年龄"其实并未成年。

了解具体案件可知，大中专学生参与"帮信"犯罪，主要是受小恩小惠

---

① 最高人民检察院官网发布：《2022年上半年检察机关起诉帮信罪6.4万人》，2022年7月22日。

而出售出借"两卡"沦为"工具人"或发展为"卡商"。很多人主观恶性并不大,虽有获利,但却不多,若不加区分地从严从重定罪处刑,虽看似"于法有据",但办案效果却难言良好。尤其是让这些学生的人生才起步就贴上"罪犯"标签,负面影响甚为严重。

要知道,我们的刑罚有着"买一送多"的效果。一个人犯罪,其负面影响涉及其本人、配偶和子女多人;一次轻微的刑罚(拘役、管制、单处罚金等刑罚,对当事人而言并不算重),其负面影响可能涉及其本人、下一代、再下一代升学、参军、就业、婚姻等人生大事。作为才步入社会甚至尚在校园的大学生,一次刑罚剥夺的不仅仅是短暂的自由,而是长远的希望。

可能有人会说,所谓"买一送多"是个人偏见,法律规定的犯罪记录影响范围是有限的,程序也是严格的。此话有一定道理,然而从实践来看,犯罪记录产生的影响超越法律之规定、一些地方自行加码已是客观现象,新闻报道一些区县为打击网络犯罪,对参与电信网络犯罪人员的子女限制入学、近亲属限制大病医保等举措,可见犯罪记录的"次生灾害"是多么严重。

类似案件究竟应该怎么办?如何找到法、理、情的结合点?如何加强诉源治理?这些问题的解决考验着检察官的办案能力,而且只有基层检察官才有能力有机会第一时间解决这些大事。

其次,这与办案理念有关。记得早些年,参与讨论一些案件是否作出批捕、起诉决定的时候,主要是考虑如何突出打击效果,检察官总能很轻易地找到逮捕、起诉的理由。比如,犯罪嫌疑人是外省人,不捕则可能流窜外地;犯罪嫌疑人拒不赔偿被害人损失,不诉则可能带来很大的信访风险,等等。

这与时代发展、治安形势、犯罪结构变化等因素紧密相关,暴力犯罪、重刑案件、流窜作案居多的情况下,从严打击有其合理性和现实需要。

如今,经济社会发展发生了很大变化,轻刑案件已占八成以上,"少捕慎诉慎押"的理念逐渐得到认可和践行,够罪即捕、够罪即诉等现象明显减少。

当然,也要注意避免走向另一个极端。该捕不捕,该诉不诉,过于强调认罪认罚从宽适用指标而将一些主观恶性大、手段恶劣、社会影响大而法定刑较低的"轻刑案件"一味从轻。这事实上也是只劳力不劳心的另一种表现。

第二,劳力又劳心,能力优秀。既要按时按质完成办案任务,又要实现良好的办案效果,这是对检察官的办案能力提出的更高要求。

这样的能力,不仅需要阅历和经验,更需要智慧和担当。

在办理疑难复杂、人数众多案件时,这样的能力更容易得到体现。例如,在办理非法吸存、网络诈骗、组织传销等案件时，经常遇到亲属共同参与犯罪、大中专毕业生加入犯罪团伙等情况，因为参与这些犯罪活动往往需要亲属之间介绍、帮带，一线工作岗位也容易招引刚毕业的学生。

处理这样的案件，在坚持基本的事实依据、法律依据基础上，还需要更加全面地考虑。

一方面，需要平衡打击范围。有时候需要结合国家政策、特定时期的犯罪形势来平衡；有时候还需要结合个案具体情况而特殊考虑。比如有的非法吸存案件同时有夫妻、父母子女、兄弟姐妹等亲属参与犯罪，除非都属于重要的组织指挥者、主要获利者，应当依法打击外，对于一般参与人员，特别是实践中经常出现的，在涉案公司、组织中担任所谓"高管""部门负责人"等重要岗位却并不占有股份、不拥有决策权的人员，要特别注意平衡打击范围。在区别犯罪情节轻重、作用大小、获利多少、认罪悔罪态度、退交违法所得等基础上，在亲属成员的捕与不捕、诉与不诉方面要仔细甄别和取舍，可以不起诉追责的，就不必全部送上被告席。

另一方面，还需要动态调整打击尺度。非法吸存、网络诈骗等案件在爆发初期，因社会关注度高、破坏性大，各方要求可能是"从重从严"。在司法实践中，就容易对参与犯罪的人员一律从重从严。然而，随着类似案件持续爆发，涉案人员越来越多，更多的问题也就暴露出来。

比如，这些犯罪组织往往以看似正规的"公司""企业"形式出现，如前所述，很多大中专毕业生容易误入而参与犯罪，若再简单地一律从严惩处，会造成大量年轻人沦为"犯罪分子"。所以，确有必要结合案件本身的社会危害、群众对类案心理承受程度、涉案人员止损挽损效果等因素，动态调整对大多数人的打击尺度。

例如，在某网络诈骗系列案中，公安机关分若干批次抓获多名犯罪嫌疑人，各批次都有一定数量的大中专毕业生参与其中。在首批案件处置时，由于在案证据材料和已知信息有限，针对首批涉案人员包括相关大中专毕业生作出了逮捕、起诉决定。在后续批次案件中，发现有相当数量的大中专毕业生参与其中，若再一律逮捕、起诉，效果确实不好；若不捕、不诉，又担心"同案不同判"造成案件质量问题。

面对这样的情况，就特别需要智慧与担当。可以考虑通过公、检、法会商形成意见，专题向党委政法委和上级汇报，争取支持。对于前后处置不一的问题，大胆承认此前打击过重，现在及时纠偏，从而确保后续案件妥善处置。

细论办案能力，涉及方方面面，本文仅提及皮毛。笔者想着重表达的是：基层的案件，量大面宽，基层检察官的办案能力，决定着案件当事人的自由、财产、名誉乃至对其后代的影响，切不可降低对自我的要求。从这个意义上讲，基层检察官的办案能力没有"天花板"，我们只能不断追求好一点、再好一点。

三、成长的"天花板"：心有多宽，路有多长

实事求是地说，司法体制改革后，人员分类管理，基层检察院"三类人员"成长的空间大大提升。仅就职级一项而言，基层检察官一直干到退休，少数可以晋升至三级、四级高级检察官，多数可以达到一级，这也给检察辅助指明了方向；司法行政人员少数可以晋升至四级调研员，多数可以达到一级、二级主任科员。这和改革前"退休解决副科级"相比，不可同日而语，也充分体现了党和人民对检察人员的厚爱。

既有政策给予的待遇摆在那里，脚踏实地便可逐步获取，这是对艰苦奋斗"老黄牛"的肯定和褒奖。但是，也不必将这些待遇当成新的"天花板"，基层的检察官，特别是年轻人还应看到更远的未来。

《韩非子·显学》有云：宰相必起于州部，猛将必发于卒伍。意即国家的重要文臣武将，一定要从具有基层实际工作经验的人员当中选拔。否则处理政务、领兵作战就可能是纸上谈兵、误国误民。换言之，如果基层不成长将帅之才，检察事业何谈后继有人？我们需要"老黄牛"，还需要创新发展、突破前进的"拓荒牛"。

当然，笔者不主张年轻人在职务、岗位方面搞"自我设计"，什么时候到什么位置，自己说了不算。成长的含义是广泛的，功底扎实、业务精湛、处事妥当、敢于担当，等等，都是年轻人成长不可或缺的要素。

在此，笔者结合办案实际探讨一下，年轻检察官如何拓宽一颗心，走稳脚下路。

第一，受得委屈。工作这么些年，有一个很深刻的体会：在基层一线办案，获得表扬是偶然，遭受委屈是必然。

比如，在办理一些存在重大信访风险隐患的案件时，就案件本身而言，事实并不复杂，可以依法速战速决，但问题不解决，风险可能"上行"。作为基层办案人员，一般都会主动想方设法确保矛盾不上交，在办案节奏上就需要审慎把握。各方汇报、沟通、协调等，需要大量时间和精力，退查、延期、

撤回再移送等方法可能视情而用。如此操作确有不规范之处，效率指标也会受到影响，"上面"给予关注、批评，考核负面评价也理所应当。需要我们辩证看待，诚恳接受批评，坚持一颗公心，不必妄自菲薄。

当然，我们要注意，防止为了借"维稳"之名而无底线地妥协。无论任何情况下，公正是必须坚守的，法律基本原则是必须坚持的，如何说服各方采纳检察机关的意见，在坚持底线、坚守正义的前提下稳妥处理相关案件，正是能力的充分体现。

第二，保持主见。这些年各种专项行动很多，上级站位高、要求严，落地落实主要靠基层。我们应当闻令而动、主动作为，加大对相关犯罪的惩治力度，但同时也要注意防止不顾实际的人云亦云、"一阵风"，结合具体案情实事求是、宽严相济，以务实的精神、良好的效果将上级部署创造性地落到实处。例如，在深入推进打击拐卖妇女儿童犯罪专项行动中，受江苏丰县"八孩母亲被锁铁链"事件影响，总体上强调对此类犯罪从严从重打击。

从大方向看，从严从重打击是正确且确有必要的，但落实到个案中，仍然要坚持具体问题具体分析。

例如，同样是涉及拐卖精神失常妇女，有的案件中拐卖者并非以此为业，被拐卖的妇女并未受到限制自由或打骂虐待，甚至有的因此生活有了着落。那么在具体量刑上就应与拐卖妇女儿童的惯犯、造成被拐卖妇女儿童受虐待甚至致伤致残等严重后果的有所区别。

还如，处理一些"自生自卖"案件，也要结合犯罪动机、贩卖数量、危害后果等情况区别对待。有的行为人确属子女太多（有的重男轻女思想严重，不生儿子不罢休，儿子太少也不行等），家庭收入太低、身体多病等导致抚养困难，不得已卖掉个别亲生孩子的，要和"常生常卖"，甚至以此作为牟利手段的行为区别开来。

鉴于推进专项行动的需要，很多时候从上到下都只有一个声音，多数时候是从严从重的声音，所以，要保持主见，结合具体情况，实事求是提出不同意见，这是难能可贵的。

第三，担得重任。基层的案件，繁简"二八规律"比较明显，可能大多数人都愿意承办那80%的简单案件。事实上，大家都清楚，若一直都只办简单案件，日子就容易简单重复，没有多大挑战，自然也谈不上办案水平的提升。

所以，笔者主张，对年轻检察官而言，一方面，要主动挑起那20%的疑难复杂案件之重担。按照现在的入额条件，成为员额检察官之前，至少都是在助理岗位上锻炼了数年,只要充分进入角色,基本功应该是没有问题的,剩下的就是主观上是否愿意接受挑战了。

办案的基本规律是,办惯了繁案(疑难复杂案件),若换着办简单案件,是毫不费力的。相反,长期办简单案件,若换着办繁案,心里多少是有点发怵的。既然如此,不如趁年轻,身体健壮、精力充沛的时候,先把最重最难的活干了,到将来才能从容面对任何挑战。

另一方面,可以主动承办或参与办理上级交办案件。交办案件一般有两个特点,一是案情较为重大复杂,二是办案要求高。案情重大复杂,有利于年轻检察官"练手艺";办案要求高,可以帮助年轻检察官"学规矩"。

虽然办理任何案件,涉及的基本的证据审查、事实认定、法律适用等工作流程都是相同的,但是办理交办案件的不同之处就在于能直接与上级机关沟通对话。证据争议如何采信、证据问题如何补救,事实认定如何取舍,法律适用分歧如何解决,以及如何站在更高层面来考虑一起案件的政治效果、法律效果和社会效果,与其空谈一百遍,不如亲手练一练。特别是上级单位交办案件,对年轻检察官眼界的拓展、思维的激活、业务能力的提升、纪律意识的增强等,都是不言自明的。

有了长期挑重担的锻炼,个人的责任意识、业务水平、综合素能等必将有长足的进步。这就好比一个即将踏上远途的行者,已经做好了充分的准备,自然会有宽阔的道路铺展向远方。

综上,说到底,很多人其实一开始并不知道自己能攀多高,能走多远,如果给自己设定一个不太高的"天花板",那么必然处处受限。如果能够用好现有的权力,不断提升能力,努力向上成长,可能最终我们会发现,所谓的"天花板",其实并不存在。

检察人的工作标准：精益求精

精益求精，意为已经做得很好了，还要求更好。

检察官理应如此，检察辅助人员、行政人员，乃至聘任书记员等，无论从事司法办案工作，还是行政综合工作，无论是牵头负责，还是辅助配合，都应当以精益求精为标准。

一、为什么要精益求精？

（一）精益求精是不甘平庸的精神追求

我们都知道，在机关工作的好处是"旱涝保收"，特别是在一些地方、个别岗位，没有太大压力，也没有多少风险，所以，容易给人造成的印象是，只要考录进来了，干与不干差不多，干多干少差不多，干好干坏差不多。当然，近些年在评先评优、晋职晋级、提拔重用等方面，总体上体现了重能力、重实绩，形成了很好的导向。但同时给人的感觉是，"奖勤"有了，"罚懒"还不够。可能导致不少人"不求有功，但求无过"，当一天和尚撞一天钟。

但最怕的是干部走向所谓的"佛系"，干什么都无所谓，差不多就行，不求当先进、不想晋升，你能奈我何？还有人以此为时髦，觉得这样的思想清新脱俗、令人佩服，这样的人都是世外高人、令人仰慕。

其实这是对"佛系"的误解，真正的"佛系"是潜心修行、普度众生，与佛结缘、功德随缘，才能进入"佛"这个系列。曾经听北大一位教授讲北大的特质是什么？那就是：北大人永恒的心结是对沦为平庸的忧虑。这句话体现了一种精神，什么精神？我的理解是努力奋进的精神，是自我挑战的精神，是不甘平庸的精神，是否具备这种精神，体现了人和人的重要区别。

检察人也应具备这种精神。即便有的处在经济欠发达地区，各方面条件比较落后，基础很薄弱，也不意味着我们事事不行、处处很差，更不能自我降低标准，差不多就行。相反，我们要时刻保持忧虑，精益求精干工作，才能防止自己沦为平庸。

（二）精益求精是年轻人成长的必然要求

从事一项工作，有一个从陌生到尝试、到熟练、再到精湛的过程，就拿检察工作而言，从事任何一项业务，必然经历学做、会做、做好、做精这样几个阶段。

一是学做。可以有两三个月至半年的时间来熟悉，跟着别人学，一边模仿一边体悟。学做这个阶段是针对新同志而言的，根据所办案件的复杂程度、综合工作的困难程度及个人学习能力差异，需要的时间会有所差别，但总体而言，只要勤奋、用心，"学做"这个阶段不会太长。

二是会做。立足一项业务认真模仿、学习，大概用一年左右的时间，整套流程都应该会做了。从当前基层检察队伍的学历、专业年龄结构来看，总体上呈高学历、专业化、年轻化的趋势。同志们的适应能力、学习能力都很强，在较短时间内达到"会做"的标准一般没有多大难度。

三是做好。光阴似箭，绝大多数同志都很容易达到"会做"的标准，但存在的问题或者说隐患是，很多同志容易止步于"会做"。

以刑事案件审查起诉为例，会开告知文书、讯问询问、写审查报告和起诉书、出庭支持公诉这几项基本技能，就可以说会干审查起诉工作。但讯问技巧如何、审查报告分析论证如何、起诉书制作是否规范、出庭指控力度如何，就会有"好与不好"的区别。任何人都不能满足于"会做"，随着时间的推移，如果在一个岗位上锻炼了两三年，就应该达到"做好"的标准。

四是做精。同样以审查起诉办案为例，掌握了一定的讯问技巧，能不能利用法庭讯问获得最好的效果？

举个例子，如果多人共同犯罪，涉及多笔事实，有的人认罪、有的人不认罪或者仅对部分事实认罪，作为公诉人如何开展法庭讯问？庭前要不要做一些准备工作？怎样做准备工作？

笔者的办案体会是，如果在审查起诉环节发现了共同犯罪、多笔事实案件中犯罪嫌疑人认罪情况各异，就会谋划法庭讯问策略，开庭前一般要和审判长沟通，提出讯问犯罪嫌疑人的方式和顺序，有的案件需要先问主犯，有的需要先问从犯，有的单独讯问即可，有的还需要对质发问。怎样通过法庭讯问取得最佳效果，需要认真琢磨。

讯问如此，其他工作亦然。例如，检察机关发出的退查提纲，有的写得很粗糙，"本案事实不清，证据不足，予以退查"一句话笼统概括，根本看不下去，实在是拿不出手，侦查人员也会觉得不知所云。一些起诉书和不起诉决定书，有的文字校对、语言规范存在比较明显的问题，错别字、口水话不少，有的欠缺犯罪嫌疑人、被告人到案情况，认罪认罚情况或者追赃挽损等重要内容。

虽然提起公诉、定罪量刑或不起诉的结论没有大问题，但文书质量太差，法官、侦查员、律师会觉得检察官很不专业，当事人会觉得检察官很不认真、很不负责，所以不能说工作做"好"了，更不能说做"精"了。

现在的法律文书很多都要求公开，如果有人较真，专门来晒一晒检察院的文书，不知道能否经得起"晒"。如果有哪位检察官说，是因为辅助和书记员粗心才出现的这些错漏，那么就该反思一下自己是否适合做检察官了。有些时候，活可以交给辅助和书记员做，但责任还得自己来担。

（三）精益求精是迎接重任的必要准备

机关单位容易养懒人，这是客观存在的事实，干的干、看的看、还有一些人凭一张嘴巴"指点江山"，作为管理者，要有"不养一个懒人"的理念，作为一般职工，需要具有不拖后腿、争当"排头兵"的意识。

人和人的区别常常不在上班的八小时内，而在八小时外。因为八小时内有多方监督，除个别十分优异和十分差劲的外，总体上差异不大。而八小时外缺少监督的情况下，考验的是自省和自律。

我们一生必然会遇到几次重要的发展机会，上天会交给你重担，但能否抓住机会、能否挑起担子，却因人而异。什么样的人能当大任？那就是准备充分的人。

比如竞争员额检察官、提拔中层干部、党委选拔干部、上级遴选等，对我们基层的同志而言，都是很重要的机会，也是组织交担子的时候，但能否抓住机会胜任岗位，需要看很多条件，比如法律职业资格考试是否通过、办案数量够不够、办案质量高不高、有没有竞赛加分、文章发表如何、为人处世怎么样、领导和群众认可度高不高、自身廉洁有没有问题，等等，除了工作年限、资历是我们无法左右的之外，其他的都是靠我们平时的积累。

而对于我们无法左右的时间、资历，是最简单的，因为不需要努力就会自然满足。所谓熬时间、等资历都是不必要的，因为不需要熬、不需要等，甚至你会觉得时间过得太快，希望回到少年。

然而，生活告诉我们，"没有过不去，只有回不去"。工作任务再重、生活再艰难，都没有过不去的坎，只有回不去的青春岁月和奋斗历程。我们能够左右的,恰恰都是需要我们努力才能获得的。所以,一定要避免在熬时间、等资历的过程中浪费了青春,把当前该做的每一件事都做好、做精。

其实个人的发展很简单,只需要做好准备,然后迎接机会的到来。

二、怎样做到精益求精?

(一)养成好习惯:一切工作的基础

什么是好习惯?涉及的内容很多,不同的岗位还有不同的要求。这里只谈两点最基础的习惯。

一是每天上班早一点。笔者初入职时在某县检察院办公室工作,因为领导每天来得很早,所以倒逼我养成了一个习惯,每天比领导还提前几分钟到办公室,这个习惯我坚持了很多年。

在业务部门工作的时候,同样要早一点到办公室,打扫一下卫生,为出庭、讯问等工作做好准备,有这样一个准备环节,就很少出现纰漏。我也曾留心观察过一些优秀的前辈,不论在综合岗位还是业务岗位,早做准备是他们共同的良好习惯。

有一次笔者随团到外地考察学习,对方负责联络接洽的是一位50多岁的基层院女检察长,一路上考虑细致、安排周到自不必说,单就事事比我们的行动早一步这点而言,就令我十分惊讶。我心想这个岁数的女同志大多数都等着退休了,她怎么还是这么好的状态。她说:"以前当了10年办公室主任,凡事都早一点,习惯了。"

二是工作准备充分一点。怎么才叫"充分"?可能涉及方方面面,笔者的体会是,做好三方面基本工作就不会出大问题,第一,先预判,以接受工作任务为例,读懂上级文件的要求或领会领导安排工作的意图,预判应该怎么办、谁来办、需要拿出什么样的成果,然后再做工作方案或向领导汇报工作计划;第二,多演练,如果是搞活动、会务、接待,或者重大案件出庭、多媒体示证等,可以提前作模拟演练;如果是写讲话材料,就要反复修改,试读几次,结合领导口语表达习惯进行完善,最后再送领导审定;第三,细检查,根据模拟和演练的情况,查漏补缺,防止错漏。

(二)抓住两个技巧,一是想在前,二是有备案

关于"想在前"。很多搞业务的同志,经常出现案子临近到期才提请研

究的现象，如果一年中偶尔有一两次特殊情况，可以理解，但如果经常这样，说明没有提前思考、谋划的意识，想得太晚、行动太缓。

任何工作都要有预判，把困难"想在前"。特别是需要研究汇报、领导审批的案件，承办人一定要把研究汇报的时间留出来，要考虑到领导时间安排不过来怎么办，一般而言至少要留一周的时间；如果要向上级检察机关汇报，则要留更长的时间。然后倒排工期，提前做完基础工作，该加班的就提前主动加班，不要到最后一刻经研究汇报提出工作要求而被动加班。

工作布置下来，部门负责人要注意督促，不能太"仁慈"。领导的仁慈要用在关心同志上，思想上有什么疙瘩，经济上有什么难处，生活上有什么困难，以及配偶子女就业上学等，要尽最大努力施以援手，主动去关心、协调、解决。如果领导把仁慈用在了降低工作要求上，就是一种纵容，长此以往，最终会毁掉一个同志。尤其是对年轻同志，这样的仁慈会把他扼杀在摇篮里。

关于"有备案"。这也是一个工作习惯。大的方面，比如工作人员分工，要有相互支持、相互补位的安排，不要出现少了哪一个人工作就断档脱节的现象。小的方面，比如写一份材料，要有不同的考虑。

有一次笔者起草检察院给人大的工作报告时，领导提出了一个全新的构思，我听了后，觉得那个构思可能适合写讲话材料，而不适合工作报告，但是领导的想法也并非不可以尝试。保险起见，我就一口气写了两个版本的稿子，一个是领导要求的"创新稿"，一个是四平八稳的"稳妥稿"。

起初我只把"创新稿"交给领导审，然后按程序报党委常委会和人大常委会，结果被"打回来"了，审核稿子的领导建议，还是沿袭以往惯例，写得四平八稳一点。于是我们领导让办公室赶快另写一稿，我就把备案拿出来，领导审改了后，很快就交过去，顺利通过。

（三）空闲时复盘一下

一般是每天下班或者第二天上班复盘一下，当然，根据不同工作也可以周复盘、月复盘。复盘的作用大致有以下几方面。

其一，检查有没有遗漏工作。这是复盘最大的作用，笔者曾经就经常忘事，特别是初参加工作那时候，要做书记员的开告知书、填案卡、讯问出庭记录、装卷等基本工作，还要写材料，以及参与部门和院里其他工作，最容易遗漏的是上报各种表格和领导临时口头交办的工作。

我们知道报资料有临时报、周报、月报、季度报、半年报和年底报，因为一开始没有找到规律，容易遗漏，而且不懂得做好"备份"，每次都是重新做。对于领导临时口头交办的工作，因为没有书面记录，一忙就容易忘了。所以需要复盘，也即想一下这一天有没有遗漏的事情，对于临时口头或者电话交办的事情，最好马上办，然后记入自己的备忘录，适时跟进进度。

其二，做完的工作再核对。不论是起草的法律文书还是其他材料，凡是要上报的、对外公开的，都要认真校对，反复推敲。有时看到业务部门一些法律文书或者综合部门拟报送的材料，到了用印盖章环节还有较多错漏，说明检查工作很不够。

其三，反思得失。看看一些事情有没有做错，或者可否做得更好。有时候常常觉得某件事情虽然做完了，但过程很不顺或效果很糟。包括有时候沟通协调"话"说得很不妥，容易得罪人，或者丢人。要么丢自己的人，要么给检察院丢人。遇到这样的情况不要找借口来原谅自己，错了就是错了；当然也不要一直纠结，拿得起放得下。然后认真想一下，下次遇到类似情况怎么办、怎么改进。

莫把"废系"当"佛系"

——读刘哲检察官《法律职业的选择》所感

当笔者收到刘哲检察官第四部个人著作《司法观》的时候,我曾感慨我读书的速度已经赶不上他写书的速度了。心里也在纳闷:人和人的差距为什么这么大呢?刘哲用实际行动告诉我,差距还可以更大——他很快给我寄来了他的第五部著作:《法律职业的选择》。

在这本书里,刘哲谈了"职业的选择""成长的烦恼""内部的机理""法治的生态""即席的表达"和"个人视角的社会演进史"6个方面的内容。诚如清华大学法学院张建伟教授为该书作序所指出的:阅读该书,司法同仁会找到共鸣;憧憬司法职业的人可以预先领略司法生态;一般读者可以了解司法工作和理解司法人员。我从事检察工作15年,作者谈到的很多成长经历,我感同身受;书中提及的很多担忧,个人也在思考和探索解决之道。在此,我重点谈一谈检察人员平庸现象。

刘哲书中《论平庸》一文专题论述了这个问题。他认为:"它(平庸)在平日里最容易掩饰和躲藏,在忙碌当中最容易遗忘,但破坏力却是毁灭性的,而且可能一再发生。""平庸是平凡之下的概念,是因为其有可能损害别人的利益,是对整体利益有害的人格特征。"在我看来,一个单位中,如果仅有极个别人平庸,平庸就会掩饰和躲藏,其破坏力犹如病毒初发,会悄悄传染,可能表现为"无症状感染";如果有一部分人平庸,平庸就不会躲掩,其破坏力就如同病毒"多点散发",久而久之,可能表现为"大规模爆发"。

笔者甚至认为,平庸毁掉的是整个队伍的精、气、神,若没有体制的保护,平庸必然会让一个个单位倒闭,会让整个系统崩溃。幸而得益于体制的稳固和强大,我们短时间内看不到这样的惨剧。

一、平庸不是"佛系"而是"废系"

现实生活工作中,平庸者大致有两种具体表现:一种是不承认平庸的,反而标榜自己心态好，当一天和尚撞一天钟，办文办案简单粗糙，不努力不上进，无欲无求，处处随缘，优劣输赢好歹都无所谓。另一种则是十分"诚实"的，只当和尚不撞钟，甚至还能叫板"我就这样，你能把我开了啊？"

这样的群体曾经有一个自我粉饰的名称，叫"佛系"。由于生拉硬扯请上"佛"，有一定的迷惑性，所以似乎还很有市场。

事实上，这种理解是对"佛"的亵渎。我们知道，释迦牟尼之所以成为佛教创始人，在于他舍弃王族生活，潜心修道，苦行静思，普度众生。如果他一直安乐于王族子弟的身份，满足于无欲无求的生活，怎么可能顿悟成佛呢。再说一个家喻户晓的例子，《西游记》写唐三藏去往西天取经，那是孙悟空一个筋斗云十万八千里就完事的吗？唐僧以凡人之躯，一步一个脚印，几次三番生里来死里去，历经九九八十一难，最终才取得真经，升天成佛。如果唐僧有一点点畏难、一点点退缩，或者一路上想着取经成功后在"仙班"的排位，他能取得真经吗？

由此可见，那种当一天和尚撞一天钟，甚至只当和尚不撞钟的人，只能归入"废系"。"废系"多了，迟早会把我们的队伍"废"掉，这与普度众生的"佛系"实在没有丝毫关系。

针对"废系"现象，我想到两个问题。一个是我们队伍中的"废系"是怎样产生的。

原因或是多方面的，第一是自我成长定位和主观努力问题。诚如刘哲在书中所言，我们体制内法律人的成长，奉行"长期主义"，机关会用很长的时间培养你、让师傅带你、搞培训班、业务竞赛训练你，培养会很有耐心。

但问题是，有的人经不起长期主义的培养，对自己没有耐心。随着检察工作更加专业化、职业化，检察人员成长总体规律是"稳定性好、成长性差"：工作内容稳定、规律性强，除人案矛盾特别突出的城市外，总体上工作、生活节奏较为稳定；员额总数较少、"排队"很长，行政岗位晋升空间也很狭窄，提拔晋升实属不易。

同一时间考入机关的年轻人，在党政"主干线"和司法机关同步"起跑"，5年、10年之后，在综合素质方面差别会很明显，体现在职务职级上也会有较大距离。在检察院工作的同志可能还在为获得"检察官"资格而奋斗时，在党政"主干线"的同志可能已历任科长、局长。如果没有耐心，因职务职级的差距而产生心理落差，对自我成长定位不够坚定，可能心理失衡，进而放弃努力，沦为平庸进入"废系"。

第二是人员招录和评价机制的问题。"凡进必考"是机关单位的进人原则，因其公开公平而值得肯定，笔者也是这一制度的受益者。但问题是，一旦招录进来，除非发生贪腐渎职等"原则性错误"，很难因工作不负责、不尽心而被辞退。对于新公务员而言，尽管有一年试用不合格取消录用的规定，但事实上鲜有因试用不合格而取消录用的实例。由此可见，我们的评价制度有非常大的包容性。

二、废掉"废系"，振奋精神

需要着重思考的问题是，如何废掉这样的"废系"。刘哲在《论平庸》一文中提出，应该解决生成平庸之恶的制度根源，从社会底层算法上去恶扬善。从方向上看，我很赞同；从实操上讲，还值得深入研究和实践。

首先，应该解决自我主观认识问题。无论是否读过《法律职业的选择》，我们首先要明确的就是选择一条什么样的职业道路。

如果用选伴侣的眼光选择了检察事业，那么就不必为哪一天"入额"而懊恼，也不必为同龄人在其他条线的晋升而焦虑。伴侣是相互成全的，你为检察事业付出了多少心血、多少努力，她也常常会给予你相应的回报。在很多优秀的检察官嘴里，很难听到他们对检察院的否定；在很多对检察工作怀有深厚感情的检察官眼里，尽管检察工作还有很多问题值得研究、很多短板需要弥补，但很少抱怨或抛弃；在很多积极向上的检察官心里，对检察工作更是充满了激情和敬意，即便有一天离开了岗位，也会留下宝贵的精神，带走良好的形象。

《法律职业的选择》中，作者对"搞比赛""评十佳"的方式方法提出了不同意见，值得思考，但从另一个角度看，平庸之辈根本不可能过关斩将获得"十佳""优秀"称号，当然，也许他们不屑、无所谓、一切随缘。

其次，管理评价制度确有必要改进。管理评价制度涉及方方面面，内容庞大而复杂，本书专就两点简述。

其一，新录用这一关要转变观念。招录考试制度本身是值得肯定和坚持的，然而考试过关不等于胜任工作，试用期取消录用是对相关人员工作能力的否定而非对招录考试的否定。笔试、面试更多考察的是应试能力，大多也能体现实战能力，但若出现了个别水平太差的，取消录用就是应然之举，不必太过敏感。相反，每年"国考"招录上万人，加上地方各级机关招录公职人员合计不下 10 万人，若没有人试用期不合格，那么可能需要关注的就是试用是否"真试""严试"了。

用人单位研究新录用人员按期转正问题应坚持实绩考察、兼听民意外，组织、纪检部门有必要通过列席用人单位党组会、民主测评或进行一定比例抽查等方式进行监督。

其二，日常考评要与工资收入、个人荣誉挂钩。"打破铁饭碗"是一个老生常谈的话题，但基于我国公务员系统运行规律和管理文化传统，一步到位是不实际的。但"奖勤罚懒"却是可以从制度上进行完善的，对于"大错不犯，小错不断，活儿不干"的人员，应当结合日常考评进行积分管理，并根据积分情况扣减一定数量的工资或绩效。

特别是绩效奖金这一块，本身就应该拉开差距，但目前给人的感觉是重在奖"先进"，而没有注重罚"后进"。每次研究绩效考核"后进"人员时，大家普遍感觉头疼，怕得罪人。事实上，只要开好了头，每年都沿袭下去，而且各地都执行下去，久而久之大家就意识到了，工作不努力的，不论在哪里，肯定都是要被扣减绩效奖金的。

除了物质惩罚，还要有精神提醒，在一定范围通报公布，表扬先进，激励"后进"。即便无法"开了"平庸者，也要给予其应有的否定，以此树立良好的风气。

当然，要完全杜绝平庸、消除"废系"是不切实际的，相反，在不同的时期，平庸还会有新的表现。例如，不容忽视的是，在岗位上早早失去斗志、消极应对工作的"躺平"者已不在少数，说明平庸还有市场。

究其原因，可能是选择"废系"与"躺平"都非常简单，所谓"努力不一定成功，但不努力一定很轻松"。这也从另一个角度反映了经济社会快速发展、竞争异常激烈、上升空间受限背景下年轻人的真实心理。

尽管如此，我们仍然不能放弃，也不敢放弃，希望通过我们的努力，可以尽量压缩"废系"生存的空间，让这样的人少一点，再少一点。

写一份审查报告给未来的自己

当下，工作节奏越来越快，办案效率越来越高，一些基础工作被简化或被忽略，或做得很粗糙。在此，笔者想谈一谈刑事检察公诉工作中一份基础的工作文书——审查报告。

一、审查报告是什么？

公诉案件的审查报告是检察官对案件事实和证据的梳理归纳，是检察官办案过程的直观反映，也是检察官作出决定的思维过程和心路历程的书面体现。

在中国检察出版社 2020 年 4 月出版的《人民检察院刑事诉讼法律文书适用指南》一书中，找不到审查报告的影子，说明审查报告只是"工作文书"。较之起诉书、不起诉决定书等法律文书，审查报告没有法律效力，不是严格意义上的"法律文书"，也不公之于众，只是检察机关的内部文书。

审查报告不代表检察机关的意见，而是独立检察官或办案组检察官的意见，正因如此，少了很多思维上的限制和格式上的约束，允许也需要个性化表达。翻看检察内卷的审查报告，犹如回顾活生生的"检察实务史"，比官方公布的"正史"更生动、鲜活。

二、制作审查报告经历了什么？

翻阅笔者初入职时协助检察官办案的检察内卷，发现格式化的法律文书大同小异，总体感觉四平八稳千篇一律，除了证明自己曾经"参与过"此案，没有任何线索勾起回忆或启发反思。但一看审查报告，感觉就完全不一样，能够发现很多不足之处、稚嫩之笔乃至问题瑕疵，有的甚至不忍直视。

比如，从起草审查报告的"第一步"，即摘录证据就可以看出当初的迷惑。最开始接触案卷时根本不清楚何为重点，摘录犯罪嫌疑人的供述材料就选一两份供述最完整的。记得我跟的师傅曾指导我说：这样摘录不行，不能反映犯罪嫌疑人供述的全貌。

我想，那好，努力一点，一字不漏全卷全文摘录，即便个别侦查员写字像道士画符也尽全力逐字"破译"。师傅又说：这样也不行，且不说重复摘录相同的供述做了很多无用功，还完全看不出供述的变化；而且把一些与定罪量刑无关的材料全部摘录，审查报告动辄几十页或上百页，有用的信息却看了半天也看不到。为解决这个基础问题，我花了很多时间，参阅学习优秀公诉人的内卷，茅塞顿开，之后才慢慢学会了如何摘其要点、提炼重点、写明焦点。

又如，恰当地归纳分析证据的能力，并非天生的。证据归纳分析是否恰当，通过审查报告一目了然。笔者最初办案时，无论是单笔事实还是多笔事实、单人作案还是共同犯罪，都按照《刑事诉讼法》规定的证据种类罗列证据。比如对于多名犯罪嫌疑人多笔盗窃的案件，往往会依次罗列多名犯罪嫌疑人的供述、多名被害人的陈述及证人证言、多份现勘笔录、多份扣押笔录、多份鉴定意见，最后直接得出结论。可能当初心里明白，现有证据确实充分，能够支撑所作的结论；加之不少同事也是这样归纳证据的，就自我感觉良好。

时隔多年回头再看，才发现这样的罗列证据其实是"眉毛胡子一把抓"，不懂得"一事一证一分析"，根本看不出每一笔事实所依据的证据情况。如果案件被提出质疑，也无法凭借审查报告得知当时自己是如何分析、如何考虑的。特别是参与办理一些重大、疑难、复杂案件后，笔者发现这样归纳证据根本行不通。也是在优秀公诉人的带领和指导下，才有了"按照案件事实组合证据"的基本意识，学会了时间顺序法、突出主罪法、突出主犯法、先总后分法等证据归纳方法。

再如，准确认定案件事实，也非一朝一夕之功。审查报告有一项核心内容是"审查认定的事实"，这是检察官审查全部证据材料、补充完善相关薄弱证据、开展相关调查核实之后得出的结论。除非侦查机关移送认定的事实已经表述得十分完美、无懈可击，否则一般应当比侦查机关移送认定的事实更具体、更细致，有的情节可能与侦查机关认定的有变化。

然而，审查报告照搬照抄侦查机关移送认定的事实，或者以"审查认定的事实与侦查机关移送的事实一致"一笔带过的情形还真不少。对比判决书认定的事实，除了少数案件是因审判环节出现新情况、新证据外，很多事实（包括一些关乎量刑的情节）应当在审查报告或起诉书中表述却没有得到表述。

基于这样的对比和反思，笔者才慢慢学会结合审查案件的情况，对侦查机关移送的事实和情况进行甄别、增删、变更，逐渐学会了客观、全面地认定事实，并得到诉讼参与人的认可和法院判决书的采纳。

还如，综合分析论证及出庭预判，也是一个点滴积累的过程。有的案件对侦查机关移送的事实、罪名、情节有所变更，需要在审查报告中结合在案证据、法律法规具体分析论证变更的理由和依据。有的案件被告人、辩护人与公诉人意见分歧较大，需要在制作审查报告时对庭审有针对性地预判，以此为"三纲一书"的基础。

回顾早先的审查报告，分析论证很粗糙，有的甚至缺少这一步骤，直接得出结论。从当时的情况来看，略显武断；从现在的情况来看，不利于自我检视当时的工作情况；如果开展办案质量评查，也不利于评查人支持检察官的决定，因为评查人员无法通过检察内卷得知检察官为何会得出相关结论。

诚然，从庭审实质化改革对公诉工作的要求来看，法庭应当是公诉人的"主战场"，口头表达应当是公诉人的主要表达方式，但"不打无准备之仗"乃公知之理，审查报告承载的正是公诉人的"台下之功"。多年的公诉实战让我深切体会到，尽管庭审需要脱稿表述、即席表达，但庭前细心、扎实的准备并整理成文，对庭上的表达有益无害；尽管庭前无法全面预判被告人、辩护人的观点和意见，但有所准备再上庭必然强过仓促上阵。

三、审查报告到底为谁而写？

在全面推行认罪认罚从宽制度，实现简案快办、效率适当优先的当下，大幅度简化乃至省略审查报告的做法，其积极意义毋庸置疑，但这一定是针对案情简单、常见多发、司法实务经验成熟的案件而言的。笔者认为，这也是针对具备扎实理论和实务功底，具有丰富办案经验的检察官而言的。审查报告是否简化，简化到何种程度，需要因人、因事而异。

通过观察检察官的培养过程，特别是优秀公诉人成长的历程来看，有一类人需要认真细致制作审查报告，即公诉工作初学者、公诉经验不够丰富的初任检察官等，暂且简称"公诉新人"。结合个人撰写审查报告的经历，以及通过查阅众多审查报告的情况来看，有一类案件不适合大幅度简化或省略审查报告，即重大、疑难、复杂、敏感或新型案件，暂且简称"特殊案件"。

对于"公诉新人"，学习业务犹如幼儿学习走路，除非天分特别优异者，大多数人都需要经历"爬、走、跑"三个阶段。通过制作审查报告，理清案件事实（单笔事实的起因、经过、结果及拟指控被告人的不法行为，重大、复杂事实的基本脉络、主要事件及相关人员的层级、作用等），逻辑清晰、层次分明地归纳分析证据，其实就是一个"爬"的过程。在此基础上能够全面地分析，进而得出正确的结论，如同学会了"走"。再精益求精，办成典型案例或指导案例，实现政治效果、社会效果和法律效果统一，便是"跑"的体现了。

大幅简化审查报告，制作"表格式"审查报告，甚至省略审查报告，只适合于历经"摸爬"、能够正常"行走"并可以奋力"奔跑"的检察官，即实践经验丰富的检察官。如果还用审查报告是否详细来考查这样的检察官，无异于自缚手脚本末倒置。但是，对于"公诉新人"而言，如果不通过制作审查报告夯实基础，会觉得办案非常简单、非常轻松，思想上容易松懈，面对重大、疑难案件，犹如没有经历摸爬的人突然需要奔跑，摔跟头的风险还是很大的。

换言之，如果一名办案人员写不好审查报告，那么在庞杂的证据堆里也难以理清头绪，在起草起诉书时也难以准确表达，在产生各种分歧时也难以释清辩明。所以，认真细致制作审查报告，实际上是对自己逻辑思维、文字表达、事实提炼、证据归纳等能力的训练，这不仅是公诉工作的必要环节，更是公诉人成长的必修课。

对于"特殊案件"，因其重大，必然各方关注；因其疑难、复杂、敏感，必然格外慎重；因其新型，必然存在不同认识。对于这样的案件，审查报告不宜大幅简化，办案系统中审查报告模板要求的几大板块都不能少。重要证据摘录和分析，承办检察官的论证和意见尤为重要。这样做的积极意义是明显的——

一方面，利于检察机关对外开展工作。这样的案件大多需要向上汇报，可能与侦查、审判机关沟通，甚或可能涉及与宣传、维稳等主管机关协调。制作审查报告并不是为了用于这些场合，而是一旦需要了解相关案件情况就可以从审查报告中提取。检察官不可能每次都抱着案卷开展相关汇报、沟通工作，有了审查报告，既方便自己汇报，也方便相关领导审阅。有道是"内行看门道"，审查报告质量的优劣，可以判断出承办人功底是否扎实、逻辑是否清晰、分析是否精准、论证是否充分、判断是否明确。

另一方面，利于检察官推进后续工作。"特殊案件"后续处理往往较为复杂，出庭指控、诉讼监督等工作也比普通案件难度更大、任务更重。案件办理的各环节总体工作量是"恒定"的,前期工作越扎实,后期就越轻松,反之,前期越"偷懒",后期就越艰难。制作相对完备的审查报告,审查认定事实清晰全面,涉及定罪量刑的主要问题剖析到位,那么一旦决定起诉,制作起诉书将更加高效,出庭指控应对各种问题将更加成竹在胸。若决定不起诉,也能进行充分的释法说理。

由此可见,审查报告看似为别人而写,其实主要还是为自己而写。虽然看似为当前工作而写,其实更是为个人成长而写。将来,如果案件需要回顾或检验,审查报告就是检察官曾经尽心尽责的直接体现和有力证明。

基层年轻检察官成长"十要诀"

在 2021 年秋季中央党校中青年干部培训班开班式上，习近平总书记向中青年干部提出了"信念坚定、对党忠诚、实事求是、担当作为，努力成为可堪大用能担重任的栋梁之才"的殷切希望。在 2019 年，总书记曾指出，培养选拔优秀年轻干部是一件大事，是百年大计。党的每一项事业都需要大量的人才，年轻干部更是事业的未来。

检察事业如何培养人、锻炼人，涉及方方面面，究其重点，需要从基层着眼、从年轻检察官着手。笔者从打基础、指方法、正态度三方面归纳了"十要诀"，便于记忆和掌握，供年轻检察同仁参考。

我们用双手数 10 个数，就可以把"十要诀"全部捋一遍：一颗红心、两袖清风、三生为民、四方交友、五指协同、六出祁山、七步成诗、八仙过海、九分忍耐、十分期待。其中，一至三，讲入门的基础；四至七，讲做事的方法；八至十，讲生活工作的态度。

一颗红心

什么叫"一颗红心"？就是说对待检察事业要付以真心、真情，这是从基本品性而言的。事实上，人与事业是相互成就的，你对它付以真心，它也必不负卿。所以年轻同志在进入检察院这个大门的时候，要有一颗红心，红心是什么样？可以从三方面来体现。

一是充满忠诚。我们谈年轻检察官的成长，当然要从进入检察机关谈起。人生路漫漫，一站接一站。我们从小到大必然会经历不同的成长阶段，每一个阶段都将面临重大的选择。成年以前，选择基本靠父母，成年以后，更多靠自己。

每一次重大选择，都好比选择伴侣。我们至少要选好 3 个对我们一生有重大影响的"伴侣"：第一个"伴侣"是我们的大学和专业，它决定了我们的人文涵养、知识结构以及成年后的第一"朋友圈"。当然，名牌大学、热门专业，还是我们求职的敲门砖。第二个"伴侣"是我们的职业，它决定了我们生存的基础、发展的基础和事业的基础。第三个"伴侣"才是我们的爱人，她/他决定了我们后半生的幸福。

所以，年轻同志在入职的时候就要想清楚，对待你的职业和以此为基础的事业，要像对伴侣那样忠诚。有了忠诚才不会三心二意，不会这山望着那山高，不会吃着碗里惦记着锅里。有了忠诚才会一心一意谋发展，才会全心全意爱检察，才会踏踏实实干事业。

二是充满信心。在基层一线，很明显的感受是，检察机关"两反"转隶后，我们的"社会存在感"在降低，这从我们控告申诉等接待窗口群众"客流量"的变化就可见一斑；办事、办案过程中，对外沟通协调难度在增加，这一点不论是领导干部还是一线办案人员都有直接感受。如果同志们因为这些变化而妄自菲薄，那就大可不必了。因为我们还要看到哪些没有变，比如，检察机关是法律监督机关的宪法定位没有变，这是最重要的；又如，在刑事诉讼活动中的诉前主导作用没有变，这是直接体现我们业务水平的一个方面；还如，在全面推进依法治国进程中的任务没有变，少了检察机关的作用能行吗？肯定是不行的。

除了看到哪些没有变，还要看到哪些变好了。最直接的、可观可触的是压力减小了，待遇提升了，这是党和人民对我们的厚爱，切不可辜负。有过职务犯罪侦查工作经历的同志都知道，这个权力是外表风光、内心紧张，特别是办案安全、抵御干扰等，是让人觉得压力山大的。如今我们的压力小了，待遇涨了，同志们仔细比较一下"其他公司"，我们的工作的"性价比"高不高？大家可能感触不深，但听听"其他公司"的声音就知道了。

变好的表现还有，在诉讼活动中的作用更大了。例如认罪认罚从宽制度在刑事诉讼中的深入推进，让检察官对定罪量刑的"话语权"更重了。若没有明显不当，基本上就是检察官"说了算"。当然，这背后的责任也更重了。

三是充满忧虑。意思就是说要居安思危，入职之初就要有忧患意识。在我看来，从来都没有所谓的"铁饭碗"，只有不断的挑战；没有永远的风调雨顺、旱涝保收，最好的应对就是未雨绸缪、防范于未然。我们的队伍素能是否过硬？工作成效能否得到党委认可？能否获得人民点赞？能否赢得其他单位尊重？这是值得深思又让人忧虑的问题。

尤其在普通群众看来，我们不像公安机关那样冲在维护社会稳定第一线，除暴安良；"两反"转隶后也不会像纪委监委那样战斗在从严治党第一线，反腐肃贪；更不能像法院那样"一锤定音"，定分止争。那我们的核心竞争力是什么？甚至说严重一点，我们存在的必要性是什么？这是我们面临的十分迫切的问题。在检察、忧检察、兴检察，这是我们的本分和职责。

两袖清风

"两袖清风"的意思很好理解，指的是我们要廉洁从检。这是从底线角度而言的。好比我们职业生涯的第一粒纽扣，一定要系好系牢，只有坚守底线，才能行稳致远。如何做到"两袖清风"，简单而言把握三要点。

一是知足常乐。一方面，实事求是地讲，和其他行政机关相比，检察人员的收入是比较可观的。没有比较就没有伤害，有比较才有"获得感"。尽管我们不富裕，但肯定是高质量的小康了。所以，我们要算好经济账，知足常乐。

另一方面，总体而言，检察工作规律性比较强。"突发情况"比较少，所以基本上能够自己把握工作节奏，生活、家庭大体能够兼顾得比较好，比起一些经常加班加点处理突发、应急事件的单位，我们的工作节奏是很不错的。所以，算好时间账，以及这宝贵的时间背后带来的亲情团聚、身体健康、身心自由，这些亲情账、健康账、自由账，细算起来，"获得感"是显而易见的。

二是"胆小"为宜。个人认为，作为普通人，在诱惑面前有点"动心"，是正常的反应，但敢不敢"动手"，决定了一个人会不会走向违纪乃至犯罪的深渊。笔者初参加工作的时候，有朋友邀我参与合伙做生意，说很多人都在搞，你怕啥呢？常言道："撑死胆大的，饿死胆小的，你不听老人言，吃亏在眼前。"后来我发现，其实这是彻头彻尾的谬论。政法队伍教育整顿，清理六大顽瘴痼疾，让很多人现了"原形"，怎么吃进去的都得怎么吐出来。

还有更严重的，利用职务之便，在办案过程中捞好处、收贿赂，太多太多的案例警示着我们，千万不要心存侥幸，"手莫伸，伸手必被捉"。在诱惑面前，胆小才是硬道理。

当然，相信也有大部分人境界很高，能够在利益面前丝毫不动心。有这样的境界固然好，达不到这样的境界也没关系，只要不胆大、不妄为，就不会出大的问题。

三是主动"体检"。要做到廉洁从检，最持久的是自觉，最可靠的是监督。有效的监督，能够增强我们的自觉，因为监督有效，大家都少犯错、不犯错，会促进更多人、更持久的自觉。高度的自觉，也能促使我们主动接受监督，因为接受监督就是自觉的表现，就像爱惜身体的人会定期去医院做体检一样。这就是自觉和监督的辩证关系，所以，我们每个人都要有内心的自觉，也要主动接受监督。

另外，作为管理者，我们对同志们要充满信任，"用人不疑、疑人不用"，这是管理的基本原则。但信任不能代替监督，监督也并非不信任，而是通过有效的监督证明同志值得信任。所以，系统内部更要坚持良好的监督制度、形成良好的监督氛围，这对检察队伍而言，有百益而无一害。

三生为民

所谓"三生"，是指"三生三世"，世世坚守初心。检察人的"初心"是什么？是为人民服务，让人民群众通过每一起司法案件，切实感受到公平正义就在身边。所谓"三生"，又指"三生万物"，意味着检察工作万事皆为民。这是从行使检察权应当秉持的价值观角度来讲的。检察人要有为民初心和民本情怀，这会影响乃至决定我们的司法理念，作为我们执法办案的出发点和落脚点。具体也谈三点：

一是从群众中来。检察执法办案，不能闭门造车。需要换位思考，用群众听得懂的语言、能够接受的方式做工作。比如窗口部门，开展控申接待工作，学会与群众"唠嗑""聊家常"，其重要性丝毫不亚于掌握控申工作的法律法规。甚至很多时候，我们满脑子都是法律法规，但对来访群众不起任何作用。

这不是群众不讲法，而是我们没有从群众中来，没有想群众之所想。很多时候来访群众控告的内容要么不属于我们管辖，要么心气不顺而对公安、法院或检察机关的相关处理决定不服，更多需要我们去倾听、理解和解释。我观察了很多接访经验丰富的老同志，他们很会把控情绪，知道怎么把来访群众的"心气"给抹顺；也很会沟通，知道怎么把群众引导到正确的渠道上去。一些"可成案可不成案"的事情，就用一阵子交流、聊天给化解了。

二是到群众中去。例如审查批捕和审查起诉工作，审查纸质卷宗材料只是办案的基础，并不意味着卷阅完了案子就办完了。阅卷只是让我们掌握基本事实和证据，据此直接得出结论，对于一些简单的、多发的、有成熟处理经验的案件是可以的。但很多案件纸质材料只是案情的"皮毛"，特别是一些因感情纠葛、邻里纠纷、家庭矛盾等引发的案件，需要我们"打水到井边"，到一线深入了解，当事人为什么会有长期的矛盾纠纷？有什么样的深仇大恨导致案件的发生？被告人或者被害人有什么不得已的苦衷？

有这样一起妻子杀夫案，从侦查机关最初移送的案件材料来看，容易得出的结论是：夫妻二人因家庭琐事发生口角，妻子一气之下抓起桌上的水果刀捅向丈夫并致丈夫抢救无效死亡。在审查起诉环节，孩子来检察院向检察官反映，她的爸爸经常喝酒，喝醉了就会打妈妈。检察官遂意识到，该案可能有家暴的因素。

后经实地走访，听取近亲属、邻居的意见，了解到孩子反映的情况属实。案发当天被害人也是酒后晚归，进屋后动静较大，妻子怕影响孩子休息唠叨了几句，就被丈夫抓打。妻子在黑暗中顺手摸到一把刀就捅了上去，恰巧捅破了大动脉。妻子和邻居紧急送医抢救无效，丈夫因失血过多死亡。侦查机关将妻子羁押后，一个上大学的女儿和一个上小学的儿子在亲属的帮助下安葬了父亲，死者家庭并不富裕，留下的担子很重。

经深入一线全面了解案情后，检察官与法官、辩护人深入交换了意见，认为可以定罪，但不宜继续羁押，遂判处缓刑。同时为其子女提供了司法救助，联系民政、教育主管部门为孩子后续生活、教育给予了一定支持。

当然，反思办案过程还有明显不尽人情之处，这样的案件在批捕环节是调查不充分、考虑不周全的，审查起诉环节没有及时开展羁押必要性审查，对待命案过于谨慎，没有做到具体问题具体分析，法官就显得更有担当。

我们要听群众的声音，不能只机械地看法条，而要考虑法、理、情相结合。根据事实、证据和法律作出判断后，先别着急下结论，用法理、情理去检验一下，看看作出的判断合不合情？合不合理？如果看似合法但却不近合情合理，就要想想，是不是我们在法律适用上出现了偏差。

三是为群众谋。在检察机关无论从事哪一项业务，都要坚持始终把群众利益放在心上，以此作为我们思考、判断和处理案件的出发点。

诚如笔者多次提到的江苏陆勇妨害信用卡管理和销售假药案。按照当时的法律，陆勇代购的抗癌药哪怕确有疗效、确系"抗癌真药"，但因未取得中国进口药品的销售许可，也会被认定为"假药"。所以，从当时承办案件的侦查员、司法者角度看，陆勇的行为于情可悯、于法不容，立案侦查和提起公诉似乎并无不妥。但在病友看来，这是对陆勇善举的否定；从后来的听证会来看，多数代表、委员和专家也认为陆勇的行为"情节显著轻微"。最终检察院撤回起诉并作出绝对不起诉的决定，得到了社会广泛接受。

此案带给我们的反思有很多，我认为很重要的一条就是：我们作出的司法决定，有没有真正地为群众谋利益。

四方交友

"四方"是东西南北全方位，"交友"指我们开展工作，既要程序规范"以公对公"，也要多交朋友建立私人感情"以私促公"。这是检察机关对外交往的重要方法，正确掌握这一点，会给我们从事具体工作的人员带来很多便利。此处的"以私促公"，主要是指以下几点。

一是对领导机关勤汇报。检察工作顺利开展，绝非自己关着门就能够搞好的。在地方上求生存谋发展，首先要取得党委（包括政法委）、政府、人大、政协"四套班子"的支持。

我们一定要积极主动向"四套班子"汇报工作，特别是检察院的综合部门，与"四套班子"办公室及政法委要保持紧密联系，与相关工作人员建立良好的关系。日常工作中遇到问题便于及时请教，出现错误能够得到及时提醒，这都是非常管用的。能让我们少跑很多路，少犯很多错，少挨很多批评。

二是对友好单位多拜访。组（组织）、纪（纪委监委）、宣（宣传部门）、发（发改）、财（财政）、审（审计）、公（公安）、法（法院）、司（司法行政）等单位是我们的友好单位，很多工作需要相互支持。在沟通交往中，建议年轻同志们多"人来人往"，少"文来文往"。

不要觉得我们是法律监督机关、高人一等，而是要主动上门"拜访"。事实上，越是谦虚，越受人尊重，你的谦虚是表达对对方的尊重，对方自然就对你尊重。你代表着检察机关，这种"个人印象"带入到工作中，就会给检察机关增添好印象，与相关单位的相互支持、配合起来也会更"给力"。

三是对系统内多交流。同一辖区各基层院，在某些工作中有竞争，比如目标考核排名、业务竞赛，等等。但大体上是相互协作的关系，很多工作具有相似性，所以友好相处是正道。在此基础上，形成资源共享、互通有无。

比如，办理某一类新型案件，对本院而言可能很陌生，但其他院已经有现成的经验，就可以交流学习，甚至互相协调以抽调检察人员帮助办案；又比如，完成某些比较有难度的检察宣传、"精品课程"等任务，有的院有技术优势、有的有人才优势，就可以联合起来，共同完成；再比如，有的业务考核指标分类过细，有的基层院根本没有该类案件，导致"无米下锅"，而有的院案件量又很大，忙不过来，那就可以相互协作，通过报请上级指定管辖等方式平衡办案量，既减轻办案量大的院之任务，又帮助办案量小的院完成考核，这不就是我们内部"双赢"吗？

五指协同

"五指"好比手的 5 个手指，要协同发力，手才会有力量；全国大多数基层检察院编制都在 50 人以下，内设机构也均为"3+2"（3 个业务部门+2 个综合部门）模式，"五指"又好比我们的 5 个内设部门，要协同作战，检察工作才有成效。所以，"五指协同"主要是就检察院内部工作方法而言的。怎么协同，有三点需要注意。

一是层级汇报。重要的事情要汇报，这体现对上级的尊重，是一种自觉，也是机关工作的基本规则。汇报要按业务条线层级汇报，该找哪个部门主任就找哪个，该找哪个分管领导就找哪个，最好不要"串线"。虽然每个党组成员都可以代表党组开展工作，但每个人都有分工且各司其职；一般情况下要一级一级汇报，非特殊紧急情况，不要越级汇报。这是一个管理有序的单位的基本秩序，初入职的年轻同志要了解这一点，遵循这些基本规则。

汇报是将自己的工作和领导的管理有机结合的重要方式，既要报喜，也要报忧，实事求是报告情况是重点。比如，日常重要工作的成绩和问题，都要及时汇报，便于领导掌握进度，调整部署。又如，领导安排的事情要报告落实情况，便于领导进行下一步谋划，特别要注意，不要自己认为把活干完了就了事，"事事有回应"，是一个人"靠谱"的表现，所以不能少了"事后报告"这一环。还如，突发紧急情况要报告，很多问题是一个人或一个部门解决不了的，立即报告，便于领导统筹力量及时解决，有时还需要领导协调外部力量给予支援。

在此，笔者给年轻同仁提个建议，如果是汇报问题，最好自己先琢磨一下解决问题的建议方案，可以只提一个建议，也可以提多个方案并提出自己的倾向性意见和理由。不要尽等领导安排怎么办就怎么办，自己先动脑子想一想，再看看领导是怎么考虑的，哪些因素是自己经过思考的，哪些是被自己忽略了的，有这样一个思考、建议、反思的过程，才能获得提高。

二是同事互助。如果说"汇报"体现了对上级的尊重，是一种自觉，那么，"互助"则体现了对同事的尊重。包括平级之间的尊重，是一种本分；对下级以及所有人尊重，是一种修养。

为什么说互助体现了尊重呢？因为只有你尊重同事，把他当自己人，你才会把他的事当成自己的事，把他的困难当成自己的困难。机关单位里，有的人爱帮忙，也有人善躲事，日久见人心，群众心里是有一杆秤的。

举个例子：我们都知道办公室作为管理中枢，日常工作是比较忙的。有一个副主任，他很擅长把分工理得很细，不该他做的坚决不沾手。有业务部门的同志来请他帮忙修改一个迎接上级调研的汇报材料，他每次都能找到理由推脱："这个材料该拿给你们主任修改，或者拿给你们分管领导修改"；"这个调研活动是针对你们业务条线的，不是针对全院工作的，我们办公室不便参与，如果改得不好反而给你们惹麻烦"；"我这会儿正忙呢，待会儿还有这个、那个、很多个材料要写，你看其他人有没有空"。你看，说得都很有道理吧？

另外一个副主任，其实大家都知道他承担的工作更多，但是同事们找他帮忙，他一般都不推。如果确实很忙，他也会说，"你这个材料急不急？不急的话放那，我明天给你看看"。其实他往往晚上加班就给修改好了或者提出修改建议了，第二天上班就送来，让人非常感动。将心比心，他遇到什么事，毫无疑问，同事们也会帮他；他代表办公室安排下来的工作，各部门也非常积极响应和支持。

而前面说那个善于躲事的副主任，他安排下来的工作，各部门也是能躲就躲，躲不了就拖，拖到最后一天、最后一刻、最后一分钟，相互内耗，非常不好。

三是跨部门协作。上头千条线，下头一根针。越是往上，分工越细，人力物力越是充足；越是往下，一个部门就得对应越多的上级部门。对于基层检察院而言，一个单位就是一个整体。需要有基本的部门分工，其意义在于每项工作有具体牵头的部门和人员；但更需要跨部门协作，如果没有协作，很多任务根本无法完成。

比如，案件线索要共享，在刑事案件办理过程中，发现公益诉讼案件线索、虚假诉讼线索、司法救助线索等，要及时向公益、民事部门（在基层往往是同一个部门）、控申部门移送，反之亦然，否则大家可能都无法完成上级下达的考核任务。

又如，人力资源要共享。迎接上级调研、外单位考察交流等活动，既需要对口部门准备相关情况介绍，也需要综合部门协助办文办会，安排食宿等后勤保障，基本上都需要"全院行动"，相互配合，才能确保相关活动顺利进行。

其实说到底，关键就在于大家都要主动"向前走一步"，基层院不要光顾着"分工明确"，也还要顾着"相互补位"。

六出祁山

"六出祁山"本意是指《三国演义》里蜀汉丞相诸葛亮六次出兵北伐曹魏的军事行动。我们知道诸葛亮之所以要六出祁山，是因为早年诸葛亮以《隆中对》的方式，向刘备提出了北定中原、兴复汉室的战略远景。为了实现这一远大目标，诸葛亮一诺千金，六出祁山，鞠躬尽瘁，死而后已。在此可引申为，为了实现公平正义，要锁定目标、"六出祁山"、倾力而为。

一是信念坚定。对追求公平正义有坚定的信念，这是对从事检察业务工作同志的基本要求。如果仅仅是为谋个职业，获取一份收入，可以到任何机关或企业工作，考入了检察院也可以到其他部门发挥所长，不宜从事执法办案等业务工作。如果说检察工作与其他工作有什么区别，笔者认为主要就在于追求和维护公平正义。

当然，追求公平正义并非易事，很多时候会有阻力、会有障碍甚至会有风险，但无论如何，我们都要努力为之。

比如，在基层执法办案活动中，确实会遭遇说情打招呼的情况，特别是"三个规定"颁布实施前，这种现象还比较突出。在各种诱惑面前能否坚持原则？能否守护公正？这是很多办案人员都要面临的考验。如果追求公平正义的信念不坚定，就很容易被各种干扰或威胁所左右。

二是方法改进。业务工作的方法涉及方方面面，这里只讲两点值得注意的地方。

第一点是主动作为。检察办案的主要业务在刑事检察，审查批捕和审查起诉占业务量绝对的"大头"。根据职能分工，检察官绝大多数时候是在办公室办案，即以书面审查证据材料为基础，除了到看守所讯问犯罪嫌疑人、出庭支持公诉，就很少再走出办公室深入接触案件。对于证据不足的案件，也习惯于请侦查、调查机关补充证据，"自行侦查"这一招很少用。事实上，把这一招用好了，往往能起大作用。

实践中经常遇到的问题是，案件若未批捕，特别是以证据不足不批捕，为了确保起诉,后期侦查力度会强一些。而一旦作出批捕决定,大概率是会提起公诉的,再想让侦查机关补证,好话歹话得说上一箩筐,有的还得交情够好、关系到位,以私人感情促进工作落实。如果不注意方式方法,简单的"公对公",即便列出了很清晰的补查提纲,一些案件重报时,检察官收到的"新证据"很有可能也只是一份"情况说明"。当然,这不能全怪侦查机关,出现这些现象既有补查客观条件是否具备的原因,也有侦查机关时间精力能否顾得上的问题。

有些简单的问题我们可以自己解决,比如跑跑现场核实某个细节、协调相关单位补充出具材料以及补充讯问犯罪嫌疑人、询问证人等,很多时候,我们是可以完成的。如果需要,可以通知侦查机关协助,一般情况下,有检察人员出面开展补证工作,侦查机关再忙也会派员配合。

第二点是明确标准。特别是在深入推行认罪认罚从宽制度的背景下,对于大量的法定刑 3 年有期徒刑以下的轻刑案件,在认罪认罚并符合一定条件的情况下,都可能获得不批捕、不起诉或缓刑量刑建议。我们与其想方设法摆脱各方干扰,不如认真琢磨一下认罪认罚不捕、不诉和缓刑建议的执行标准。

"两高"和上级有规定的,执行"两高"及上级的规定,没有规定的,本地也可以探索,公、检、法形成共识并报同级人大常委会及上级司法机关备案。注意,这不是对法律的突破,而是在规定不明的情况下,总结经验,把握规定,明确实际操作标准。

比如,四川省规定的盗窃罪追诉数额标准是 1600 元,那么,多少金额、哪些情况可以作相对不起诉、可以建议适用缓刑?这个就可以由各市州乃至区县根据当地的情况出台具体的标准,这样就减少了司法干预,可以对类案在一个辖区实现公平处理。

从另外一个角度看,这既是对检察官的监督,以确保执法尺度相对统一;也是对检察官的保护,也就是说,符合不捕、不诉和判缓刑条件的,原则上都不能批捕、起诉和建议判实刑,人家也就不会来干扰、利诱检察官了。

三是心态淡定。追求公平正义是我们的使命,但有的时候、个别案件达不到我们期待的公平正义,又该怎么办呢?我建议要有淡定的心态:执着而不固执,感动而不冲动,尽责而不苛责。

固执是成不了事的,冲动更会坏事,苛责自己或苛责他人都于事无补。我说的"心态淡定"绝不是"无所谓",而是竭尽全力后的顺其自然,"尽人事"之后的"听天命",能屈能伸、懂得把握进退节奏、善于迂回前进。

例如，对于一些法检认识产生分歧的案件，检察院起诉后，法院拟判无罪，我们可能向市院、省院汇报，希望得到支持，但最后上级可能认同你的观点，但基于各方面考虑，可能也是证据的因素、考核的因素、稳定的因素等，最终要求撤回起诉。你怎么办？为了公平正义"死扛"吗？没有意义吧。把我们该做的事做好，做到问心无愧，剩下的，按程序决策，就对了。

七步成诗

"七步成诗"本来讲的是魏文帝曹丕令其弟曹植七步之内作诗，曹植在紧急时刻、高压之下妙手得佳作的故事。笔者用这个故事来谈谈综合工作的一些方法。笔者在市（地级市）、县两级检察院做过办公室负责人，感受到综合工作时间紧、任务重、节奏跟着领导走，经常处于高压之下，做不好就可能被批评，经常面临"七步成诗"的窘境，而又缺乏曹植那样的才能。那么，作为普通人，怎样完成"七步成诗"的任务？

一是把握规律。综合工作虽然千头万绪，但一定有其内在规律，笔者认为，不要眉毛胡子一把抓，而是要把准脉络、掌握规律、抓住重点、顾及全面。

比如写材料，很多同志都望而生畏，其实基层检察院的材料总体是比较容易的。大体把握"三段论"就能从容应对很多简单的材料。一般的汇报材料，无外乎"工作开展情况、存在的问题及原因、下一步打算"三个部分；一般的讲话稿，领导部署工作基本上围绕"某项工作是什么（具体内涵）、为什么（重要意义）、怎么办（提出要求）"三大板块。一年一度的工作报告，其规律性更强，结构是固定的，"过去一年工作回顾、表达感谢并分析不足、来年工作安排"。把握"三段论"这个基础，在此之上进行细化和延伸，结合实际、有的放矢、字斟句酌、用心用情，即便不能出好文章，至少能确保完成基本任务。

又如办会，很多同志都怕麻烦，其实基层的会务也简单，基本上就是"三部曲"。第一，参观。不论是涉及检察业务工作的12309大厅、认罪认罚办案区、听证室、宣告室，还是涉及综合工作的院史荣誉室、党建阵地、文化走廊等，"点位"一般是现成的，很多基层院有电子大屏幕可以展示图文，可以节约很多时间和资源。第二，开会。按规范布置座牌、资料、茶水，调试好话筒等设备，做好记录，会后视情况作宣传报道。比起党政机关，检察院的日常会议一般不会太紧急，涉及面不大，人员不多，不是什么难事。如果承办重大会议，往往会提前通知，准备的时间是比较宽裕的。第三，食宿。"十八大"后给综合工作最直接、最明显的"减负"就在这里体现了，一般在食堂简单用工作餐，即便在餐馆吃饭也简单，有公务接待标准，而且不喝酒，按规定执行即可。最后帮助参会人员预定好下榻酒店，饭后就休息，大家都轻松愉快。

当然，综合工作也是比较辛苦的，日常琐碎之事很多，往往忙活了一天都说不出忙了些什么，这说明在综合工作中把握规律也不是一件容易的事。特别是很多领导精力旺盛、思维活跃、节奏明快，要求事不过夜、话不啰唆、文不加点，我们很难跟得上。但结合笔者有限的工作经历而言，若能做到凡事想在先、做在前，就能避免很多失误，不一定获表扬，至少可以少挨批评。

比如办会过程中，若要参观现场，我们先打个头阵，熟悉路线，若有道路施工、交通堵塞等特殊情况，提前优化改进路线或布置相应力量。对会场布置，我们要提前检查，看座牌摆放是否正确，话筒设备等能否正常使用，相关准备是否到位。对工作餐安排，是否科学、恰当，特别是客人来自外地，我们要结合客人的特点进行安排，例如接待北方的客人，一般要考虑准备一些面食为主食，除非客人有兴趣，否则一般不要首选火锅，因为北方的涮羊肉火锅跟南方诸如四川重庆火锅那是两个完全不同的概念。我们准备工作餐虽不能面面俱到，但起码不能给人肠胃很不适应之感。

二是好中求快。综合工作有一个很明显的"痛点"，那就是时间难以自己支配，经常会遇到"突然袭击"，比如党委政府、上级检察院突然要求提供某项材料、某些数据，院领导突然需要了解某项工作情况，综合部门的同志不得不加班加点弄出来。节奏太快、时间太紧，工作就容易毛躁。我们要注意重点是"好"，然后求"快"。

"好"的标准是因事而异的。比如，领导要得很急的材料，基础数据、案例准确就是"好"，不需要推敲遣词用句，领导需要掌握的是基本情况。又如，一年一度的工作报告或者专项工作报告，什么时候开会，很早就通知了，准备时间是比较充分的，那么字斟句酌、突出成效、尽量出彩才叫"好"。

相反，"不好"的标准是比较明确的，比如，错别字连篇，这是很基础的"不好"。再如，数据前后不一，或者逻辑错误，案例张冠李戴，这是很低级的"不好"。这些问题会让人觉得你工作态度有问题，不是工作能力水平问题。所以，综合工作要"急事稳办"，催得越急，心里越要沉着，要稳住，工作完成后的检查必不可少；还要"慢事快办"，时间越充分的事情越要有空就快办，办完了放那，临近上交时间了再回顾一下，再雕琢、完善一点，效果会更好。

三是自成风格。从事综合工作的同志要擅长掌握规律、适应环境，经常跟随领导就要学习领导的优点。但也不要失去自我，特别是对机关单位中一些不好的现象，不能习以为常；对一些不太可取的地方，不能模仿，更不能传承。

年轻人要在适应的基础上不断"扬弃"，应当改革创新的就要大胆地探索和尝试，逐渐形成自己的套路和风格。

比如，写材料要把握基本的规律，但也不能陷入新的"八股"，新时代要有新文风。又如，办会也要适应时代的发展，"无纸化办公"说了多少年了，说得很多落实得很慢，很多领导习惯看纸质材料，导致纸张浪费现象仍然比较普遍，所以，我们现在办会，绿色节能的理念要充分体现。再如，会务用餐，再也不要用"盘子重一层"来展现东道主的大方，更不能用"剩多少"来衡量主办方的热情，"光盘"才是时尚。

八仙过海

"八仙过海"本是道家的一个故事，讲"八仙"从蓬莱仙岛归来，不乘船而各自想办法，借助自己的"法器"渡海。所谓"八仙过海，各显神通"，是比喻依靠自己的才能取得成功的行为。今天，我们用这个故事来讲讲担当作为。在检察工作中，我们如何"八仙过海"呢？

一是积极努力。毫无疑问，我们赶上一个好的时代，一个风清气正、充满激情的时代，一个只要有智慧和才能就能获得认可的时代，一个只要干出成绩就能获得重用的时代，笔者和身边很多同事都是这个时代的受益者。

干事创业正当时，所以大家都不要急着"躺平"。要像"八仙过海"一样，拿出自己的看家本领来，好好干几件事情让大家瞧瞧。如果初入职，没有什么"看家本领"，那就努力学习，提升自己的核心竞争力。需要说明的一点是，八仙所具有的法力无边的"法器"，在我们这里，勤劳的双手就是"法器"。我们的"法器"有多大的能耐，不问"道"不问"仙"，问的是我们自己动了多少"脑"流了多少"汗"。通往胜利彼岸的捷径有且只有一个，那就是脚踏实地、不懈努力。

二是学习借鉴。"八仙过海，各显神通"，既然能"显神通"，那肯定都是高手。可能高手就在我们身边，而且你自己就是"一仙"。而且"三人行，必有我师焉"，积极向身边人学习也是成功的捷径。

比如在办案过程中，有的人经验丰富、有的人头脑灵活，有的人擅长讯问，有的人善于辩论，有的人文笔好，有的人反应快，等等。只要有一双善于发现的眼睛，总能发现别人的闪光点，如果能努力学习身边人的闪光点，那必然受益无穷。

笔者主张检察人员要主动"走出去"，与外单位学习交流，与先进地区学习交流。

有的工作自己不擅长，就学习人家的经验。比如认罪认罚从宽制度适用率如何提升？听取意见同步录音录像工作怎么搞？确定刑量刑建议怎么提、怎么确保法院采纳？这都是比较考水平的，也是很有技术含量的。笔者也参与一线办案，个人感受是，在不加干预的情况下，犯罪嫌疑人自愿认罪认罚的，能占百分之六七十。适当做一些教育、引导工作，能达到80%左右，若能达到85%就需要很大努力。若再提高适用率，就需要学习先进地区的经验了。还有量刑建议，这方面一开始我们的经验确实不足，需要向法官学习，向先期试点的地区、量刑建议采纳率特别高的检察院或检察官学习。

三是不推诿卸责。"八仙过海"既是一场比拼，也是一场合作，路上遇到龙王作梗，八仙协同作战，他们是一个整体，最终的目的是大家都要平安到达目的地。

我们和身边的同事在一起，有竞争，但更主要的是合作。如果我们过不了"海"，未能完成目标任务，不要怪"法器"不行，尽量少找客观原因。前面说过，我们的"法器"是我们的双手，更多地要找主观上的问题。也不要怪"七仙"不帮忙，出了问题不推诿卸责，如果面临追责，必然"伸头是一刀，缩头也是一刀"，不如主动担起责来，汲取教训再出发。曾经与你合作过的人，也才会继续跟你并肩战斗。

经过这么些年的工作，笔者有一个感受，能"做事"的人，不一定能"扛事"；能"扛事"的人，一定能够"做事"，即便自己做不好，也会有人愿意帮着做。扛得了多大的事，就能做多大的事。因为"扛事"就是用肩膀去"担"这些事情背后的责任，就是"担责"。

九分忍耐

"九分忍耐"说的是我们对待工作事务、个人名利等，要特别懂得忍耐。有道是"人生不如意十之八九"，所以，多数情况我们可能即便很努力，也无法获得预期的成效,这时候怎么办,自怨自艾吗?到处找人理论吗?在关键情况下会不会"失态",能不能忍得住,往往是对一个人至关重要的考验。所以,一个人具有"忍耐"的品质是非常难得的。

一是要积极争取。说"忍耐"之前必须要先说努力,在付出努力的前提下,得不到应有的回报,才讲必要的"忍耐"。努力干事创业,不断取得成绩,逐渐赢得认可,得到提拔重用,这是进入机关单位工作应有的状态。

年轻的检察人员应该在各个方面积极向上。比如积极参与业务竞赛,努力争取荣誉,为自己,也为集体增光添彩;又比如积极参与创先争优,在政府或检察系统多争先、多拿奖,才能不断获得成就感;再比如积极参与相关征文、论坛、演讲等活动,促使自己不断总结、不断思考。

有时候偶尔一两次崭露头角,或拿一些层次不高的奖励,可能看不出明显的成绩,若长期坚持,日积月累,量变就可能发生质变,你与其他人的差距也会因此而慢慢显露。当然,有时候我们十分积极参与,在竞赛、创先、征文演讲等活动中尽了很大的努力,但屡屡受挫,一无斩获,怎么办?忍耐,继续磨砺,伺机再战。笔者有三次参加全省公诉人业务竞赛的经历,每一次都踌躇满志,也被领导寄予厚望。但前两次都半路折戟,直到第三次才入围决赛,最终取得第二名的成绩。我想,如果不能忍耐,也就不敢再次迎接挑战了。

二是不斤斤计较。成长路上有得有失,有时候付出没有得到回报也是很正常的,包括在体制内非常看重的职务职级晋升方面,不必斤斤计较,更不必为一时的得失小题大做,甚至作出错误的行为。

笔者听闻过两个故事:两个年轻人A和B,分别在两个不同的机关单位工作,他们在20多岁时都很优秀,先后都参加过单位的中层干部竞争上岗。

年轻人A竞岗时表现出色,按笔试、民主测评、院党组评分等环节严格打分,他是遥遥领先的。

但院党组考虑到有个别老同志辛勤工作很多年,临近退休了还没能当上中层干部,职级解决也困难,领导就找到A说,你还很年轻,来日方长,能不能把这次机会让给老同志?A是个很实在的小伙子,既然领导都说明原因了,让就让吧,反正今后还有机会。经过此事,领导对他刮目相看,过了一年,寻个机会,院党组就把他挪动一下岗位,给晋升了职级,后来越走越顺,到现在已经在其单位任常务副职好几年了,前景十分看好。

另一个年轻人B,遇到的情况比较简单,但自己想得比较复杂。领导在竞岗之前对其做思想摸排和情绪稳控工作,告诉 B 说,这次竞岗是一个很好的机会,此前你的工作大家看在眼里,领导和同事都很认可,但是毕竟僧多粥少,竞争不小,要积极参与过程,也要看淡最终结果,保持工作激情和良好的状态。这本来是很正常的思想动员和谈心谈话,可能同样的话跟很多报名竞岗者都说过。但是他怎么想呢?他认为是领导暗示其"表示表示",所以就给领导"表示"了。那个领导也有问题,送来就收了,然后 B 就"上"了。

后来,B 的领导因违纪违法被查处,B 就担心了,"领导会不会先供出我来?""我马上又面临提拔,要是查出我之前行贿,岂不'凉凉'了?"他非常痛苦,思想斗争非常激烈,最终还是决定主动向组织报告,获得从宽处理的机会,工作是保住了,但新的提拔肯定被否决了,而且受到撤职降级处分,"一夜回到解放前"。所以,就 B 之前的"表示表示"的心思和行为来看,着实不该。

三是眼光放长远。职业生涯说长不长,若从大学本科毕业二十二三岁参加工作,到 60 岁退休,一般就工作三十七八年;但说短也不短,这三十多年是由 13000 多天组成的。虽说日复一日,但每一天也都可能发生奇迹。只有在自身能力素能上不断做加法,机会才会不期而遇。换句话说,我们的明天、后天和今天相比很难有大的变化,但明年、后年和今年比,可能就不一样了。

再看长远一点,5 年、10 年后的我们是什么样,在什么岗位,有多大成就,完全取决于今天的我们在想什么、干什么,是遇到一点挫折就一蹶不振?还是屡败屡战、奋斗不息,一点一点为未来夯基垒台?不同的眼光、不同的行动,决定了不同的未来。

十分期待

"十分期待"既指年轻同志对自己的未来要充满期待,也指我们的检察事业对年轻人充满期待。"十分期待"说的是对未来的展望和想象。

一是初心不改。笔者发现一个不太好的现象,就是一些检察院的某些年轻人工作短短几年后,就显得"老气横秋",还没经历多少大事、难事,就显得饱经沧桑。

网上有一段视频,是清华大学老校友合唱团演唱《少年》这首歌,看了听了,让人备受感动。这群老前辈平均年龄 74 岁,都是为三线建设、三峡工程、国产大飞机等国家重大工程做出卓越贡献的人,他们把自己最美好的时光奉献给了祖国，如此高龄一开口"我还是从前那个少年，没有一丝丝改变，时间只不过是考验，种在心中信念丝毫未减……"让人顿感活力四射。

我们的同志，没有他们那么大岁数吧，也没有做出那么大贡献吧，那更要保持"少年"的精气神。说到底，任何时候，都要保持对事业的初心、对人民的初心，才不枉我们的青春年华。

二是进取心不改。青春很短暂，时光不停留。人的一生，好比"龟兔赛跑"，如果不出意外，我们都是平凡人，在人生的赛道上，我们的能力、水平，可能大多数都跟那只"龟"差不多。只有极少数人天赋异禀、天生神力，跑得比兔子还快。

但是没关系，老话说得好："不怕慢，就怕站。"一旦站在那儿歇着，心态就松了，斗志也松了，四肢自然就松了，结局就自然明了了。即便上天给我们的能力只相当于一只慢吞吞的龟，也要坚定目标、积极进取、矢志不渝，老天爷不会亏待勤奋的人，只要一直前进，落后的龟最终也能赢得比赛。

可能有人会问了，老是让我进取、奋进，从哪里着手、往哪里奋进呢？年轻人的迷茫有时不可避免，是正常的。笔者也常常面临这样的疑惑。后来慢慢想明白了，其实这个问题也很简单，法律法规规定我们做什么我们就做什么，最高检、省院、市院的部署和本院党组的安排是什么我们就做什么，人民群众的需求是什么我们就做什么，"法律规定、领导部署、群众需求"就是我们前进的方向，明确方向就出发。说得简单一点，我们手上的每一个案子、接待的每一个当事人、起草的每一份材料，都是具体的、实实在在的抓手，所有的努力，都应该体现在每一项任务、每一件具体工作之中，不能脱离工作空谈奋进。

还有一招，方向不明就学习。如果日常工作已经做得很好了，需要长远谋划奋进的方向，而暂时又的确方向不明、思路不清，那就别盲动。老老实实搞学习，看看书；跟着老同志跑跑腿，看一看别人怎么办案。只要在思考、在奔跑，就不会光阴虚度。

三是善于等待。如前所述，如果工作时间稍微长一点，同志们会渐渐发现一个现象，在检察院工作，稳定性好、成长性差。

就拿笔者亲身经历来说，当年经省委组织部选调参加工作的年轻人中，很多人进入党政"主干线"工作，一部分人进入法检系统。几年后，当我们因被任命为法官、检察官而激动不已时，"主干线"的同龄人已经历任科长、局长了；当我们为"首批入额"而暗自庆幸时，"主干线"的同志已经多岗位锻炼，陆续担任区县党政领导班子重要职务了。

这个时候怎么办？不要着急，要想清楚自己要的是什么，如果想在职务后边带个"长"，在另一个平台为人民服务，甚至跳到"体制外"实现人生价值，那就果断"跳槽"，而且一定要趁年轻——老了就没有竞争力了。

如果决定留下来，走职业化、专业化的道路，那说明你心里一直怀着最初的追求，也说明职务后边带不带"长"对你而言不是最重要的。那么，接下来要做的，就是等待。注意，等待不是"耗着"，机关单位的弊病就是干的干、看的看，千万不要活成自己曾经讨厌的样子。所谓等待，是在不断学习中思考，在不断努力中静候，在不断奋斗中期盼，我相信，我们一定能等到那个曾经憧憬的自己，在最美好的时光里，与我们不期而遇。

检律沟通中的辩证法[①]

检察官在日常工作中接触最多的群体之一当属律师群体。随着检察队伍的管理越来越严格,检察官与律师的交往也越来越规范,这有利于营造更加健康的司法环境。值得注意的是,笔者通过与律师群体座谈沟通发现,不少人担心,对检察官严格管理本是好事,可由于片面理解从严管理或不当限制,一些正常的检律沟通也变得格外谨慎,并不利于工作推进。鉴于此,笔者简要谈一谈检律沟通应坚持的立场、态度和方法。

检察官与律师在刑事诉讼活动中扮演着十分重要的角色,刑事诉讼法分别赋予了检察官指控职能和律师辩护职能,基于此决定了二者立场不同,但又统一于追求公平公正的共同目标。看待检律沟通,要坚持辩证的观点,既求同又存异、既信任又预防、既监督又合作,推动检律沟通更正常、更顺畅,从而共同实现每一起案件的公平正义,维护诉讼参与人的合法权益。

一、基本立场:既积极求同,又理性存异

作为"法律职业共同体"的重要组成部分,检察官和律师在很多方面需要求同也能够求同,但根据刑事诉讼法对检察官和律师的职能分工不同,二者又必然存异,在检律沟通过程中,我们要根据不同情况积极争取求同,也客观理性存异。

(一)在奋斗目标上求大同、存小异

检察官和律师通过长期对法治事业的参与和投入,在很多方面达成了职业共识和信仰认同:"法律人"是检察官和律师共同的职业标签;实现每一起案件的公平公正是检察官和律师共同的奋斗目标。从这些大方向、总层面

[①] 原文系与四川省人民检察院龚军辉、徐俊驰、陈龙合著并以《庭前控辩沟通的基本思路与具体展开》为题发表于陈国庆主编《刑事司法指南》总第71集,140~145页,北京,法律出版社,2018。本书收录时有大幅精简。

来看，检察官和律师是能够求"大同"的。

虽然奋斗目标相同，但实现目标的路径却相异。如，根据《刑事诉讼法》第 37 条的规定，辩护人的责任是"根据事实和法律，提出犯罪嫌疑人、被告人无罪、罪轻或者减轻、免除其刑事责任的材料和意见，维护犯罪嫌疑人、被告人的诉讼权利和其他合法权益"。从该条规定的前半部分特别是"提出犯罪嫌疑人、被告人无罪或者免除其刑事责任的材料和意见"来看，律师的辩护职责与检察官的指控职责是相对抗的，其实现目标的路径与检察官是相反的。但结合该条后半部分"维护犯罪嫌疑人、被告人的诉讼权利和其他合法权益"来看，检察官和律师追求的最终目标是一致的，二者是"殊途同归"的。因此，路径之异可以说是"小异"，并不影响奋斗目标之"大同"。

（二）在个案处理上实事求是、同异参半

审查起诉环节检察官和律师沟通时间最宽裕，沟通机会也最多。从实践来看，经侦查（调查）、批捕进入审查起诉环节的案件，多数是有罪并应当追究刑事责任的，但根据案件情况，并非全部案件都应当提起公诉，也不意味着都要以最严厉的罪名起诉或提出处罚最重的量刑建议。

成熟的辩护人往往会在审查起诉环节通过与检察官充分沟通，提出合理合法的意见，力争得到案件分流或从轻指控。沟通情形大体包括三类：其一，针对轻微案件或证据存疑案件力争得到不起诉处理；其二，针对必须提起公诉的案件力争以最少的罪数或处罚最轻的罪名起诉；其三，针对事实和定罪无争议的案件，力争能在量刑（包括主刑和附加刑）上得到从轻处罚，在执行方式上得到轻缓。

结合笔者办案体会来看，辩护人很多合理合法的意见都能得到采纳，有的案件作了不起诉；也有的案件辩护人意见有益弥补了公诉人思考的疏漏或局限，起诉时改变了批捕、移送审查起诉罪名或提出了从轻处罚的量刑建议，有的还提出建议适用缓刑。实践证明，通过积极"求同"的沟通，对控辩双方都大有裨益。当然，也有一些辩护意见没有得到采纳，属检律双方认识或立场的正常分歧。

总体来看，只要坚持实事求是、真诚沟通，尽量求同、理性存异，就能够促进诉讼顺利进行，有利于维护犯罪嫌疑人、被告人合法权益。

(三)在极个别分歧较大的案件上理性对待存大异、积极争取求小同

对于定性争议出现根本分歧的案件,无法苛求过多的求同。如经济案件中,对于一个行为到底仅属于民事欺诈还是合同诈骗,检律双方往往存在罪与非罪的原则性分歧。对此我们既要理性对待观点的迥异,交由作为中立者的人民法院居中裁判,也要积极争取在一些基本问题上的求同。

譬如,减少对基本事实认定的分歧、减少对基本取证程序问题的争论、避免对细枝末节问题的纠缠等,这样才能迅速明确争议焦点,将主要精力用于解决主要矛盾。因此,即便在观点出现根本分歧的情况下,也不宜一味对立到底,尽量"求小同"有利于扫清细节障碍,对于后续庭审环节高效审理具有非常重要的意义。

二、基本态度:既相互信任,又合理预防

信任是人与人正常交往的基石,也是检察官和律师真诚沟通的保障。但信任并非没有原则、没有主见的盲从,也不是毫无戒备的放松警惕,在坚持相互信任的基础上,亦当未雨绸缪,合理预防可能发生的意外情况,这实质上是对互信成果的保障。

(一)既相信绝大多数人的职业素养,又预防极个别的低素质

随着职业门槛的提高、队伍建设的加强、司法环境的改善和社会风气的好转,检察官、律师队伍的整体素养越来越高,这是有目共睹的。优秀的人相互交流,高素质的人互相论辩,既是赏心悦事,也有利于依法高效解决案件中的争议问题。

同时也要正视存在的问题,数据显示,截至2022年6月,全国员额制检察官人数已超过6.9万人,[①]截至2021年1月,全国执业律师总人数已突破51万,[②]在如此庞大的检察官、律师队伍中,出现个别品行不端、居心不良、纪律不张、能力不强的人亦属正常。越是低素质的人,越希望通过非正常乃至非法的手段和方式,达到某些不可告人的甚至突破法律底线的目的。

---

① 新华社客户端:全国检察机关共有员额检察官6.9万余名,2022年7月18日。
② 2021年1月14日,《最高人民法院、司法部关于为律师提供一站式诉讼服务的意见》暨律师服务平台上线新闻发布会上透露,目前全国律师已突破51万人,律师事务所3.4万多家。

政法队伍教育整顿，揪出了一些不正当交往甚至搞钱权交易的检察官和律师，教训十分深刻，值得长期警醒。

因此，我们既要充分相信检察官、律师整体上是高素质的队伍，也要提防极个别低素质之徒，依理依法对待，防止不法手段得逞，遏制不良风气滋长。

（二）既相信坦诚沟通后达成的共识，又预防技术性地"留一手"

关于诉辩协商的范围，理论界存在争议。实践中，检察官和律师的沟通需要双方都有坦诚的态度，才能争取在更大范围达成共识，减轻后续环节诉累。

所谓坦诚沟通一般包括这样几个方面：一是对基本事实的定性，例如罪与非罪、此罪与彼罪的认定，坦诚交换意见，能达成共识最好，不能达成共识也便于双方有针对性地准备公诉意见和辩护意见；二是对重要量刑情节的认定坦诚沟通，如是否有累犯等从重处罚情节，是否具有自首、立功、从犯等从轻或减轻处罚情节，若能达成共识，既准确打击犯罪，又维护犯罪嫌疑人、被告人的合法权益；三是就程序性事宜及取证合法性问题等全面交换意见，包括回避、管辖、排除非法证据等，在审查起诉环节全面交换意见，程序性问题得到及时纠正、非法证据得到及时排除后，往往会得到有利于辩方的结果，因为这些问题留到审判环节，只会让公诉方建议休庭补正，最终结果往往是增加诉累而对各方不利。

当然，坦诚沟通并不要求、也不必苛求控辩双方毫无保留和盘托出，实践中有的辩护人掌握了某些对被告人不利情节而公诉人没有掌握的，辩护人予以保密，既合理也合法。也有的辩护人掌握了被告人的家庭负担、成长背景以及其他案外特殊因素等情况，采取技术性"留一手"，在法庭上能增强辩护效果。同样，有的公诉人也可能对指控思路、论证理由等"留一手"。

笔者认为，只要方式合理合法，目的是更好地指控犯罪或维护当事人合法利益，技术性"留一手"也无可厚非，检律双方都应当理性应对。

（三）既相信开诚布公的意见互换，又预防别有用心的"突然袭击"

检察官与律师交换意见的理想状态是双方都开诚布公，把各自意见一一说明，以此充分寻求共识，及时明确争议。开诚布公地交换意见一般应达到这样几个效果：一是依法全面落实有利于律师执业和有利于被告人的法律规定、司法政策，使检律沟通的良好风气得到提倡；二是经交换意见，已经达成共识的问题在后续环节不"旧事重提"；三是与定罪量刑及办案程序密切相关的重大问题事先沟通，不故意留在后续环节"突然袭击"。

但在实践中，很多时候并不能达到理想的开诚布公，除了在后续环节正常出现的新证据或产生的新观点外，还需预防个别人的突然袭击。

如，笔者经历的某职务犯罪案件，因《刑法修正案（九）》颁布后，有关贪贿案件司法解释未立即出台，辩护人在审查起诉环节"开诚布公"地表示，经会见犯罪嫌疑人，其认同移送起诉的意见并对办案程序没有异议，仅申请公诉人放慢审查节奏，尽量用足审查起诉期限，待贪贿案件司法解释出台后再起诉。对于此合理合法的申请得到满足后，开庭时辩护人突然提出系列证人出庭、排除多份非法证据的申请。这些问题是当庭无法解决的，故根据公诉人的建议，法官宣布休庭以便各方进一步准备。笔者看来，此行为目的并非维护当事人合法利益，虽然看似打了个措手不及，实现了某种所谓的"辩护效果"，但最终得不偿失。

三、基本方式：既相互监督，又充分合作

检察官和律师的沟通要保持正常和顺畅，加强相互监督和合作应当是最重要也最有效的方式。监督，是为了双方都遵规守纪、堂堂正正，避免不讲原则的一团和气；合作，是为了双方都实现利益最大化，避免一味对抗增加诉累。

（一）在依法进行刑事诉讼方面既监督又合作

刑事诉讼活动是检察官律师交流的"主战场"，交流的结果涉及每一起案件的处理，也可能关乎每一名犯罪嫌疑人、被告人的切身利益。

在参与刑事诉讼活动中，一方面，检察官需监督律师在会见、阅卷、调查取证、出庭辩护等各个环节是否依法依规，对于轻微违法违规行为，可以口头监督纠正；对于严重违法违规行为，应当建议移送主管部门给予相应处分；构成犯罪的，还应建议移送司法机关。另一方面，律师对检察官的监督亦然，对于检察官的违纪违法乃至犯罪行为，也应大胆监督，依法向主管部门反映情况，清除个别害群之马，有利于维护整个行业的生态环境。

在监督的同时也要搞好配合，特别是在化解矛盾、促进和解、提高办案效率等方面加强合作。笔者办理的多起命案中，就充分借助了律师的沟通优势，有效促成被害方获得经济补偿，当事人双方矛盾化解，及时修复被破坏的社

会关系，确保了后续环节顺利推进，消除了可能由案件引起的社会稳定风险隐患。

实践证明，通过检律互相监督和通力合作，能够实现各方利益最大化，达到政治效果、法律效果和社会效果的统一。

（二）在依纪履职方面既监督又合作

检察官要主动接受监督，有好的监督才能确保依法正确行使检察权，才能少犯错、不犯错。作为法律职业共同体的律师，是检察官对外接触交往最直接、最广泛、最深入的群体，也是外部监督的可靠力量。

一名检察官的道德品行、业务素能、廉洁自律情况如何，他的"对手"，也就是与其打过交道的律师往往是很清楚的。检察官与律师沟通交流正常化，遵守各项工作纪律是最为重要的保障。

纪律遵守得不好，既会让律师办案成本更高、生存环境更加恶化，也会让检察官公信力不断下降、社会威望严重受损。毋庸讳言，在这个方面，检察官和律师都有一定的教训。反之，检察官和律师双方加强纪律监督，实现检律沟通"君子之交"，能够在净化社会风气、降低办案成本、提升执法（执业）公信等各方面实现双赢。

加强监督的方式可以灵活多样：一是互相预防，不收礼、不送礼、不违规吃请，不办理"金钱案、关系案、人情案"，在法律框架范围内开展沟通协商，形成良好氛围；二是互相提醒，发现违纪苗头性问题相互鞭策，将问题遏制在初始萌芽状态；三是互相加大内部处理力度，对于确实出现轻微违纪违法办案、执业问题的，要互相反映，及时进行内部处理，及时依法挽救违纪违法的检察官和律师，避免问题进一步扩大，甚至走向犯罪深渊。

在相互监督、严守纪律红线的基础上，检律可以开展广泛的配合合作，例如在业务交流上相互补短、在业务培训上资源共享、在工作宣传上相互点赞，有助于实现共同提高。

（三）在依德立身方面既监督又合作

在一定的区域内，检察官和律师生活圈相对固定，交往圈也有很多交集，既有工作上的交流，也有正常的生活交往。法律和纪律对生活交往涉及不深、干预不多，更需要道德来规范，正所谓"法安天下，德润人心"。在党中央坚持依法治国和以德治国相结合、推进国家治理体系和治理能力现代化的时代背景下，人民群众对检察官、律师的德行操守有更高的期待。

一方面要加强自我道德修养，在道德建设方面，检察官和律师要苦练内功，所谓德高才能望重，要通过提升自我道德素养来赢得对手尊重和群众认可。另一方面，要营造检察官律师队伍崇德尚法的氛围，要相互监督，择善而交，对失德之言行要相互提醒，对善德之举措要相互提倡。如此，才能共同提高检察官和律师队伍的道德素养，共同提高法律职业共同体在人民群众心目中的形象。

随着建立良性互动的控辩沟通关系越来越受到中央的重视和司法实务部门的认可，检律沟通的环境越来越好，继 2011 年最高人民检察院出台《关于规范检察人员与律师交往行为的暂行规定》后，2015 年"两高三部"共同出台了《关于依法保障律师执业权利的规定》，2021 年 2 月，最高人民检察院发布了首批保障律师执业权利典型案例，一些地方还出台了相关地方性司法文件。

总体来看，检律沟通正朝着正常化、规范化方向前进，但同时也存在一些突出问题，只要我们坚持发展的眼光，辩证看待、理性应对，必将推动检律关系更上台阶，促进法治事业不断进步。

公诉人：出庭请带上哲学武器

在庭审过程中，为达到被告人利益最大化的目的，辩护人和被告人（为方便表述，以下简称"辩方"）会针对检察机关的指控提出各种各样的问题或意见，每位公诉人都有自己的答辩方法，不同的答辩也会产生不同的效果。

笔者看来，用好哲学基本原理，结合事实和法律作出有针对性、有深度、有态度的答辩，最易获得较好的庭审效果。

一、坚持实事求是的基本原则

针对辩方提出的一些合理的或有争议的观点和意见，坚持实事求是的原则，既符合指控的基本立场，也有利于树立公诉人理性、客观、公正的形象，从而赢得庭审主动。结合实践，有以下几种情形值得探讨。

第一，如何实事求是地评价指控证据存在的问题。从办案实践来看，要做到每一个案件收集的所有证据都严格按照规范、完全符合诉讼程序的要求，实属不易，用放大镜来看，案子或多或少都存在这样那样的瑕疵。我们审查证据应当从整体上进行把握，即对于涉及定罪、量刑的重要证据都须坚持依法规范收集，发现问题及时退查或要求补正。但一些不影响定罪、量刑的证据，取证过程存在瑕疵，基于诉讼成本因素等考虑，或不必退查补正。

例如，有的案件中，侦查员远赴外省调取了相关书证，但制作提取笔录不规范，包括未能提取原件、没有见证人签字等，仅有证据持有人提供复印件并加盖"复印属实"的印章。

辩方可能提出取证程序不合法、系非法证据或瑕疵证据、不能采信的意见。面对此问题，公诉人若一味护短"死不认错"，显然不尊重客观实际；若简单"认错"，不客观评价，也不利于指控。公诉人应实事求是地承认取证的瑕疵，但也要综合取证的过程、结合其他证据来肯定争议证据的效力。

类似问题或可这样应对：首先，肯定辩护人准确地指出了取证存在的瑕疵；其次，要说明该证据并非通过刑讯逼供等非法手段取得，不属于法定应当排除的非法证据；其三，通过提供该书证的证人证言和证人对书证的辨认（以及其他可以佐证的证据），确认侦查人员取证过程合法，证据内容客观真实。

又如，有的侦查员制作讯问笔录时"走捷径"，后面的讯问复制、粘贴前面的笔录，导致有的供述内容高度一致，甚至错别字都前后无差。这更需要事实求是承认证据瑕疵，同时结合被告人自行签字确认、讯问同步录音录像资料来说明被告人供述材料的证据效力。

第二，如何实事求是地肯定辩方观点。有时辩方提出了较为合理的意见，但公诉人却不表明态度，这是不妥的。例如，辩方提出的量刑建议在公诉人的量刑建议幅度之内，但处于低线或者起点，有的公诉人或碍于被害方的压力，或为避嫌，不能态度鲜明地加以肯定，往往作出"交由合议庭裁判"之类的简单答辩。

笔者看来，这样的答辩意见只能适用于极个别社会影响大、法律适用争议大、不宜发表明确公诉意见的案件，可以给作为"最后一道关口"的法院留下回旋余地。此法若使用过多，必然会降低检察机关的公信，弱化指控的职能作用，所以一定要少用、慎用。当然，我们也不宜建议合议庭"按照公诉人和辩护人一致意见作出裁判"，这样容易让当事人及旁听群众产生误解，也不利于合议庭综合全案自由裁量。

对此，公诉人可以实事求是地发表这样的意见："辩护人的意见符合公诉人的量刑建议幅度，有一定的合理性，请合议庭充分考虑。"

第三，如何实事求是地认定对被告人有利的情节。很多案件都涉及认定被告人是否具有坦白、退赃、自首、立功等从轻或减轻处罚情节，对相关被告人是否适用认罪认罚从宽制度。特别是关于认定自首、立功等量刑情节的司法解释和法律文件不断出台，说明司法实践中相关情节认定难、争议大、情况复杂。

例如，实践中有一种现象：有的公诉人担心认定从轻处罚情节不当，会放纵了被告人，或者引发被害方不满，特别是可能判处重刑的案件，表现得尤为突出。有的案件已有充分的证据证明被告人虽不认罪认罚，但确有坦白或自首情节（例如，对基本事实如实供述，承认有罪，但对罪名或量刑建议不认可），但在起诉书中却不认定，理由往往是担心被害方信访、被告人庭审翻供或法院量刑过轻。

笔者看来，起诉书反映的是案件在启动审判程序时检察机关的指控意见，应当按照起诉环节所掌握的证据作出结论，实事求是地认定相关情节，不能以担心下一个环节可能发生变化为由回避重要情节，也不能因为案情重大而拔高认定标准。

若被告人在庭审过程中出现翻供等影响其从轻情节认定的情形，公诉人在发表公诉意见时可提出变更意见；如果被告人罪大恶极，即便起诉书认定了坦白、自首等从轻处罚情节，也可以发表建议合议庭不对其从轻处罚或者严格把握从轻处罚幅度的意见，并向被害方及时做好释法说理，不必担心因认定坦白、自首情节而放纵犯罪。

如果被害方信访，只要起诉指控意见有理有据，上级也会给予支持；相反，若为了防止被害方信访而作出对被告人不利的认定，在二审环节仍然会被纠错，责任还是在一审检察官。

二、注意具体问题具体分析

我们办理的每一个案件，案件中涉及的每一个情节都是一个个具体的"问题"，在庭审中要坚持具体问题具体分析。

第一，如何看待生效判例对待决案件的影响。庭审中，辩方提出对被告人有利的定罪或量刑意见时，往往会提出生效判例为依据。

笔者曾旁听一些庭审，有的公诉人以"我们不是判例法国家，生效判例对本案不具有约束力"作为答辩。这样的答辩是不全面、不准确的，同时略显生硬，不易被法官和民众所接受。

虽然我们起诉、裁判的主要依据是成文法，但事实上也吸纳了判例法的有益经验。实践中，上级法院的判例显然对下级法院有较强的指导作用，"两高"发布的指导判例对全国审判、检察工作都具有指导作用，各级法院、检察院办理类似案件时应当参照。

既然如此，辩方提出既往判例作为依据时，公诉人是否可以直接予以认可呢？答案当然是否定的。

我们在肯定类似案例的共性时，一定要看到案例之间的差异，所谓"世界上没有两片完全相同的树叶"，也即要结合辩方所举案例与在审案件进行比对，仔细分析案件之间的差异，特别是涉及定罪、量刑的"关键差异"来作判断。该采纳辩方意见的就依法采纳，发现差异的就准确指出。

第二，如何看待相同量刑情节在不同案件中的量刑作用。一般情况下，同一量刑情节对于被告人的量刑作用应当基本一致，最高人民法院发布的量刑指导意见对常见量刑情节的量刑幅度作了明确规定，旨在规范量刑裁量权，实现量刑公正。

但我们还应当看到，个案千差万别，影响量刑的因素错综复杂，很多案件中即使具备相同的量刑情节，也有可能不作出一致的量刑裁判。细心的辩护人会认真研究当地审判机关的生效判例，经常会以审判机关针对类似案件中某一从轻量刑情节的裁判幅度，作为待决案件从轻量刑的辩护依据。

面对这样的情形，公诉人需要坚持具体问题具体分析，同时要非常熟悉量刑指导意见的精神。

例如，对于自首情节的量刑幅度，不同的案件就有截然不同的处理：一般情况下，自首情节可以减少基准刑的40%以下，但是犯罪较轻的，可以减少基准刑的40%以上，对于未成年人、在校学生等特殊群体犯罪较轻的甚至可以依法免除处罚。但这样的幅度并非对每个被告人都适用。

比如有的被告人罪行极其严重，即便有自首、退赃、赔偿等情节，也不一定给予从轻或减轻处罚，公诉人在发表量刑建议时可建议法院不予从宽处罚或严格掌握从宽幅度。

第三，如何看待"相似案件"的不同司法结果。有的案件从表面上看较为相似，但司法处理结果可能截然不同。

例如很多行贿案件中，行贿人都是一般主体、行贿金额相当，但基于是否"谋取不正当利益"，是否主动交代行贿事实或对侦破重大受贿案件起到重要作用，有的被起诉，有的可能不起诉。在与之关联的受贿案件中，容易成为辩方的重要攻击点。

有的辩护人提出这样的观点：受贿、行贿是对合犯，在同一笔指控事实中，检察机关没有起诉指控行贿罪行，当然受贿也不能成立。

面对这样的情况，公诉人需要具体问题具体分析，在充分掌握关联行贿方司法处理情况的基础上，从行贿人是否构成行贿罪，或作出相对不起诉的原因等角度予以正面答辩。

又如，有的贪贿窝串案中，行为人主体皆为国家工作人员（有的甚至是同单位同部门的同事）、作案手段近似、涉案金额相当，有的被追诉，有的或未被立案、或未被起诉。

在处理该类窝串案中，辩方也经常以"同案其他人未被追究"为由，要求判处无罪或辩称司法不公。

面对这样的问题,公诉人同样要在熟悉同案各相关人员的事实、情节和司法处理结果的基础上,进行具体分析,答疑解惑。如果有信访等风险,还应引导辩方依法向相关单位或部门反映"同案其他人"的问题,并将答辩的焦点转向指控的事实上来,避免庭审被辩方带偏了方向。

三、注意抓住矛盾的主要方面

矛盾的主要方面决定事物的性质和发展方向。决定一起刑事案件能否成功指控是案件中关乎定罪、量刑的主要证据,但是在一些庭审中,我们往往容易在次要的、细枝末节的问题上纠缠。

第一,如何看待定罪证据与量刑证据。一起案件作出起诉或判决决定,既离不开定罪证据,也少不了量刑证据。但客观事实是,很多案件侦查的重心仍然在定罪和主要量刑证据上。

这不是说其他量刑证据不重要,而是在尊重侦查一般规律、考虑诉讼经济成本的情况下,首先要集中精力查清定罪事实,确保不发生冤错,其次尽力收集重要量刑证据,确保量刑公正。

实践来看,对于很多轻刑案件量刑证据并未穷尽,但根据存疑时有利于被告和法官自由裁量等裁判原则,也能作出合法合理的裁判。

例如,有的案件,辩方当庭提出被告人具有既往表现良好、与社区关系融洽、系特困家庭"顶梁柱"等一些对量刑影响不大的情节,公诉人在事前没有掌握相关证据的情况下,不宜在此类问题上耗时纠缠,也不必动辄建议延期审理逐一核实。

如果辩方当庭提出了相关证据,公诉人重点就证据的合法性和关联性发表意见即可,意即,量刑依据关键在于犯罪行为及危害后果,其他情况可以酌情参考。无论法院是否采信,都不会对量刑产生太大的影响。

第二,如何看待瑕疵证据的合理使用。自2012年《刑事诉讼法》修改将非法证据排除规则纳入法律后,在不少案件中,排除非法证据已成为庭审的重头戏。

但综观很多庭审,辩方大部分时间都是在瑕疵证据上纠缠,此时公诉人的答辩方式若能结合取证的整体情况,抓住主要方面,合理使用瑕疵证据,庭审效果或更佳。

例如笔者办理的某贩卖毒品案，庭审中，辩方反复纠缠其中有两次讯问被告人在深夜进行且内容高度一致，是变相刑讯逼供，被告人的供述并非其真实意思表示；提讯证显示提讯还押时间与讯问笔录有十余分钟误差；提讯证显示有侦查员之外的其他人员提审记录而卷宗内未说明情况等问题。

笔者在庭前认真审查讯问同步录音录像的情况下，通过当庭讯问被告人，核实了相关情况，即：被告人到案时间即在夜间，故深夜讯问与到案时间紧密相连；同步录音录像显示被告人在接受讯问过程中有吃饭、喝水、上厕所及饭后十余分钟原地休息，说明保障了被告人饮食休息等权利；讯问笔录也经被告人认真阅读多处细改；其他人员提审是其他办案单位因调查另案而对其讯问，对相关疑问能够作出合理解释。

通过这几个方面能够证明讯问过程依法进行，保障了被告人最基本的权利，供述内容也真实反映了被告人的意思，虽然个别讯问时间（到案时间较晚，深夜加班讯问）不甚合理（但从毒品案件侦查规律来说，确有必要"热炒热卖"及时审讯以便固定口供），个别笔录高度一致有些许瑕疵，但从主要方面来看，瑕不掩瑜，应当采信。

第三，如何看待取证过程中出现的新情况、新问题。面对形形色色的犯罪嫌疑人和五花八门的作案手段，侦查活动也可能采取很多不同寻常的方法和措施。面对一些未曾遇到过的新情况、新问题，庭审答辩要更加注意抓重点、抓主要方面。

刑事诉讼法最重要的目的莫过于规范司法、保障人权，只要我们的侦查活动充分体现了这一精神，就应当得到肯定。

例如某受贿案件（监察体制改革前，检察院负责侦查的案件），被告人在侦查环节供述极不稳定，且其亲属向有关部门反映检察机关采取非法手段逼取口供。侦查后期，侦查部门邀请与案件无关的人民监督员、特约检察员参与讯问，以进一步证明讯问活动的合法性。但在庭审中控方遭到辩方重点攻击，辩方认为法律没有规定侦查员之外的人可以参与讯问，法无规定不可为，因此讯问笔录系非法证据应当排除。

类似这样的情况，我们要抓住问题的主要方面，可作如下答辩："法无规定不可为"的格言与刑事诉讼法的价值取向一致，都是为了限制司法权被滥用，保障犯罪嫌疑人、被告人的权利。与案件无关的人民监督员、特约检察员参与讯问，履行了相关保密要求，他们见证讯问过程，完全符合限制侦查员非法取证、保障被告人权利的目的，因此该情况既符合刑事诉讼的精神，也对犯罪嫌疑人、被告人有利，讯问笔录应当采信。

  总之，哲学原理博大精深，笔者能力有限，本文只浅谈皮毛。检察官加强哲学修养，并用之于出庭，有利于增强出庭效果，提升指控的质量。进言之，检察官具备较强的哲学思维，主动运用哲学方法，辩证看待和处理司法办案等工作中的问题，或是一种有益的尝试。

公诉人出庭一定要说普通话吗？

"说普通话，写规范字"，是我们从小就建立起来的基本常识。公诉人出庭说普通话也是语言规范上最基本的要求，照理没有必要小题大做，多费笔墨。

因为推进庭审实质化的需要和观摩庭考核工作的要求，笔者参加了很多次庭审观摩。听着公诉人（包括法官）或流利或蹩脚的普通话，被告人（有的案件还有被害人、出庭证人等，为方便表述，本文暂以被告人论之）艰难地理解着公诉人（以及法官）的讯问，常常答非所问，于是突然就想到这个问题：公诉人出庭，一定要说普通话吗？

有人会说，这不明摆着吗，庭审直播呢，能不说普通话吗？考核项目写得很清楚，普通话不流利过得了关吗？从"面"上来看，作为一般性、原则性要求，有其合理性。这里要探讨的是，从办案实践的角度看，针对特殊的、具体的问题，我们还需要结合案件实际具体分析。

公诉人应当使用何种类别的语言？这是出庭支持公诉首先需要明确的，也是最容易忽略的问题。

我们国家是多民族、多语言、多方言的人口大国，据著名语言学家周有光先生介绍，我国共有80多种语言和地区方言，分别属于汉藏语系、阿尔泰语系、南岛语系、南亚语系、印欧语系。随着人口的频繁流动，内地与港澳台地区沟通的日益增多，以及中外经济、文化交流的广泛深入，公诉人可能面对来自不同国家、不同民族、不同地区的被告人。

为方便诉讼进行和维护被告人权益，笔者认为，公诉人应当注意三个问题。

一、依法使用普通话出庭支持公诉

汉语是世界上使用人口最多的语言，分北方方言（广义的官话）、吴方言（江浙话）、赣方言（江西话）、湘方言（湖南话）、客家方言（客家话）、粤方言（粤语、广东话、白话）、闽方言（闽语）等七大方言。其中，以北方话分布地域最广、使用人口最多，分别均占全国面积和汉语人口的70%左右，在此基础上发展起来的"普通话"，即成为官方、教学、媒体等标准语言，是我国大陆以及台湾地区的官方语言。

2000年10月31日，第九届全国人民代表大会常务委员会第十八次会议通过《中华人民共和国国家通用语言文字法》（以下简称称《语言文字法》），其中第二章第9条规定："国家机关以普通话和规范汉字为公务用语用字。法律另有规定的除外。"

法院、检察院属于国家机关，庭审活动中法官、检察官都在依法履行公务，因此，公诉人出庭支持公诉一般应依法使用普通话。至于公诉人的普通话水平，笔者认为，可以参考授予教师资格对普通话的要求，一般应努力达到国家二级乙等以上。

二、根据当事人的需要使用民族语言乃至方言

如前所述，除北方方言外，我国尚有分布在全国各地的数亿人口使用其他方言。对于因文化程度较低、年纪较大等听不懂普通话的被告人，公诉人可以根据具体情况使用被告人本民族及其当地语言进行诉讼。

理由有二：一是对法律的准确理解和适用。《刑事诉讼法》第9条规定，"各民族公民都有用本民族语言文字进行诉讼的权利。人民法院、人民检察院和公安机关对于不通晓当地通用的语言文字的诉讼参与人，应当为他们翻译。在少数民族聚居或者多民族杂居的地区，应当用当地通用的语言进行审讯……"结合《语言文字法》关于"普通话和规范汉字为公务用语用字，法律另有规定的除外"的规定来看，在这一点上，作出了以适用普通话为原则，适用方言为例外的明确规定。

二是充分保障人权。对于不懂或不擅使用普通话的被告人，使用被告人本民族或其当地语言诉讼更有利于被告人进行辩护，从而更有利于维护其权利。

例如，在四川省某县人民法院审理张某（男，56岁，文盲，农民）故意伤害案时，因组织了人大代表观摩，法官、公诉人均使用普通话，在法庭调查环节，公诉人讯问被告人时有这样的对话：

公：你使用的作案工具有什么特征？
被：啥？
公：就是你刺伤被害人的那把刀，有什么特征或特点？
被：啊？
公：公安人员之前让你辨认过那把刀，你是怎样辨认出来的？
被：是的，我辨认了的。

公（情急之下换用方言问）：你捅人的那把刀，是把啥子样子的刀？

被：哦，是我屋头的一把杀猪刀，有个木头把把，刀片片大概有30公分长。（注：是我家里的一把杀猪刀，有木制刀柄，刀刃长约30厘米。）

类似情形，使用方言更合适。在我国中西部农村地区，侵犯公民人身权利、财产权利的案件比较多，而且普遍是本地人作案，这类犯罪分子文化程度相对较低，长期生活在方言语境中，使用方言能让被告人听得清、听得明，从而有效作出供述和辩解，更利于诉讼顺利进行。

三、以使用普通话为原则，使用方言为例外

公诉出庭以使用普通话为原则，使用方言为例外，既符合《刑事诉讼法》和《语言文字法》等相关法律法规的规定，也是国家大力推广普通话和保障人权的要求。但在实践中，尤其是基层刑事诉讼活动中，法官、检察官、律师及被告人多生活在同一地域，使用方言较为普遍。往往只在邀请人大代表观摩、上级部门检查或新闻媒体采访时才尽量使用普通话进行诉讼，普遍存在"使用方言为原则，使用普通话为例外"的现象。

从公诉人素能提升的角度上讲，需要公诉人加强普通话训练，自觉、努力使用普通话出庭支持公诉，大力推进国家关于推广普通话的法律和政策的落实，促进公诉出庭更加专业化。

从保障被告人权利角度上讲，如果被告人听不懂、讲不好普通话，则不必也不应强求使用普通话，否则被告人无法充分行使辩护权，其合法权利得不到保障，指控效果适得其反。

从出庭效果角度来讲，需要特别说一说，不要因为使用普通话而自缚手脚。笔者很多次观摩庭审都遇到一个尴尬的现象：公诉人、法官的普通话说得非常艰难，有时甚至影响正常表达，笔者坐在旁听席听着也非常难受，而被告人的普通话却非常流利，特别是有的被告人善于煽情，伶牙俐齿不断反击公诉人的指控，弄得公诉人非常被动。当普通话成了束缚手脚的绳索，还一味苛求，哪有这个必要呢？

总之，口语是交流的基本工具，需要有规可依、明确标准，但如何取舍，还是要回到"交流"这一基本功能上来。怎么便于交流，怎么有利于保障当事人诉讼权利，就怎么选。

公诉出庭的几点感受（上）

笔者从事检察工作15年，其中有八年多战斗在刑事公诉一线，亲身经历了一些庭审，教训不少；也观摩学习了其他公诉人出庭，感触良多。在此想跟即将出庭或初出庭的公诉同仁聊一聊，告诉大家哪些地方可能有"坑"，哪些环节可以加以改进。其中很多内容都是一些"基本功"，对久经沙场的公诉"老炮儿"而言不值一提，仅给公诉新人提供些参考。按照出庭的基本流程，谈一些体会和提示。

一、庭前工作：准备有多充分，出庭就有多顺利

以前观摩优秀公诉人出庭，常常被他们扎实的业务功底、精准的指控能力以及精彩的临场表现所折服。亲身经历若干庭审后发现，其实庭上的每一次"轻轻松松"都离不开庭前的兢兢业业。

第一，审查仔细一点，出庭轻松很多。笔者初参加工作的时候，由于审查案件抓不住重点，所以案卷审查做得很仔细，生怕遗漏任何细节。案卷审查完了就跟着检察官讯问、出庭。由于审查做得细，所以庭上被告人、辩护人提到的任何涉及证据的质证意见或合议庭需要了解的证据细节，我都能从案卷中迅速找到相应内容，及时提供给检察官。

当然，也有偷懒或大意的时候，导致审判阶段延期审理、退查补证。虽说临场处置问题的经验和即席发表意见的能力非常重要，但如果没有扎扎实实的审查作基础，光靠临场发挥是不靠谱的。久而久之，产生一个明显的感受：庭前细致、充分的准备是十分必要的，庭前做得越多，后面做得越少；反之，庭前偷了懒，后面一定很被动，常常需要花数倍精力来弥补。

第二，新公诉人不宜省略审查报告或用表格式审查报告，否则学不来真本领。前文已有叙及，在经济发达、人口众多的地区，司法机关"案多人少"已成普遍现象，繁简分流、简案快办是解决问题的有效举措。

特别是在办理认罪认罚简单案件过程中，基于给办案人员"减负"需要，

提倡大幅减少非必要的工作量，比如采取表格式的审查报告，有的甚至省略审查报告。对于经验丰富的公诉人而言，因其能够抓住案件的关键，确无必要按部就班详细制作审查报告，简化或省略审查报告有积极意义。但对于新公诉人而言，还得具体问题具体分析。

笔者的个人体会是，做实、做细审查报告，对新公诉人而言是很有必要的。一是有助于让新公诉人从思想上对手上的案件更重视、更谨慎，真正懂得什么是"办案"，哪怕是简单案件，也来不得半点马虎。二是有助于让新公诉人通过制作审查报告夯实基本功，学会梳理证据、厘清事实、分析法律适用、提出处理意见等基本技能。三是有助于让出庭经验还不够丰富的公诉人"手里有粮，心里不慌"，出庭时心里有数，在此基础上慢慢学习脱稿发言、即席表达。四是有助于回顾与反思，对比判决文书来查找不足，以及今后办理类似案件进行回顾和总结。

第三，不要把公诉人无法现场解决的问题带到庭审中。涉及定罪量刑的事实、证据和重要情节，公诉人在开庭前一定要了然于心，不要在毫无准备的情况下寄希望于"当庭解决"。

例如，非法证据排除是一个比较麻烦的事情，通过听取律师意见、讯问犯罪嫌疑人等工作接收到有关"排非"的线索后，要高度重视，及时开展证据合法性调查工作。如果距离开庭时间太近，可以考虑申请法院延期开庭，积极开展相关核实工作，切不可麻痹大意。在庭前没有充分准备、不了解辩方证据的情况下，在庭审中很容易陷入被动。

第四，沟通主动一点，利人也利己。开庭之前，公诉人对于庭审组织、举证质证等有新的想法，要及时和法官或辩护人沟通。注意利用好庭前会议，可以解决诸如管辖、回避、"排非"、申请证人出庭等很多问题。如果案情简单，没有召开庭前会议，电话沟通一下，也是方便快捷且有效之举。

例如，一起聚众斗殴案，存在参与人员众多、各被告人相互推诿卸责的特殊情况，公诉人打算出庭时改变一下以往举证顺序的惯例，首先出示案发现场监控录像。庭前与主审法官和辩护人做好沟通，协同书记员调试好设备，举证一开始就播放视频，第一时间锁定各被告人在案发现场的具体行为，各被告人对彼此行为一目了然，法官、辩护人及旁听群众也看得明明白白，对基本事实、情节的辩解大幅减少，后续庭审便十分快捷。

此外，与辩护人沟通要主动一点。审查起诉环节，有的辩护人不会向检察官提出辩护意见，或在检察官主动沟通之时表示"无意见"。个人的感受是，辩护人说"无意见"可能不是真的完全赞同检察机关指控意见,而是因为未完成阅卷或未来得及会见被告人而暂时不能、不便提出意见。所以,对于辩护人前期过于爽快地表示"无意见"的重大案件,不能掉以轻心,有必要在开庭前再主动沟通一下。

第五,对每一次出庭都充分重视。对于重大、疑难、复杂案件和高水平辩护人出庭的案件,公诉人一般都会很重视,庭前各项准备工作也比较充分。值得一提的是,对于简单、轻刑案件和无辩护人出庭案件,很多公诉人重视不够。事实上,再简单、再平常的案件,对当事人而言都是一生中的大事。

我们需要把每个庭审都看作是职业生涯最重要的一个,对每起案件都百分之百严谨认真——当然,这不是说对每个案子都投入同等的精力。这样做的意义在于,其一,对当事人极端负责,让当事人感受到被重视,权利得到保障,获得当事人的信任。其二,对自己极端负责,久而久之,才能让自己有良好的职业素养,才能得到同行的认可和尊重。

二、法庭礼仪：三个细节很重要

法庭是非常神圣的场所,出席法庭是非常神圣的工作,法庭礼仪也就值得格外重视。在此重点谈一谈容易出现问题的三个细节。

第一,着装要规范。首先是公诉人员着装要规范。这里的"公诉人员"包括检察官、检察官助理、书记员以及协助出庭的技术人员、司法警察等。实务中常因不注重细节而出现各种尴尬,新闻媒体报道或庭审直播将画面公之于众后,我们就比较被动,包括但不限于：检徽佩戴位置随意、方向歪斜,不同季节的外衣、裤子（裙子）、衬衣、领带"混搭",鞋、袜与衣裤颜色多彩纷呈,男士留长发、女士戴首饰等。这些现象既存在于检察官,也存在于其他辅助出庭人员。特别是其他辅助出庭人员,容易自我定位为"并非主角",所以认为着装规范"不太重要"。事实上,公诉席上的每一个人都代表检察机关,每一个人都"非常重要"。

其次是相关装备和文书"着装"要规范。出现在法庭公诉席位上的除了公诉人员,还有用于出庭工作的相关装备和文书,其外包装也有必要进行规范。例如公文和电脑包,最好统一配备有人民检察标识的专门公文和电脑包。若没有统一配备,那至少也应当使用深色、简朴的款式,不能太鲜艳、花哨。又如起诉书的封皮,在公诉人宣读起诉书时同步在法庭上展示,到底该用国徽还是检徽，很多地方不统一。有的重大案件庭审在重要媒体播放，这个问题就很明显。类似问题在检察宣告文书封面上也存在。笔者认为，根据《国徽法》第8条关于文书、出版物使用国徽图案之规定，检察机关的起诉书不符合使用国徽的范围，用检徽或更为恰当。

第二，入庭仪式要遵守法庭规则。法院出于庭审直播、观摩等需要，很多案件都要安排入庭仪式，相关程序都按最高人民法院的规定来进行，公诉人给予支持配合，本身没有什么大的问题。这里重点讲一个细节，审判人员入庭时，检察官要自觉起立。对于检察官要不要起立的问题，早些年相关学者进行过比较激烈的讨论。如今这个问题不必讨论了，但曾经反对检察官起立的理由并没有消失。

有时候观摩庭审发现，资历老的、职位高的检察官遇到初任法官主审时，起立的过程是明显不自然的。笔者认为，要打心眼里适应庭审规则，遵守法庭仪式是对规则的尊重，监督者并不意味着高人一等，而是要争取在业务水平上胜人一筹。

第三，宣读起诉书不可忽略礼仪。

一是宣读起诉书前，表明身份和职责。值得探讨的问题是，公诉人应该在哪个环节表明身份和职责（以国家公诉人的身份出席法庭支持公诉，对刑事诉讼活动实行法律监督）。从《公诉意见书》模板来看，似乎应该在法庭辩论环节公诉人发表公诉意见前表明，辩护人的《辩护词》也有类似设计。从实际情况来看，有的案件法庭调查搞了大半天、有的重大案件甚至法庭调查好几天才进入法庭辩论，此时公诉人才表明身份，效果并不好。笔者认为，可以在宣读起诉书前表明身份。此时是庭审中公诉人首次发言，表明身份后即宣读起诉书，节奏明快且连贯。

二是要起立，像战士一样宣读起诉书。观摩庭审常常发现，有的初入职公诉人出庭声音很小，如果话筒质量再差一点，公诉人的声音则更显微弱。有的拿着起诉书的手会微微发抖，所有的紧张都显现在了手上。还有的起诉书拿太高，把面部几乎全部遮挡。少数公诉人不起立，坐在椅子上"埋头苦读"，整个人都被公诉席位及电脑显示器遮挡。个人理解是，我们出庭支持公诉，是一场指控犯罪的"战斗"，不管战役大小，都应当高度负责、全力以赴。公诉人自我定位应当是"战士"，而不是"绅士"，更不是"书生"。

这并不是说我们出庭指控不要理性与平和，相反，要在依法依规、理性平和的前提下打好每一场战役。就拿宣读起诉书这一个细节而言，要练就一些基本功,挺胸收腹、字正腔圆、铿锵有力,用目光适当与被告人和旁听公民交流,让整个法庭感受到公诉人的指控义正辞严、有理有据。

三、法庭讯问/询问：注意5个问题效果或更好

讯问/询问是一个通过公诉人和被告人、被害人、证人、鉴定人等互动交流从而获取案件信息的过程。大多数情况下,通过法庭讯问/询问能够呼应、强化案卷中的证据材料或对相关材料释明,起到支持指控的作用。也有少数案件,当庭讯问/询问出现新情况、新问题,甚至会对指控出现反作用。可以说,法庭讯问/询问是庭审中"变数"最大、最难预测,也是最考验公诉人业务技能的一项工作。笔者结合最常见的几种情形,并重点就最常用的"讯问被告人"这一项工作谈几点感受。

第一,讯问被告人既要避免一概不问,也要避免详略不分。讯问是有问有答的互动活动,怎么问,多问还是少问,粗略问还是仔细问,主要需结合被告人认罪情况而定,大体分两种情形：

一是对认罪被告人简要讯问。被告人认罪,可以就总体事实、关键情节简要讯问,不必纠缠细节,目的是让其在法庭上表明认罪态度,便于后续庭审可作相应简化。对于有被害人的案件,可以有意识地引导被告人在讯问环节及早向被害人道歉,不必等到法庭辩论或者最后陈述,如此可以让被害人及时得到慰藉,进一步化解矛盾,有利于后续庭审推进。

二是对不认罪的被告人要具体问题具体分析。其一,对不开口的被告人,面对讯问保持沉默,则可以少问或不问。这属于真正意义上的"零口供"案件,被告人什么也不说,对于这样的被告人问也是白问,所以不必浪费时间,用其他证据来证明其犯罪事实即可。其二,对辩解意见很多的被告人要细问。这种情况不是"零口供",而是很多"口供",但供述内容或飘忽不定、前后不一,或辩解稳定,但没有根据。对于这样的情况,公诉人要立足已经掌握的证据进行发问,让被告人作出与客观事实相矛盾的供述或辩解,以便举证时进行有针对性的驳斥。某种程度上讲,不认罪又愿意说话的被告人就要尽量让其多说,说得越多破绽越多,指控效果越好。

第二,坚持明知故问,防止没有准备的乱问。

一要注意,公诉人提出的每一个重要问题,公诉人自己都是有答案的,这个答案是有证据支撑的。讯问的目的,是让被告人自己说给法庭听,如果

其供认不讳，检察官提出从宽处理的意见才能得到法庭的采纳和群众的认可；如果其否认狡辩，检察官提出从严惩处的意见才能得到法庭支持。

二要注意，边问边归纳。在一问一答的过程中，被告人基于语言表达能力可能说了很多"口水话"，或因为避重就轻半天说不到重点。公诉人要帮其用最准确、精炼的语言进行归纳，提炼出关键的内容，边归纳边让被告人当庭确认，如果归纳得不准确还可以让其自行更正。最根本的目的，是让法官和旁听群众听得清楚，让书记员记得明白，为下一步讯问和举证做准备。

第三，尤其要注意对质讯问。以对被告人的对质讯问为例，在共同犯罪案件中，相互推责是普遍的心理，对质讯问可以通过被告人相互矛盾的供述让一些不实辩解不攻自破，但这却是实践中常常忽略的。有时在单独讯问过程中，各被告人对涉及定罪量刑的关键情节明显说法不一，合议庭未安排对质讯问的情况下，公诉人却不主动申请，错失良好时机，留待后续举证或辩论来说明往往事倍功半。

笔者认为，在多名被告人供述不一致时，特别是不认罪的被告人被其他同案犯指认时，对质讯问特别重要。对质讯问可以参考这样的方法：将对同一重要事项回答相互矛盾的各被告人同时传唤到庭，针对已经问过的关键问题，公诉人再次发问，让认罪的被告人先回答。这样，不认罪的被告人在多名同案犯的指认下，态度可能发生变化，即便其坚持不认罪，也会让法官和旁听公民相信他在撒谎。

第四，询问"四类人员"要与讯问被告人有别。证人、鉴定人、侦查人员（调查人员）和有专门知识的人（即通常所称的"四类人员"）出庭作证，是庭审实质化改革的重要内容和关键环节。检察官如何把握好"四类人员"出庭作证，借此帮助查明事实，还原案件真相，是业务技能的直接体现。

结合观摩一些案件的实际情况，笔者认为需要注意两个方面的问题。

一要注意方式方法。请哪些人出庭，就哪些问题作证或说明情况，不是越多越好，对一些没有争议的问题或为了应对上级考核需要而申请"四类人员"出庭，往往会流于形式。需要在与法官、辩护人沟通的情况下，针对争议焦点申请相应人员出庭。在庭上对"四类人员"要多用尊称，特别是对专业人员多用"请教"。

有的庭审中，公诉人过于严肃，对谁都"横眉冷对"，特别是对辩方提供的证人、鉴定人或有专门知识人员，表情、言辞带有明显攻击性，是完全没有必要的。

二要注意提前沟通。特别是公诉人提出的出庭申请，要让"四类人员"

知道公诉人庭上要问什么，怎么答才能扣准主题。可以帮助"四类人员"预判辩护人可能问什么，怎样准确回答或怎么避而不答。比如笔者遇到过这样的场景：辩护人问鉴定人，你能否保证你每次鉴定的意见百分之百准确？鉴定人既不能回答"能"——因为这不符合鉴定规律，也不能回答"不能"，否则你如何保证此次鉴定意见的准确性？

很多鉴定人对其专业领域的知识十分熟悉，但确实没有出庭经验，很难识别提问中的"坑"。公诉人可以进行必要的庭前沟通，对于类似问题，要从问题本身去回应，例如可以回答："鉴定人的职责不是保证每次鉴定百分之百准确，而是保证按照规范程序、科学方法进行鉴定，并结合专业知识和鉴定经验给出负责任的意见，接受法庭检验。"从实践操作来看，公诉人可以指导"四类人员"研究制作他们的"出庭作证预案"。

第五，公诉人发言要有礼有节。公诉人除了按照庭审程序宣读起诉书、讯问询问、举证质证、发表公诉意见等"常规发言"外，根据庭审情况，常常需要补充发言、补充讯问、提出反对等"非常规发言"。对于后一种情形，有的公诉人处理得很好，主动示意，审判长及时回应并安排公诉人发言；也有的发言很突然，给人一种"抢话"或粗暴打断他人说话之感。

对于"非常规发言"，特别要注意礼节。

一是要有"开启语"。庭审中公诉人若需要补充发表意见、追加讯问或对某个问题作出说明，一般要有"审判长，公诉人申请补充发言/补充发问/补充说明"等"开启语"，待审判长同意后发言。特殊情况下，针对被告人或辩护人正在发表的不当言论，需要及时提出"反对"的，可以用尽量简短的语言提示审判长注意。例如，面对辩护人发表"排非"意见时不针对具体侦查人员，而恶意中伤公安机关，公诉人可以立即发言，"反对！辩护人的发言属于对国家机关的诋毁，请审判长制止。"

二是根据要求向审判长作其他示意。例如，对于是否举手示意的问题，往往是对于辩护人较多的案件，举手示意便于审判长准确辨识位置，故要求辩护人举手示意。如果审判长在宣布庭审规则时明确要求控辩双方申请发言需举手示意的，遵守规则即可。

三是要有"结束语"。有的公诉人在发表完观点后即自行结束，法庭突然安静下来，审判长或出于等待书记员记录需要，抑或不确定公诉人是否继续发言，常常会在短暂的等待后问询"公诉人说完了吗？"因此，公诉人发言后有必要给出"审判长，公诉人补充发言/发问/说明完毕"等结束语。

公诉出庭的几点感受（下）

经常出庭的同志都有一个感受，对于被告人人数众多、案情重大的案件，如果按照出庭的工作量和挑战性把出庭法庭分为两个半场的话，绝不会按照"事实审理""量刑审理"来划分，而是上半场重在法庭讯问，下半场重在举证和辩论。可以说，下半场的举证和辩论两个环节也是十分考验检察官综合素能的。

四、举证质证：要学习"套路"，更要结合实际

对于重大、复杂及人数众多的案件，举证、质证是最为耗时费力的环节，公诉人既要投入充分的精力和耐性打"持久战"，也要针对案件具体情况把握重点"使巧劲儿"。

第一，注意举证的详略得当与适时归纳。对于举证的一般方法，最高人民检察院于2018年7月印发了《人民检察院公诉人出庭举证质证工作指引》，学习之、践行之即可让公诉人学会常用的举证技能。除适用速裁程序案件外，简易程序和普通程序（包括普通程序简化审）都涉及举证问题。目前看来比较突出的问题有以下两点。

一是举证内容详略不当。总体把握的原则是：非焦点问题都可以简略，焦点问题重点举示。很多公诉人都习惯按照举证"套路"顺序念证据，这样不会遗漏，比较安全。但很多证据只要"有"就行，比如对办案程序无异议的程序性证据、一般主体的户籍信息等，一句话带过即可，例如："本案有受案登记表、立案决定书、刑拘、逮捕和户籍信息等材料，证明受立案情况、办案过程及对被告人采取强制措施的情况，具体内容与起诉书载明一致，同时证明被告人作案时达到完全刑事责任年龄。"不必再挨个念相关材料的具体内容。如果是特殊主体或有投案自首等情节，则可特别说明。

非焦点问题简略处理。证据所在页码，一般可以不念，除非个别法官或者书记员有特别需求。我们要把时间和精力留给焦点问题。处理焦点问题，

需要详细举证，但也不是每一份证据从头到尾细致举示，而应择其要点。例如举示某个监控视频资料以证明案发过程，关键内容很短，但全部视频内容很长，就需要公诉人进行选择性出示，并进行口头说明，为什么要选择性出示，忽略了什么内容，当庭播放的是什么内容，辩护人和被告人如果有异议，可以补充播放异议内容。

二是归纳说明没跟上。需要总体把握的原则是：通过归纳证据关键内容来支持指控，通过分析说明来回应辩方异议。有的公诉人举示某份或某组证据，只是简单宣读完毕，没有归纳一下这份或这组证据主要证明了什么问题；也没有结合这份或这组证据分析说明一下，被告人庭上的某些辩解或辩护人的某些观点是否成立（起诉书宣读完毕及法庭讯问、询问环节，被告人可能提出一些辩解意见，辩护人也可能提出一些异议）。归纳说明的主要意义就是及时、有效地支持我们的指控意见，同时驳斥对方的无理辩解。

当然，有公诉人认为，举证环节没有必要多费口舌，把我们的证据举示完毕即可，具体意见可以在法庭辩论环节发表。笔者认为，"归纳说明"不在求多，而在及时、有效，在举证之后马上归纳说明，有利于帮助法庭快速查明焦点问题，让合议庭和旁听群众第一时间对某些重要问题在脑海里留下印象，为后续法庭辩论打下基础。

第二，对辩方质证进行回应要规范、准确。公诉人举示证据后，被告人及其辩护人可能发表质证意见，公诉人视情况可以进一步回应。一要掌握基本的用语。庭审中常听审判长问："对于被告人及其辩护人的质证意见，公诉人有没有什么要说的？"公诉人回答："对于被告人和辩护人的意见，公诉人作个说明／作个强调／作个解释／作个澄清／作个补充／作个回辩／再说几句……"

此时此刻，我们到底该"作个什么"？每个公诉人可以有自己的语言习惯，但也要有基本的语言规范，对于对方的质证意见，公诉人要进行有针对性的回应或说明。一般情况下，公诉人可以"作个回应"，或者中性表述为"发表如下意见"。注意不要说"作个强调""再说几句"这样过于随意的用语。有的公诉人直接说"没有"。直接说"没有"的，很少是真"没有"，很多是不知怎么回应而用"没有"来敷衍。

笔者的感受是，一般情况下，法官为了提高庭审效率，如果觉得辩方的质证意见不影响证据采信，就可以不再征求公诉人意见，反之亦然。如果法官特意征求公诉人对辩方的质证有无意见，少见程序性问询，多有提示之用意。

公诉人应当高度重视，准确回应。

第三，高度重视辩方的意见。法庭上会遇到风格各异的辩护人，有语言简练的、有啰唆重复的、有务实客观的、有哗众取宠的……不论对其风格是否适应、不论其观点是否成立，公诉人都要高度重视。其中，要注意以下几个常见问题。

一是注意庭审节奏不要被带偏。有的辩护人经常把法庭调查和法庭辩论混淆，出示证据或发表质证意见后马上发表辩护意见。有的公诉人喜欢"见仗就打"，被辩护人带沟里去了。如果辩护人在法庭调查环节提出关乎定罪量刑的基本观点，公诉人回应时点到即可，可以说，"辩护人刚才提出的观点属于法庭辩论要解决的问题，公诉人将在下一个环节发表公诉意见；下面仅仅针对相关证据问题发表几点意见"。

二是注意辩方发言可能设下的"陷阱"。例如有一起职务犯罪案件庭审，辩护人发表质证意见前先问公诉人，"你指控的依据到底是讯问笔录还是被告人作为协助调查证人的询问笔录？"公诉人不假思索地说，"当然依据讯问笔录"。辩护人马上说，"公诉人刚才举示的证据中，所有讯问笔录都没有提及起诉书指控的某笔事实"（意即，只有询问笔录中显示该笔有罪陈述，而讯问笔录中都未提及该笔犯罪事实）。其实避开这样的"坑"并不难，指控依据是对全案证据的综合采信，并非仅仅依靠某一份或某一类证据。由于公诉人的"轻敌"，应对才如此狼狈。

三是注意辩护人提出对被告人量刑情节有利的证据。对此，公诉人要恰当分析。例如辩护人经常举示被告人在村（社区）表现、日常工作表现、工作中立功受奖、家庭负担较重、身体健康不佳等材料。有的公诉人回应为："这些证据与事实无关，建议合议庭不予采纳。"此话虽然有一定道理，但显得不近人情，效果欠佳。

个人建议先就真实性和合法性发表意见，若无问题，可简要回应"这些证据不影响认定基本犯罪事实，至于是否影响量刑，我们将在法庭辩论环节发表意见"。

在法庭辩论环节，要防止辩方过分渲染被告人日常表现、家庭情况等博取法官和旁听群众对被告人的同情，造成对被害方不利影响。公诉人可以客观理性指出："被告人的这些情况公诉人已注意到，我们并不因为被告人现在犯罪而否认其过去的表现，但同时要客观看待其行为造成的社会危害和对被害人的伤害，这些表现对量刑的影响非常有限（或者说，检察机关量刑建议已经考虑；若作案手段残忍、情节恶劣，则应指出一贯表现、家庭困难等情况不足以成为从轻处罚的理由），请合议庭慎重考量、依法裁判。"

其四，要实事求是认可辩方正确的观点。例如：辩方认为证据证明被告人具有坦白、自首或立功等情节，被告人系初犯、偶犯或被害人存在过错等情节，有的与指控意见一致，辩护人在法庭调查环节予以特别说明；有的是指控意见遗漏或审判环节出现的新情况（比如审判环节有立功表现），需要在举证质证时提示合议庭注意。公诉人应当实事求是，结合证据情况该认可就认可，并为发表公诉意见做好准备。

五、法庭辩论：掀起"高潮"，注重效果

法庭辩论可以说是庭审最精彩的部分，激烈的辩论可以将庭审推向"高潮"。若案情简单，法官一般只组织进行一轮辩论，案情重大、复杂则可能进行两轮以上辩论。该环节需要注意以下三个问题。

第一，第一轮公诉意见尽量言简意赅，视情况做好法庭教育。第一轮公诉意见的目的在于，结合证据简要阐述起诉书指控的事实是清楚的，分析阐明指控的罪名是成立的，并结合庭审情况提出量刑建议（如果庭前签署了《认罪认罚具结书》，法庭辩论环节简要说明即可）。对于只进行一轮辩论的，可以发表完公诉意见即进行法庭教育，若进行两轮以上辩论的，则可将法庭教育放到第二轮。

笔者认为，法庭教育的功能在于促使被告人认罪悔罪，促进矛盾化解（对于有被害人的案件这一点格外重要），帮助旁听群众（包括收看庭审直播、电视转播的群众）正确认识案件、加强犯罪预防，其意义不容忽视。在经历了较长时间庭审的情况下，被告人、旁听群众都容易疲惫，若法庭教育照本宣科，可能大家根本听不进去，因此，切不可拿着事先准备好的稿子"埋头苦读"。

法庭教育的基本要领在于：一是脱稿，庭前准备的内容可以作为提纲，但发言时一定要对着被告人讲而不能对着稿子讲。二是目光要与被告人和旁听群众交流，眼神是一种交流利器，有着"无声胜有声"的功效。三是要有针对性地教育，不必讲太多大道理，要让被告人明白，公诉人就是针对他在讲、针对本案事实在讲，让被告人乃至旁听群众都感受到公诉人的良苦用心。四是语言要通俗易懂，不必苛求"法言法语"，用被告人听得懂、人民群众

听得明白的语言去讲。法庭教育主要是说给被告人听，也要兼顾旁听群众，即便100件案件中有一两件案件让一两个人听进去了，也值得我们努力去做。

第二，后续公诉意见要有针对性，视情况进行深入分析论证。公诉人发表第一轮公诉意见言简意赅，一方面是因为经历了法庭讯问、举证质证等大量工作，需要稍事休息，为第二轮发言养精蓄锐；另一方面可以把更多的时间留给被告人和辩护人，特别是被告人很多、辩护人相应也很多的情况下，多给被告人、辩护人一点时间，既是一种尊重，也有利于保障被告人行使辩护权。

公诉人不用担心时间多就说得多，因为如果异议很多，哪怕加班加点也得让被告人和辩护人把话说完，与其这样，不如早点把时间"让"出来，也有利于自己第二轮发言有充分的时间准备。

在辩护人发表完第一轮辩护意见后，合议庭一般会总结争议焦点并征求双方意见，公诉人要结合合议庭总结的争议焦点重点分析论证。

一是针对不同类型的争议焦点采取对应的方法。对于事实认定的焦点，要结合法庭调查环节讯问、询问情况和举证质证情况来深入剖析，阐明指控认定事实的依据。对于法律适用的焦点，要结合具体条文、基本法理来阐明起诉书适用法律的依据。必要的时候，还要结合情理分析为什么应该这样适用。

二是既要注意"破"也要注意"立"。要通过深入分析来驳斥辩方哪些观点不成立及其理由，还要充分论证指控意见的依据。实践中容易出现的问题是，要么一味反对辩方观点，要么只顾论证控方观点，顾此失彼。

第三，找准定位，摆正心态，提升效果。

一是关于对法庭辩论的定位。笔者认为，法庭辩论如同战斗，是一场需要指控成功的战斗，要注意避免过于强势和过于温和两种极端。这场战斗不是把对方"赶尽杀绝"，事实上不可能、也没必要，所以不必过于强势；也不是走过场、搞形式，不能丢了应有的威严，所以不能过于温和。

何为"指控成功"？笔者理解，指控的成功主要体现在事实查清、情节查明、定罪准确、量刑恰当、矛盾化解、实现预防这几个方面。如果审查起诉环节已经做到以上几点或者为之做足了准备，那么指控意见应该与判决意见基本一致；如果庭审中出现了新证据、新情况，需要对指控意见进行调整，公诉人可以根据检察官权限及时调整或建议休庭，经上报研究后进行调整。

二是关于公诉人在辩论中的心态。从概率上讲，法庭上的被告人到最后大多都将被定罪处刑，公诉人基本上都是在与犯罪分子作斗争，因此要不惧邪恶。另一方面，从一线办案情况来看，特别是基层司法机关办理的案件，大多都是可能判处3年以下有期徒刑、拘役、管制或者单处罚金的轻刑案件，很多地方被告人认罪认罚比例达到85%以上，由此可见，"穷凶极恶"的人其实不多。公诉人在心态上要有理性指控、治病救人的心态，法庭辩论有礼有节、有理有据，坚持客观公正的立场才是正道。

需要特别说一个细节，法庭辩论一般是辩方最后发言，之后由被告人作最后陈述，有的公诉人对此环节不太重视，甚至在辩护人、被告人发言的时候开始收拾公诉席。此时公诉人应当继续端坐、静听，不要着急。遇到突发情况，比如辩护人最后的发言、被告人最后陈述发表攻击他人、污蔑国家机关等不当言论，公诉人还要及时依法应对，务必履职尽责，全力争取最好的出庭效果。

最后，如果年轻的公诉人看了这些介绍觉得太基础、太浅显，不过瘾，想要朝着更高的目标奋斗，把自己培养成一名公诉高手，推荐大家学习一本"出庭宝典"——全国优秀公诉人、北京市人民检察院第一分院赵鹏检察官所著《刑事出庭修炼手册——成为高手的100个思维策略》。该书从庭前、讯问、询问、证据、辩论5个方面介绍了共100个常用、实用、好用的方法，既有攻坚的"套路"，也有巧胜的"诀窍"，语言幽默，满是干货，读来有益又有趣，定能受益匪浅。

我们的队伍向太阳（上）
——基层检察队伍建设的思考与探索

《中国人民解放军军歌》有这样的歌词：我们的队伍向太阳，脚踏着祖国的大地，背负着民族的希望，我们是一支不可战胜的力量……。每次听到这里，都让人激情澎湃、热血沸腾。我们的检察队伍在精、气、神上应当向人民解放军看齐，努力加强队伍建设，始终做到对党忠诚、服务人民、执法公正、纪律严明，成为一直充满战斗力的队伍。

那么，检察队伍建设究竟应该抓什么、怎么抓？特别是对基层检察院而言，各有各的特点，各有各的优势，各有各的困难，有没有相对的共性或者规律？笔者结合工作实际谈一谈个人的思考和体会。

一、基层检察院队伍的构成

我们的队伍是检察事业发展前进的依靠，没有一支坚强有力的队伍，一切事业将无从谈起。

2020年召开的全国基层检察院建设工作会议通报的数据显示，在检察组织体系中，县、区检察院3180个，占到了全部检察院的88%；基层检察人员16.2万人，占检察队伍总量的74.5%。这是我们总体的"家底"，从数据上可以说明基层队伍建设的重要性。

具体到"各家"来看，虽然"家底"有差别，但共性也是明显的，至少有四个方面。

第一，就队伍层级而言，都由党组班子及其他领导干部、中层干部、后备干部三个层级构成。这是从一般行政管理角度来作的划分，也是所有行政机关需要关注的共性。需要说明的是，笔者不主张将没有担任行政职务的干部称为"一般干部"或"普通干部"，因为仔细研究，其实每一个人都"不一般""不普通"，只是其展示出的特点不一样而已。有的可能是领导干部的后备力量，有的可能是业务专家的后备力量，有的可能是技术人才的后备力量，总之，都属于"后备干部"。

第二，就队伍类别而言，都由员额检察官、检察辅助人员、司法行政人员三类人员构成。这是从检察机关特有的角度来作的划分，因司法体制改革而产生的"三类人员"，他们职责不同、利益分配不同、成长路径也不同，所以需要有针对性地讨论。

第三，就队伍年龄而言，都由老同志、中年人、年轻人三个年龄段构成。这是从年龄结构角度来作的划分，也是任何单位都具有的共性，而在检察机关又有其特性。

第四，就队伍编制而言，都由政法干警、事业工勤、聘用人员三类人员构成。这是法检院所具有的共性，其中聘用人员（主要是聘用制书记员和司法警察）的管理是值得特别关注的。

此外，根据各基层院的情况，还可能有学历结构、民族结构，性别不均衡的院可能还要考虑性别结构等等，但这些多是"个性"问题，本文暂不讨论。

二、班子、中层与后备干部

毫无疑问，我们的队伍从层级上呈金字塔结构，从上到下需要层层抓好班子、中层和后备干部。其中班子是关键，中层是重点。

（一）班子建设

这里的班子，从党组角度讲是指党组书记及成员（副检察长由党外干部担任的，虽不属于"党组成员"，但从干部培养管理以及作用发挥上看，与党组成员并无实质差别；专职检委会委员虽未进入党组班子序列，但其位居领导岗位，列席党组会议，有的协助副检察长分管一定的检察业务工作，也有的直接负责一定的工作，发挥了类似班子成员的重要作用，本文一并纳入"班子"讨论），从检委会角度讲是全体检委会委员，为方便表述，暂且以党组班子为例。

班子是一个单位的领导集体，班子的凝聚力、战斗力是一切工作顺利推进的基础。班子建设是一个大课题，是队伍建设最关键的问题，也是最有挑战性的问题。很难说有什么最管用或最科学的方法，结合个人思考，针对基层检察院班子建设，或可参考"三优"标准来着力。

一是个体素质优。有高质素的个体才有高素质的集体，党组每一个成员都应当政治素质过硬，这是前提；还应当具备较高的道德素养、业务能力和管理水平，能够作为大家学习的榜样、做人做事的楷模，成为我们干事创业的领军者。

一般情况下，"一把手"的强弱很大程度上决定了一个班子的整体水平和单位的精神面貌，所谓"将熊熊一窝"，上级如果要体现对某单位的关注，最重要、最直接的体现就是选派一个最得力的"一把手"。

除了"一把手"和其他下派、交流任职的班子成员不能由党组启动任命程序外，从检察院内部产生的班子成员都应当由党组启动程序。识人、用人是党组最为重要的工作，需要在人品、能力、口碑等各方面充分考察、研究的基础上，成熟一个、推荐一个、配备一个。

如果班子出现缺额，必然下面盼着、上面催着、左右惦记着，不要急着火速配齐配强，因为"配齐"容易"配强"难。要坚持宁缺毋滥，若将条件不成熟的干部勉强提拔进入班子，其负面效应往往十分明显，潜在的危害也是很大的。

宁缺毋滥不是保守，不是等干部完全成熟、完全妥当了才提拔重用。考察干部除了"德、能、勤、绩、廉"等通用标准，还要具体问题具体分析。

例如，我们讲班子结构要优化，老中青要合理搭配，那么对"青"的标准就与"老""中"不一样：在基层一线，任用老干部更多看重其德高望重、爱岗心热，在职务职级一眼就"望到头"的情况下，还有愿意"伏枥"的"老骥"，是难能可贵的。选拔中年干部则看其成熟稳重、经验丰富，干事创业非常需要这样一批中流砥柱。选拔年轻干部更看重其基本品行和成长潜力，如果等到"熟透了"，机遇就失掉了，所谓"用人当其时，用人当其壮"，就是要在干部年华最青春、精力最旺盛的时候及时提拔使用。检察机关的领导干部年轻化与党政机关相比，差距是很明显的，除了司法工作的特殊性外，理念和机制也是非常重要的原因。

二是配合协作优。班子的配合协作，主要体现在凝聚力、战斗力、引领力上。

什么是凝聚力？不是你好我好、一团和气，而是个人智慧与统一意志的有机结合。例如，讨论酝酿重大问题要"面对面"，不论是重大案件还是重要工作，有不同意见就要深入交流甚至激烈争论，不要藏着掖着、不必盯着防着。同时,一旦作出决策就要令行禁止,不同意见可以保留,在既定方向上、目标上高度统一,所有人都围绕这个目标和方向去行动、去努力,这就是凝聚力。

什么是战斗力?不是一个人或几个人的单打独斗,而是八仙过海各显神通与相互支持相互补位的有机结合。特别是后者,可能是一线工作中相对比较薄弱的。例如,面对危险和困难要"背靠背",班子成员相互有充分的信任,把自己的后方留给战友,大胆直面危险、专心应对危险。

特别是"一把手"要敢于担当,不惹事、不躲事,不揽权、不推责。上级各种检查、评查很多,追责问责也不少,大家有担心有顾虑是正常的。"一把手"不仅不能推责,甚至有时候还应主动帮同志担一点责,替同志受一点过,这样大家才能有一个放心的"大后方"。提升战斗力还需要面对挑战"肩并肩",既合理分工、各司其职,又相互补位、主动补台,发挥1+1>2的功效。不能只看自己分管什么,而是要"盯着碗里、顾着锅里"。"盯着碗里"是各自负责把自己分管条线搞得盆满钵满,"顾着锅里"是相互照应着让全院工作堵漏补短。

我们要清楚班子成员最需要的是什么。"一把手"需要的是取得好成绩,好成绩是履职尽责的最好证明。班子成员需要的是信任,有了信任就有战斗力,自然就能取得好成绩。所以,"一把手"充分信任副职、充分授权副职,往往能激发副职的责任感,工作更加尽心尽力,自然也就能取得好成绩。一旦工作取得好成绩,"一把手"不妨把功劳多多地记在副职身上,对副职更加信任,从而形成良性循环。

什么是引领力?就是党组班子的指挥、号召与示范作用。让干部职工感受到,我们的队伍有主心骨、有值得依靠和信赖的力量,大家愿意跟着来。在这个方面"一把手"要积极努力,其他班子成员也要各尽其力。

"一把手"要观大势、想全局、抓大事。检察工作当年的目标是什么、重点是什么,未来一个时期的方向是什么、路径是什么,党委政府的大局是什么、检察工作的着力点是什么,"一把手"得时刻记在心上、抓在手上。当然,"一把手"不能抓得太多、抓得太细,所谓"站得高、看得远、睁只眼、闭只眼",意思就是"一把手"要从宏观上把握全局,抓大放小,大事不糊涂,小事不计较,紧要问题把得牢,一般事项放得开。[1]

---

[1] 任彦申:《从政心得》,42页,南京,江苏人民出版社,2015。

"一把手"也不能当"甩手掌柜",事事都让副职去冲锋陷阵。"一把手"和副职的引领作用要各展身手、轮番发挥。一般情况下,"一把手,留一手,分管领导显身手"。在具体条线工作上,让分管领导充分展现业务素能与领导才能,引领同志们向分管领导看齐、学习。困难情况下,"一把手,露一手,该出手时就出手"。当副职推动工作遇到麻烦时,整体工作受到影响时,"一把手"就必须站出来,身先士卒,带领同志们克难攻坚。

三是履职担当优。党组班子最主要的工作是什么？笔者认为,简言之：履行一岗双责,抓好党的建设。

全面履行一岗双责,"一把手"负总责,但不是事必躬亲,也不必事事过问,否则班子成员工作就缩手缩脚,事事请示汇报,既影响效率,又导致权责不明。对于分管领导已经作出决定的事项,只要没有原则性问题,哪怕个人有不同意见,也要尽量给予支持,维护分管领导的威信,也有利于维护党组整体的威信。

分管领导抓牢分管领域工作,职权范围内大胆决策、全力推进。充分调动分管部门人员积极性,在推进工作中发挥同志们的潜力、培养其能力,从而让工作见成效、干部得成长。

党的建设是党领导中国革命取得胜利的"三大法宝"之一,在我们新时代推进伟大斗争、伟大工程、伟大事业、伟大梦想之中起决定性作用。"抓机关党建是本职,不抓机关党建是失职,抓不好机关党建是渎职"的理念要深入人心,党建工作和检察业务一起谋划、一起部署、一起落实、一起检查。

评价党建工作搞得好不好,最直观的一条,就是看党员检察干部特别是领导干部面临急难险重的任务是否冲前面、作示范,在重大案件办理、脱贫攻坚（乡村振兴）、疫情防控等困难面前,党员领导干部是否挑最重的担子、干最累的活。

党风廉政建设是党的建设基础性、底线性工作,其重要性不必多说。需要特别说一点的是,从严治党领导干部要把自己摆进去。例如政法队伍教育整顿期间,自查自纠环节要求大家主动自查填报"六大顽瘴痼疾"[①]及其他问题,领导干部若仅仅是提要求、讲政策,很多同志都会观望。不如主动带头查纠,如果没有违纪违法的问题,那就从"六大顽瘴痼疾"上着手,100次说教不

---

① 第一批教育整顿,全国教育整顿办确定"六大顽瘴痼疾"包括：违反防止干预司法"三个规定"；违规经商办企业；违规参股借贷；配偶、子女及其配偶违规从事经营活动；违规违法减刑、假释、暂予监外执行；有案不立、压案不查、有罪不究等。

如一次示范,上行下效,大家自然就主动填报了。如果把政策法规装进电筒里,只照别人不照自己,同志们怎么能信服、怎么能跟着来呢?

(二)中层干部选拔与任用

中层干部是单位的中流砥柱,是各个层面的桥梁纽带,往上连着院领导,往下带着一众干部职工,各项要求、各种任务能否最终落地落实,关键在中层。党组的作用是研究确定单位的前进方向和奋斗目标,中层的作用就是确保队伍保持方向和实现目标。

处于队伍结构"金字塔"中间的中层干部,是大多数干部职工可望而且可及的,所以对于中层干部的选拔和任用,是激活整个队伍活力、形成良好用人导向的关键。选拔任用中层干部,总体上讲,应看是否有利于检察事业发展,从基层一线的实际操作角度来讲,需注意三个结合。

一是党组意志与群众呼声相结合。在众多的干部之中选拔谁、怎么用,党组一定要有自己的意志,还要倾听群众的呼声,二者缺一不可。

党组的意志不必苛求全体成员一致的意见,也不一定是简单多数的意见,而是对一个干部的基本品行、工作能力形成较为统一的基本判断。在此基础上,在其他方面存在一定分歧,不影响整体评价。

群众的呼声是一线职工对干部的肯定,需要高度重视并充分考量。对于群众呼声不必苛求没有反对的声音,"满分干部"值得肯定,但不一定就是最好的或者最适合某个岗位的。比如"满分干部"比较擅长沟通协调、化解矛盾,但有可能很难胜任较真碰硬的监督岗位。

党组意志与群众呼声的结合,首先应当是以党组基本判断为前提,不能因群众呼声而忽略了基本判断。比如有的干部党风廉政很有问题,但群众并未发现,反而给予极高的呼吁,如果党组的基本判断被群众呼声左右,就很容易犯下大错误。

其次应当让群众呼声去检验党组意志,并根据情况作出调整。酝酿中层干部,不论是党组班子先提议,还是群众呼声先"推荐"(群众的呼声很高,往往就起到了推荐的效果),都应当经党组集体研究,并充分听取群众意见。民主测评是一个必要的环节,但真正考察干部,还需深入群众开展个别谈心谈话、深入干部"八小时外"了解其生活全貌。可以开展一些类似"家访"等活动,看看其家庭责任履行得如何,从各个层面、细微之处全面了解干部。

再次应当体现党组担当,让"有为者有其位"。实务中绕不开的一个问题是,越是努力干事的人越是容易出"问题"。如果确有政治素质、自身廉洁方面的"大问题",当然一票否决,笔者指的是,可能影响提拔重用的各种不利声音。比如办案越多的人,案件质量评查出现瑕疵(包括日常通报工作瑕疵)的可能性就越大;办理重案、疑难案件越多的人,信访压力就越大;综合事务任务越重的人,出差错的概率就越大。面对这样的情况,党组就要为担当者担当,不要因为有信访反映而轻易"放下"。

人生的机遇是非常有限的,有时错过一时之机,往往就错过一生之机。由此带来的不良导向,让其他干事者不敢大胆干事,其危害也是非常深远的。

二是重用"能人"与重用"老实人"相结合。这里涉及选人用人的导向问题,要让"能人"得到肯定,也不能让"老实人"吃亏。

"能人"因其能力突出而容易被发现,重用提拔顺理成章,这里重点说说如何对待"老实人"。

首先,用慧眼发现"老实人"。"老实人"的特点是品行端正、工作敬业、默默无闻,只顾埋头拉车,不顾抬头看路。其优点在于让人放心,其缺点在于除了放心别无惊喜。

"老实人"可能多数时候按部就班,很少出差错,也很难出成绩。创先争优、创新创造,是"老实人"不擅长的。他们一般话很少,工作很实,但话少不代表其没有想法。如果经常被忽略,其内心也并非没有意见;如果长期被冷落,也会有哀怨,只是不容易被人听见。

因为"露脸"的机会少,出成绩的时候少,所以"老实人"不容易被"看"见,但可以被"听"见。深入一线,倾听干部职工的声音;面对工作业绩,多问一问有哪些同志参与和配合;面对麻烦,多了解一下哪些同志加班加点给予解决;通过这些途径,就能够发现"老实人"。

其次,用智慧发挥"老实人"的价值。因为"老实人"不善于表达、不显山露水、不出类拔萃,所以,偶尔吃点亏是常见的,但如果一直吃亏,那就不正常了。

"老实人"不善于抓住考评机制的"得分点",所以评先评优的机会较少,但这并不意味着没有其他肯定的方式。多一些精神鼓励,多一些口头表扬,对"老实人"而言,也是一种肯定和鼓励。如果在某些表扬项目中,在考评打分之外,可以由党组综合各方面因素来考虑,那么就应给予"老实人"充分的关注。

当然，发挥"老实人"的价值也要有针对性。"老实人"的性格特点决定了其往往难以胜任灵活性强、沟通协调难度大、统筹指挥面广的岗位，他们一般更适应"被安排""被指挥"，或统筹小范围、难度相对不大的工作。在安排岗位的时候，要认真研究，有针对性地安排，做到人岗相适，才能人尽其才。

三是关注干部"显力"与发掘成长潜力相结合。"显力"是现在就看得见摸得着的能力，"潜力"是留给未来的想象空间。

有"显力"的干部，提拔重用是比较稳妥的，组织考察也有充分的依据，领导的推荐也不会被质疑。

实现干部年轻化，主要是着眼长远、着眼未来选拔干部，是为10年、20年乃至更久远的将来储备干部。很多年轻干部在短时间内并没有太多"显力"，那就需要发现其成长的"潜力"。

"潜力"是看不见的，所以很难有一个具体的标准来衡量，但基本人品、政治素质、学识学历、奋斗精神是不可或缺的。在此基础之上，"潜力"如同海面上露出的鲨鱼鳍，又如森林里拂过的劲风，其暗藏的能量无法言表而又十分可期。

记得多年前有一位老领导推荐重用一名同事，这位同事是资历很浅的年轻同志，问起理由，老同志给出的答案是："这个娃对家里老人有孝心，对案件中的弱者有善心，做事很细心，腿脚也勤快。虽然反应有点慢、缺乏灵活性，但总体上看是块好料，可放心用。"多年以后，事实证明，老领导的判断不差。

（三）后备干部培养

后备干部是我们事业建设的"大部队"，是需要团结带领的"大多数"。务实地看，所谓"人上一百，五颜六色"，"林子大了什么鸟都有"，对待后备干部，不能认为只要通过了招录考核就是好的，不加区分地全面肯定，也不能看到一点问题就全盘否定。培养干部还要分类管理，因人施策。

一是激励一类人。要激励想干事、能干事的同志们积极进取、奋发有为。这一类人要成为单位的主力军，事实上大多数同志也是品行端、作风正、有能力的，主力部队是有战斗力的。

同时要注意的是，士气可鼓不可泄，对大多数努力工作的人要给予肯定和褒奖，不要觉得同志们努力干活是应当的，肯定和褒奖无所谓。人都希望得到认可,对奋勇向前的同志多予肯定和激励,有利于培养队伍的精气神,形成良好的风貌。

二是鞭策一类人。要鞭策观望者、摇摆者,不求他们干得很出色,但求跟上大部队的节奏,不被滑入最差的队列。这一类人是客观存在的,很多机关单位的共同问题就是"干的干,看的看",难免养了一些懒人。

我们要尽量让这些"看"的人"看"到正确的路径,学习先进和榜样,不要光看着比自己更懒的人。所以,要用"先进"带"后进",要对有改变、有进步的人多表扬、多奖励;对死不改、懒成性的人多批评、多惩处。让更多的人跟上大部队,尽量不让一个人掉队。

三是稳控一类人。要稳控个别拖后腿的人,让他们不搞坏事、不伤大局。尽管我们希望"一个不掉队",但有的单位,总有极个别人,唯恐天下不乱,总觉得谁都对不起他,既不干、也不看、只捣乱。

我们公务人员管理体制的优势是稳定,弊端是太稳定。这类人若在市场竞争激烈的环境中,极可能被迅速开除,可是在体制内,只要不犯原则性错误就能安然无恙。一旦他安然了,就开始搞事了。

对这样的人,如果没有充分的依据,不要轻言打击,否则打蛇不死反受其害。一般情况下重在稳控,力求保持大局稳定。当然,稳控不是无条件的纵容,而是将其控制在原则范围内活动,在政策范围内保障基本的生存待遇,在论功行赏、评先评优等工作中赏罚分明、公平公正,绝不能让"闹腾的孩子多吃奶"。

我们的队伍向太阳（下）
——基层检察队伍建设的思考与探索

三、发挥"三类人员"优势，形成良性循环

2018年10月修订的《人民检察院组织法》第41条、第43条至第46条明确规定了检察人员的类别，即检察官、检察辅助人员和司法行政人员三类。

其中，检察官是依法行使国家检察权的检察人员；检察辅助人员是协助检察官履行检察职责的工作人员，包括检察官助理、书记员、司法警察、检察技术人员等；司法行政人员是从事行政管理事务的工作人员。

"三类人员"的改革成果来之不易，尽管实践中还有一些声音认为相关改革配套措施不尽完善，但总体来看其积极意义是巨大的：一是体现了检察机关作为法律监督机关的性质，二是体现了检察工作的特点和规律，三是体现了检察官与普通公务员的职业区别，四是体现了检察机关内部各类别人员的不同作用。

我们与其纠结于细节上的不完善，不如用好现行法律和政策，针对不同类别人员的特点加强科学管理，力求建设高素质专业化队伍。

（一）把检察官培养成行业精英

"检察官"不仅仅是一个称号，更是全体检察人员学习的标杆、向往的群体。要做到这一点，需要注意三个方面。

首先，每一名检察官都要有紧迫感。同是担任检察官，在经济发达、案件量特别大的地区和经济欠发达、案件量偏小的地区的"任职体验"差别是很明显的，特别是后者，工作强度、收入待遇等方面较之普通公务员有一定优势，容易偏安一隅不思进取，小富即安不思忧患。所以，我们要意识到，有很多优秀的同志都盯着检察官的名额，都在努力竞争，如果检察官稍有懈怠，极有可能被淘汰、被退出。检察官应以"行业精英"的标准来要求自己，

成为其他人尊敬和学习的模范：既是德高望重的人品模范，又是清正廉洁的纪律模范，还是技能精湛的业务模范。

法官、检察官为什么要限制比例、提高待遇，就是要实现"精英化"，这正是我们司法改革的初衷。我们内部不要互相比较谁的待遇好、为什么那么好，而要努力奋斗使自己进入待遇最好的群体。就好比高校里有教授、副教授、讲师、助教的区分，大家不用一味比较谁的收入高，评定职称所需要的学历、教学、科研等条件是明确的，努力让自己达到那些条件，争取进入所向往的群体自然可享受相应的待遇。

其次，每一名检察官都要有"上进心"。"入额"绝不是检察官职业生涯的终点，只能是新的起点。"入额"取得的只是独立办案的资格，不一定代表着令人信服的办案水平。

积极上进的着力点很多，笔者认为可以从以下几点展开。

一是从基础做起，精益求精办好手中的每一起案件。万丈高楼平地起，基础工作是一个厚积薄发的过程，得耐住性子，静得下心，认认真真接待每一个当事人、做好每一次讯问、写好每一份法律文书、出好每一个庭，不走捷径、不投机取巧，事实上检察办案也无巧可取。通过一定时间、一定办案量的积累，赢得当事人信任、领导和同事认可以及法官、律师等职业共同体好评，若再办出一些典型案例，能力和水平自然就体现出来了。

二是积极参与业务竞赛，创先争优。每一次竞赛，都是对自己的一次挑战。我们不能说，竞赛成绩好的人办案就一定很好，但从概率来看，在竞赛中脱颖而出的往往在实务中也不会差，毕竟我们的竞赛对选手的考察是比较全面的，竞赛的项目是非常接近实战的。而敢于参加竞赛，至少也证明了其内心的不甘平庸。从检察人员群体来说，如果一个基层院的检察官中有若干人获得全市、全省乃至全国检察机关各业务条线竞赛"优秀"、"十佳"或"标兵"、"能手"称号，那么这个基层院的办案能力一定不容小觑，总体战斗力也能让人放心。

三是如果年龄等方面条件允许，努力竞争上级院遴选。上级院严格落实不直接招录新人政策，把员额和辅助的位置留给下级院优秀的人才。很多同志担心，基层好不容易培养出的人才，上级一遴选就走了，基层就青黄不接了。

笔者个人的体会是，短暂的"青黄不接"是客观存在的，但从长期来看，这是有利于形成人才成长的良好环境的。及时遴选，让下级院有盼头，队伍才能形成你追我赶、奋力争先的势头，前面的人做了榜样，后面的人也会努力成长。相反，长期不遴选就会导致一潭死水，每个人都自我感觉良好，就在"窝里斗"。优秀的人才如同良驹，是有奔腾千里之力的，检察系统不给他更广阔的草原，他就只能到其他地方驰骋了。

再次，每一名检察官都需要"减负"。这里不是说要减少办案量，因为办案是检察官的法定职责，量多量少取决于每个地方的实际情况。"减负"是指减去不必要的负累，特别是那些与业务工作无关，不需要也不应该由检察官去应对的事务。

实践中，我们需要耗费大量精力去做那些中看不中用的事，很多检察官成了"多面手"，既要保证完成办案任务，又要随时准备被抽调参与各种意想不到的工作，还要应付来自各个方面的评查、巡查、检查、抽查、倒查，不断地作检讨、写说明、提供配合，动辄以"政治任务"的名义布置下来。有什么不对吗？要辩解吗？算了，端正态度，就过去了。

当然，由于检察官履职不当导致案件质量出现问题，该追责的要追责；办案确有违纪违法的，该惩处的要惩处。除此之外，正常情况下，我们需要创造环境，让检察官的主要精力放在学习、办案等主责主业上，才有成长为"行业精英"的可能。

（二）把检察辅助人员培养为后备力量

检察辅助人员是检察官的后备力量，检察辅助是否"得力"，对我们的办案业务工作影响巨大。干出了成绩，"军功章"有检察官的一半，也有检察辅助人员的一半。最新的起诉书模板尾部署名处，在原来检察官署名的基础上，增加了"检察官助理"署名栏，这正是通过法律文书载明的方式对担任具体辅助工作的检察官助理的认可。

培养检察辅助人员也要明确方向和目标，促使其不断成长进步。

首先，为坚守检察辅助岗位的人员打通上升渠道。如前所述，检察辅助人员包括检察官助理、书记员、司法警察、检察技术人员等。根据中央有关文件规定，检察官助理与书记员原则上按照综合管理类公务员进行管理。检察官助理有明确的职级序列，具体分为：特级检察官助理、一级至四级高级检察官助理、一级至五级检察官助理。相应的职级与综合管理类公务员二级巡视员至一级科员一一对应。

具有政法编制的书记员也有明确的职级序列，具体分为：一级至四级高级书记员、一级至六级书记员，相应的职级与综合管理类公务员一级调研员至二级科员一一对应。其中，一级至四级高级书记员、一级至五级书记员，与一级至四级高级检察官助理、一级至五级检察官助理一一对应。

具有政法编制的司法警察按照《中华人民共和国人民警察法》《人民检察院司法警察条例》进行管理，参照公安机关实行人民警察职务序列，警官、警员职数按照有关规定执行；检察技术人员按照国家有关规定执行专业技术类公务员的职务序列和职数；其他检察辅助人员执行综合管理类公务员的有关规定。①

目前的问题是很多同志不了解政策，心中充满疑问；加之一些地方没有完全将政策落地落实，导致检察辅助人员也没有明确的预期。

但就相关文件规定精神来看，司法改革为检察辅助人员（当然也包括法院的司法辅助人员）释放了大量的政策红利，即便不"入额"，坚持走职业化、专业化的检察辅助之路，也有可观的发展空间。我们需要争取政策早日实施，让检察辅助人员心更安、路更明、队伍更稳定。

其次，为有培养潜力的检察辅助人员拓展成长空间。检察辅助人员这支队伍不仅要"稳定"，更要"成长"，要成为检察官的"后备军"。

我们面临的实际问题是，员额的比例是限定的，所以，前面不退出，后面就没法递进。那么，如果辅助人员要想更进一步该怎么办？笔者认为，要从两个方面打通路径。

一方面，加强本院循环。检察官一旦"入额"就干到退休，对于身体和精力条件允许、工作尽心尽责的同志是值得提倡和肯定的。相反，若各方面条件已经难以胜任检察官之职，或者检察官业绩考核已经显示不宜继续担任检察官了，退出机制一定要起作用。

意即，要实现本院循环，一靠员额检察官正常退休，二靠不宜担任检察官的同志及时退出。让优秀的辅助人员在本院有更多的"入额"机会。

退休的好办，船到码头车到站，时间到点即可。但"不宜"怎么评价？这是实践中的难题。

检察官考核要落到实处，考实、考细、考得每一个人都不敢掉以轻心。另外，基层院担任领导职务的检察官和未担任领导职务的高级检察官，可以考虑由基层院初考，报上一级院审核。因为这是关注度最高的群体，也是问题比较集中的群体，上级院的领导作用如何发挥，对这些检察官的考核就是很重要

---

① 刘涛：《检察人员分类管理：实现人员管理科学化》，载《检察日报》2019年6月16日第3版。

的一点。

另一方面，实现上下互通。上级检察机关在基层遴选优秀人才，既要着眼挑选优秀的检察官，也要考虑优秀的辅助人员。根据实际情况，在一定时期、一定区域内基层检察官本已十分吃紧的情况下，上级遴选或可更多面向优秀的辅助人员。

让基层的辅助人员继续在上级检察机关担任辅助，对上级而言，人才使用更加得心应手，也弥补了上级辅助到基层入额后产生的人员空缺；对基层而言，拓展了辅助人员成长空间，有利于实现"双赢"。

（三）让司法行政人员有更多"获得感"

从改革的政策来看，对司法行政人员的管理，按照《中华人民共和国公务员法》及配套法规规定的"综合管理类"公务员的有关规定执行。

当前比较突出的问题是司法行政人员"空心化"。很多同志不愿意到司法行政工作岗位，或者在司法行政岗位上的同志心不定、发展方向不明。

为什么出现这样的现象呢？笔者认为，主要是"获得感"太低，难以通过办案获得认可，难以通过"入额"进入检察官序列，等等。

解决这一问题，关键是让司法行政人员也"流动"起来，总体来讲，可以从内外两个方面着眼。

一方面，对内而言，要加快内部循环和内部成长。在检察机关内部，根据工作需要，检察官、检察辅助人员和司法行政人员可以交流，但是一般多在各自类别内交流，这是常态，也符合各类别人员的任职条件。从政策上看，也可以跨类别交流，前提是应当具备拟任职位所要求的资格条件，在中央政法专项编制、员额比例和职数限额内，按照规定的程序进行。

符合任命检察官条件的司法行政人员，可以积极参与竞争转任检察官或提拔为院领导。很多司法行政人员以前有过办案经历，也通过了司法考试（法律职业考试），与检察辅助人员成长路径一样，可以朝着进入检察官序列努力。同理，检察官也可以转任司法行政人员或检察辅助人员，检察辅助人员和司法行政人员之间可以相互转任，这是"内部循环"。

在日常管理中，要坚持"军功章有业务战线的一半，也有综合战线的一半"理念。务实地看，检察机关的主责主业是司法办案，但若论保障机关正常运转，顺利完成党委政府安排部署的各项任务，确保单位不被通报不挨批评，并在党委政府绩效考评中赢得好成绩，也同样依靠行政综合人员工作给力。这些工作没有办案那么"露脸",也没有司法活动那么有规律,但谁又能否认它们的重要性呢,谁又能看轻它们的"难度系数"呢?那么,在表彰表扬、评先评优等工作中,就应客观公正论功行赏,既要看到办理重大案件方面的成绩,也要看到默默无闻者背后的贡献。

在基层检察院行政组织架构中,班子、中层都有相当一部分职位是司法行政人员可以争取的。从"人岗比"来看,对司法行政人员的成长是比较有利的,要结合工作需要和队伍实际情况,加快培养,及时配备相应的中层干部和班子成员,这是"内部成长"。

另一方面,对外而言,要积极向党委政府推荐优秀人才。优秀的司法行政人员,成长的空间不必局限于检察机关,甚至不必局限于司法机关或政法机关。

我们培养的干部,不仅属于检察机关,更属于党和国家。所以,把人才放在什么位置,不仅要看检察工作需求,更要看党的事业所需。如果司法行政干部中有特别优秀的,党组要积极向党委政府推荐。我们常常讲党政机关是"主干道",意思是党政机关的平台更大更广,更有利于优秀的人才施展才华、服务人民。我们不要藏着掖着,否则,既耽误了干部成长,也不利于党的事业发展。

需要特别说明一点,年轻的检察辅助和行政人员千万不要觉得"一眼就望到头"。有这样的想法,说明站位不够高。站在平房的屋顶和站在摩天大楼的屋顶,看到的"头"是不一样的。

站在什么样的"顶"不是取决于我们现在的岗位,而是取决于品格的厚度、学习的广度和储备的深度。所以,不必花太多时间来担心"什么时候到头",而要把时间花在积累上,为不知何时降临的"彩头"做好准备,如果准备充分,自然好运当头。

四、发挥不同年龄人员优势,促进比学赶超

从年龄结构看,我们的检察队伍大体上有老、中、青三个群体,分别对应不同年代的人这三个群体各有优势,也各有隐忧,把自身优势激发出来,互相比学赶超,队伍才能充满活力。

第一,"60后、70后"老同志,做榜样。生于60年代的同志如今已临近退休,生于70年代的同志也大多处于或接近"知天命"之年。老同志大体

分两种，一种是德高望重的"老前辈"，一种是无所事事的"老油条"。"家有一老如有一宝"，说的是前者，这样的老同志对单位而言，也是珍宝。

一个人绝不会仅仅因为"老"而受到大家认可，因为每个人都会老，有的老了是老者，有的是老虎，还有的是老顽固。人会因为高尚的品行、优良的作风而受到普遍尊重，因为那是难能可贵的。所以，老同志要千万避免"上梁不正下梁歪，中梁不正倒下来"，在做人做事、遵章守纪等各方面做榜样，带头树立好形象、营造好风尚。

老同志需要的更多的是尊重，所以要根据老同志的特点分配适当的任务，工作量不一定大，但要求一定要高。让年轻同志们看到，我们的老同志不仅应当被尊重，而且值得被尊重，他们的工作作风和敬业精神，值得我们传承。

同时，要做好对老同志的关爱工作，对于坚守岗位的老同志，根据其身体状况、生活工作习惯等给予必要的照顾，便于其开展工作。对于该退休的老同志，要在符合"八项规定"精神的前提下组织必要的仪式和活动，以铭记和感激老同志为检察事业的奉献。

第二，"80后"中年人，挑大梁。以前常常说"80后"是小年轻，而今"80后"早期的同志已处于"不惑"之年，即便"85后"也都与"小年轻"渐行渐远，笔者作为"80后"的一员，也不得不承认，我们早已属于"中年人"。

"80后"，已经不能寄希望于"大树底下好乘凉"，因为我们需要成为"大树"，很多人已经成为"大树"，在各自岗位勇于争先、勇挑重担。在市县两级检察机关，"80后"无疑是中层干部的主力军，发挥着承上启下的重要作用；在基层一线，很多都走上领导岗位，或成为业务条线的代表、品牌，挑起了检察事业的"大梁"。

"80后"必然成为"大叔"，岁月流逝无法阻挡。但尽量不要太"油腻"，因为"油腻"与否取决于自身的精神面貌和工作状态。

"80后"已经经历了一定时期的努力和奋斗，如果成就不明显，不要急着"躺平"，积累是长期而又寂静的过程，如同在母体中的胎儿，只要不停止发育和成长，必然有分娩的时刻。

如果已经有所成绩，就更要用好已有的平台，担好肩上的担子，不负好时代，争取更好的成绩。

第三，"90后""00后"年轻人，快成长。"90后"的同志，正值二三十岁的青春时光，"00后"逐渐走向工作岗位，是人生最轻松、最洒脱的时刻。

目前"80后"总体任务比较重,上有老下有小,单位和家庭事情都多、任务都重,"90后"早期的同志也渐渐进入了这样的状态,可能"95后""00后"还没有这样的烦恼,但在不久的将来,担子也会越来越重。同时,"00后"是初生牛犊,或许正对"90后"发起追赶,所以,"90后"的压力其实也不小。

在脱贫攻坚、乡村振兴、疫情防控等重大任务中,很多"90后""00后"冲锋在前,坚毅果敢,已经展现出新时代青年的责任和担当。

细水长流,在周而复始、波澜不惊的日常工作中,还需要继续积极作为,勇挑重担。

不仅是工作之中,还有工作之外也要过得精彩。在按部就班的工作中,人和人的区别可能体现得并不明显,独处之时往往才展现出不为人知的一面。积累的过程会很漫长,也不显山露水,短时间内看不到成绩,当我们看到成绩的时候,绝非靠一时之功,而是厚积薄发的结果。

我们现在在什么岗位、在干什么工作、有多大成就,完全取决于10年前我们做了什么铺垫。同理,"90后""00后"到40岁左右的时候取得什么样的成绩,做出多大的贡献,也完全取决于此时此刻在做什么。

五、注重不同编制运用,特别关注聘用人员

检察机关的"编内"人员有政法编、事业编、工勤编,由于有的单位不一定有事业编或工勤编,故这里重点谈政法编。"编外"人员主要是聘任制书记员和司法辅警。

(一)用好编、进好人、培养人

对于如何运用好政法编制,仁者见仁智者见智,笔者简要谈谈招录和培养两个方面。

一是加强人才引进。为了培养壮大我们的人才队伍,需要长期的人才储备和人才培育,用好用足政策,有针对性地招录、商调紧缺型人才。

特别是"四大检察"中的民事、行政、公益诉讼,高素质人才匮乏较为普遍,不必局限于从毕业生中招考,可以放眼全局招录成熟的、有实战经验的人才。

有的地方上级检察机关指导基层院不要把编制用完,要预留一定的空间。笔者认为,是否"满编运行",要结合基层实际而定。例如,有的基层院即将面临大量退休,很多基层院人员被大量抽调,若不"满编运行",容易造

成人才断层或者工作断档。

二是加强传承和争优。我们要立足本职岗位提升业务素质。"师傅领进门,修行在个人",既要努力自学钻研,又要加强"传帮带"。检察办案的规律性是很强的,特别需要经验的积累,自己摸索往往费时费力,"师傅"的指导与点拨,可以让年轻人少走很多弯路。

岗位练兵和业务竞赛是激发年轻人活力、促进办案人员比学赶超的有效方式,要挑选苗子、长远规划、重点培养,让基层院多出几个全市、全省乃至全国的业务专家或"标兵""能手""优秀""十佳"。

(二)把聘用人员当自家人

从队伍稳定性、成长性角度看,司法改革的成功之处,在于让"三类人员"不再无序流动,特别是检察官离开体制、向"钱"择业的现象明显减少。如今流动性最大、最不稳定的群体便是聘用人员。

笔者了解到,不少检察院的聘用人员每年都大批招录又大量辞职,特别是聘用书记员,往往在检察院工作一两年,基本熟悉机关工作流程、找到工作规律就离职了,感觉检察院仿佛不是在聘用书记员,而是在办"书记员培训班"。

原因不外乎两个方面,一是待遇太低,二是存在感不强。解决之法也应抓住这两个症结。

一是用好用足政策,加强聘用人员保障。在招录环节就应注意,"门槛"不要设定得过高。聘用人员在实践中的主要任务是记录、送达、档案装订等非常基础的工作,如果大量招录高学历的毕业生,有的甚至限招法学类学生,这些人员必然干不久、留不住。

可以结合实际工作需要,学历设定在专科及以下,年龄设定在35岁以下,若非特殊需要一般不限专业,将经济压力不大、家庭婚姻稳定、具有一定工作生活经验的同志招录进来,或更利于队伍稳定,工作效果也更佳。

至于如何加强待遇保障问题:其一,汇报协调党委政府给予政策支持,对不同学历的人员设定不同的工资待遇,以增强岗位吸引力,并体现对高学历人才的重视(这与前述放低学历门槛并不矛盾,学历门槛低一点是实务之举,但仍欢迎高学历人才参与竞争)。其二,用好用足现有政策,在工会福利、职工体检、带薪休假等方面全面落实相关保障,让聘用人员通过"算细账"进行内外比较,看到优势,从而更加认可和珍惜现在的岗位。其三,建立与聘用人员工作年限、工作业绩相匹配的激励机制,让干得久、干出成绩的人有荣誉感和获得感。

二是把聘用人员当家人。工作分配既要合规也要合理,所谓合规,是按聘用合同执行,合乎相关法律规定和协议约定;所谓合理,是日常工作中面临的各种无法预见的事务,比如一些地方统筹部署开展的重大工作或重大活动,需要派人上大街护秩序、进社区搞卫生、驻现场站方队、组队伍赛文体等(尽管《人民检察院组织法》第47条规定,"任何单位或者个人不得要求检察官从事超出法定职责范围的事务",但事实上在执行层面还有一个过程,在各个地方也有一定差异),分配工作要公平合理,不能把安逸清闲的都留给在编人员,把吃苦受累的活都让聘用人员干。

工作成绩既有在编人员的一半,也有聘用人员的一半,虽然聘用人员发挥作用的舞台有限,但很多时候聘用人员也有闪光的思维和方法。

例如,政法队伍教育整顿期间,基层院因同级或上级教育整顿办工作需要、司法人员渎职犯罪侦查工作需要、主管单位"万案大评查"工作需要、各种线索排查和倒查等等工作需要而大量抽调在编检察人员,以致不少基层院日常工作人手严重吃紧。再遇到党委政府因主题教育相关活动、重大工作抽派人员,只能安排聘用人员冲上去。而我们的聘用人员也任劳任怨,风吹日晒不叫苦,汗水湿透不叫累,确保了任务顺利完成,让我们倍加感动。

这样的聘用人员是我们的好帮手,是完成重大任务、取得重大胜利的重要力量,在论功行赏、评先评优时不能忘了他们。

在编人员要把聘用人员当"自家人",聘用人员才能把检察院当"自己家"。全体职工只有分工不同,而无高低贵贱之分,除非办案保密等特殊需要,一般情况下的会议、活动不要刻意区分在编人员与聘用人员。一些不必要的区分,带来的伤害性不大,但隔阂感极强。

总之,检察队伍建设是个大课题,我们都在一边探索一边实践,尽管方法措施见仁见智,但方向始终是一致的。

每当身着检装、戴上检徽的时候,一种神圣的责任感和使命感便油然而生。履行法律监督职责,维护社会公平正义,维护国家法制统一、尊严和权威,是我们的初心所系,也是我们的使命所在。

愿我们的队伍向太阳,不负人民的希望。

后 记

我大学毕业即投身检察事业，回顾15年来的检察工作经历，大半时间在刑事检察，小半在综合岗位。其中，既有成功指控犯罪的成就感，也有打击不能的挫败感；既有扶危济困的责任感，也有保护不足的无力感；既有团结上下攻坚克难的获得感，也有虑事不周推动乏力的无奈感。

临近"四十不惑"，仍感觉很多问题不得其解。

所自慰的是，尽管基层一线琐事繁多，但面对任何一起案件，都不敢草率从事、简单了结，而是叩问良心，坚守公正，尽力探寻案件背后的天理、法理和情理，力求法理情相融合；尽管所办之案皆是零零碎碎的"小案"，但面对任何一名当事人，都不敢丝毫怠慢、推诿卸责，而是认真听其诉求，答其疑惑，解其困难；尽管基层检察队伍底子薄、功夫弱，但面对任何一项任务，都不会躲闪、退缩，而是齐心协力、全力以赴，在不断历练中点滴积累、汲取教训，逐步提升。

把这些过程中的所思所想、所感所悟，点滴记录，遂成此书。因能力有限、经验不足，必然有很多见解实属肤浅、很多举措失于简单、很多笔触可见稚嫩，敬请检察同仁、法律方家不吝赐教。

在本书撰写过程中，得到北京市人民检察院刘哲检察官指正，得到北京市人民检察院第一分院赵鹏检察官悉心指导；在后期校对、修改过程中，得到广安三位检察官李青妃、邹川云、蒋赞的鼎力支持，提出了很多中肯的修改意见；母校恩师、西南大学法学院原院长张步文教授为拙作倾注大量心血，作了专家审读，提出改进意见并作序，在此深表感谢。

清华大学出版社责任编辑刘晶老师给予了细心、耐心的指点和帮助，她精益求精的精神和严谨务实的态度，让我十分敬佩。出版社其他工作人员也做了大量细致的工作，在此一并致谢。

2022年8月1日于广安